Susanne Steffen

Der Windel-Samurai

Mein verrücktes Familienleben in Japan

Rowohlt
Taschenbuch Verlag

Originalausgabe
Veröffentlicht im Rowohlt Taschenbuch Verlag,
Reinbek bei Hamburg, August 2013

Lektorat Regina Carstensen
Umschlaggestaltung ZERO Werbeagentur, München
(Umschlagabbildung: FinePic, München)
Satz aus der DTL Haarlemmer SD PostScript, InDesign,
bei Pinkuin Satz und Datentechnik, Berlin
Druck und Bindung CPI – Clausen & Bosse, Leck
Printed in Germany
ISBN 978 3 499 62029 4

FSC www.fsc.org
MIX
Papier aus verantwortungsvollen Quellen
FSC® C083411

Das für dieses Buch verwendete FSC®-zertifizierte Papier
Lux Cream liefert Stora Enso, Finnland.

Für meine Eltern, die meine Entscheidung,
ans andere Ende der Welt auszuwandern,
schweren Herzens geschluckt haben
und sich aller widrigen Umstände zum Trotz
noch immer bemühen, meine neue Heimat
auch zu ihrer eigenen zu machen.
Und für Ryunosuke, Okaasan, Naomi und Kai:
Ihr seid eine wunderbar verrückte Familie.
Danke, dass ich Teil davon sein darf!

Inhalt

Hilfe – mein Mann will Windel-Samurai werden

Mein Mann ist ein moderner japanischer Held. Kein harter Samurai-Typ ohne wahrnehmbare Gefühlsregungen, der immer Stärke demonstriert und sich durch nichts von seinen hehren Zielen abbringen lässt. Nein, diese Macho-Typen sind out. Junge Japanerinnen stehen heutzutage eher auf Antihelden wie den U-Bahn-Mann, einen schüchternen, introvertierten und völlig uncool gekleideten Milchbubi, der in der U-Bahn durch Zufall ein Mädchen vor einem zudringlichen Betrunkenen rettet und sich dann im Internet Ratschläge holt, weil er nicht weiß, wie er dem Mädchen klarmachen soll, dass er sich in sie verliebt hat. Weichei – so hätten wir diese Typen in meinem Ruhrpott-Gymnasium früher genannt. In Japan hat dieser real existierende *Otaku* (Stubenhocker) nicht nur das Mädchen bekommen, er wurde sogar zum Helden eines extrem erfolgreichen Kinofilms.

Mein Mann ist zwar kein Otaku, aber auch er hat seinen Heldenstatus seiner vermeintlich unmännlichen Seite zu verdanken. Mein Mann war Hausmann auf Zeit. Nach der Geburt unserer Tochter Naomi hat er sich ein Jahr und acht Monate Erziehungsurlaub genommen. Nur vier Monate nach seiner Rückkehr in den Job ist er gleich wieder für ein Jahr und acht Monate an den Herd zurückgekehrt, um unser Söhnchen Kai zu hüten. Wäre es möglich gewesen, wäre Ryunosuke wohl noch länger zu Hause geblieben. Aber auch die drei Jahre und vier Monate haben gereicht, um einen neuen Rekord aufzustellen. Ryunosuke ist mit Abstand der *Salaryman* (Büroangestellte) mit dem längsten Erziehungsurlaub Japans.

«Du willst doch sicher weiter arbeiten?», fragte mein Mann mich, nachdem er sich von dem Schock erholt hatte, dass er, der Haus und Kinder immer als Garanten für ein langweiliges Leben gesehen hat, eingepfercht in Abertausende gesellschaftlicher Regeln, nun Vater wird.

«Ja, sicher», antwortete ich, etwas verwirrt von seiner Reaktion auf meine Schwangerschaft.

«Dann nehme ich Erziehungsurlaub!», erklärte Ryunosuke mit einem breiten Grinsen.

Im ersten Moment hielt ich das für einen Witz und ging nicht weiter darauf ein. Ich hatte mich innerlich bereits darauf eingestellt, meinen Job für die nächsten zwei, drei Jahre auf ein Minimum zurückzufahren und mich um das Baby zu kümmern, wie es von Müttern in Japan erwartet wird. Dabei hatte ich mich erst vor ein paar Jahren mit einem kleinen Medienservice selbstständig gemacht, mit dem ich deutschsprachige TV-Produktionen betreute und diverse Medien mit Texten und Beiträgen versorgte. Ich hatte zwar mein Büro zu Hause, aber meine Jobzeiten waren unregelmäßig, und oft genug endete ein ganz normaler Arbeitstag in einer Zwölf- bis Vierzehn-Stunden-Schicht, weil irgendwelche Produzenten ganz plötzlich auf die Idee kamen, ein, zwei Wochen später eine zweiwöchige Drehreise machen zu wollen, die ganz dringend vorbereitet werden musste. Ryunosuke war Beamter in einem Tokioter Stadtteil-Rathaus, tätig in der Steuerabteilung. Im Rathaus hatten wir uns auch vor gut sieben

Jahren kennengelernt, als ich meine Japan-Karriere als CIR, als Koordinator für Internationale Beziehungen, begonnen hatte.

«Das traust du dich ja doch nicht», erwiderte ich schließlich gereizt – zum einen, weil die Schwangerschaftsübelkeit seit einigen Tagen an meinen Nerven zehrte, und zum anderen, weil mir klar war, dass solche Pionierprojekte in Japan besonderen Mut und Hartnäckigkeit voraussetzen. Wie oft habe ich in meiner Zeit im Rathaus auf Vorschläge für Neuerungen die Antwort bekommen, das sei zwar äußerst interessant, aber schwierig, weil es dafür noch kein Exempel gebe, nach dem man sich richten könne. Dass «schwierig» nur ein höflicher Ausdruck für «unmöglich» ist, hatte ich bereits im ersten Semester meines Japanisch-Studiums erfahren.

In Japan gibt es nichts Schwierigeres als ein Pionierprojekt ohne Exempel. Ich hatte Ryunosukes derzeitigen Chef damals auch kennengelernt und wusste, dass der alte Herr Satoh nicht gerade für seinen Revoluzzergeist bekannt war. Schließlich war er es gewesen, dem unsere Beziehung als Erstem aufgefallen war und der Ryunosuke dazu aufgefordert hatte, seine Liebschaft mit der Angestellten mit Zeitvertrag, noch dazu Ausländerin, unter der Decke zu halten. Beim gemeinsamen Lunch in der Kantine hatte er sich Ryunosuke zur Brust genommen und ihm ins Gewissen geredet. «Normalerweise werden Liebschaften am Arbeitsplatz durch Versetzung getrennt», erinnerte Herr Satoh Ryunosuke an die ungeschriebenen Regeln japanischer Arbeitgeber. Mich konnten sie nicht versetzen, aber Herr Satoh machte keinen Hehl daraus, dass die Behördenleitung sicher nicht zögern würde, meinen Mann – wir waren damals noch nicht verheiratet – im Ernstfall auf eine tausend Kilometer entfernte

Vierhundert-Einwohner-Insel zu versetzen, die administrativ zu Tokio gehört. Damals hatte Ryunosuke noch nicht seine revolutionäre Ader entdeckt, weshalb wir uns fügten und bis zu meinem Vertragsende ein Jahr später unsere Beziehung geheim hielten. Als ich mich anschließend selbstständig gemacht hatte und Ryunosuke ihm von unseren Hochzeitsplänen erzählte, bestand Herr Satoh sogar auf einer Einladung zu unserer Hochzeit. Gegen unsere Beziehung hatte er ja nichts – solange wir uns an die Regeln hielten.

«Ich meine es ernst. Ich nehme Erziehungsurlaub», wiederholte Ryunosuke und grinste weiter. «So komme ich doch noch zu meinem lang ersehnten Sabbatical», schob er zur Erklärung hinterher, als er das ungläubige Staunen in meinem Gesicht sah.

Seit ein paar Jahren war ihm diese Idee nicht mehr aus dem Kopf gegangen. Damals hatte uns meine alte Schulfreundin Anke während ihres Sabbaticals besucht. Sie hatte erzählt, dass sie als verbeamtete Lehrerin «vorarbeiten» könne und sich das Gehalt für die vorgearbeitete Zeit dann während ihres einjährigen Sabbaticals auszahlen lassen könne. Zweimal habe sie das bereits gemacht. Einmal sei sie in Lateinamerika gewesen, um Salsa zu lernen, das zweite Mal in Japan, um sich in die Kunst des traditionellen Taiko-Trommelns einweisen zu lassen.

Bis ins letzte Detail hatte Ryunosuke sich ihre Geschichte erzählen lassen und dann mit tiefem Bedauern erklärt, dass japanische Arbeitgeber für solche Selbstverwirklichungstrips ihrer Mitarbeiter kein Verständnis aufbringen würden. «Wenn ich ein Jahr für mich und meine privaten Träume haben will, muss ich den Job schmeißen oder warten, bis ich in Rente gehe», hatte er voller Neid geseufzt.

Jetzt sah er also seine große Chance gekommen.

Nach einer kurzen Internetrecherche wusste er über seine Rechte Bescheid: Ein Jahr Erziehungsurlaub pro Kind steht japanischen Vätern (Müttern natürlich ebenso) gesetzlich zu. Ryunosukes Amt ist – zumindest formal – besonders großzügig und gewährt seinen Mitarbeitern sogar maximal zwei Jahre. Elterngeld gibt es allerdings nur für das erste Jahr. Ryunosuke bekam für zwei Kinder jedoch nicht vier, sondern lediglich insgesamt drei Jahre und vier Monate Erziehungsurlaub, da die Geburtstermine von Naomi und Kai ungünstig lagen. Das zweite Jahr wird nämlich nur bis zum Ende des Fiskaljahres gewährt, in dem das Kind ein Jahr alt wird.

Dass Männer, die noch immer – zumindest statistisch gesehen – den Löwenanteil des Familieneinkommens verdienen, Erziehungsurlaub nehmen, ist in Japan eine absolute Rarität. Einer der ersten, der sich ein Jahr freinahm, war ein Beamter des Wirtschaftsministeriums. Das war im Jahr 2004 gewesen. Seine Erfahrungen mit Windeln-Wechseln und Babybrei-Kochen waren so einzigartig, dass er gleich gebeten wurde, ein Buch über seine Zeit als Hausmann zu schreiben. Ein paar Tage nach unserer Diskussion fand ich es auf unserem Zeitungsstapel, den wir aus Platzmangel in den ohnehin schon engen Eingangsbereich unserer Tokioter Zwei-Zimmer-Kaninchenstall-Wohnung verbannt hatten.

Wir saßen in unserem Mini-Wohnzimmer auf Tatami-Matten – unserem Bodenbelag aus Reisstrohmatten. Ein Sofa hatten wir nicht, denn in Tatami-Zimmern spielt sich das Leben am Boden ab. Ryunosuke lehnte an der Wand und hatte die Beine ausgestreckt. Seine Füße ragten auf meiner Seite unseres Esstischs hervor. In der Öffentlichkeit ein Fauxpas, aber zu Hause nehmen auch Japaner ihre Etikette nicht ganz so ernst. Er sah mich ungewohnt ernst an, dann zog er die Beine ein und lehnte sich auf den Tisch. Er wollte mir klarmachen, dass er fest vorhabe, sich die vollen zwei Jahre der Kindererziehung zu widmen und nebenbei seinen vielen Hobbys nachzugehen, die er – seiner Meinung nach – wegen seiner langen Arbeitstage bisher viel zu sehr vernachlässigt hat.

«Wenn das Baby schläft, kann ich endlich wieder komponieren. Außerdem wollte ich ja immer eine Ausbildung zum Meteorologen machen. Da bekommt man ganz wichtige Infos, von denen wir Kajakfahrer nur profitieren können. Ich habe schon einen guten Online-Fernkurs gefunden», schwärmte Ryunosuke. «Ach ja, und wenn das Kind in der Lage ist zu sitzen, kann ich mit ihm zum Meer fahren, und wir machen zusammen Kajaktouren …»

Ich unterbrach seinen Redeschwall. «Ich bezweifle nicht, dass du genug Ideen hast, wie du die Zeit sinnvoll nutzen kannst. Ich fürchte nur, dass dein Chef sich ganz schön ärgern wird, wenn du plötzlich verkündest, dass du dir zwei Jahre Urlaub nimmst, während alle anderen Kollegen einen Großteil ihres Jahresurlaubs verfallen lassen, um nicht als Faulenzer abgestempelt zu werden, der anderen seine Arbeit aufbürdet.»

Ryunosuke ließ mein Argument nicht gelten. Er sah sich schon ein Exempel statuieren und Japans Männern den Weg in ein wohlverdientes Sabbatical zu ebnen. Ich war einerseits sehr stolz auf seinen Entschluss, der sicher nicht nur in Japan viel Mut erfordert. Gleichzeitig glaubte ich, mein Gastland gut genug zu kennen, um zu wissen, dass dieses Projekt zum Scheitern verurteilt ist. Das gab ich auch kund.

Ryunosuke verdrehte die Augen, sagte aber nichts.

Ich sah auf die Uhr. «Mist, ich muss los. Ich bin in einer halben Stunde zum Interview verabredet», fluchte ich und stand auf.

Wir mussten die Diskussion vertagen. Ich hatte das Gefühl, mein Termin kam meinem Mann ganz gelegen.

Ryunosuke fackelte nicht lange. «Ich werde heute Herrn Satoh meinen Urlaubsantrag unter die Nase reiben», verkündete er eine Woche nachdem meine Schwangerschaft mit einem Ultraschallfoto ärztlich bestätigt war beim Frühstück.

Mir wurde mulmig bei der Vorstellung, wie er dem molligen Herrn Satoh mit der rechteckigen Altherrenbrille aus den siebziger Jahren gegenübersitzt und die Emanzipation der Väter ausruft. Was, wenn Satoh Ryunosuke danach so lange mobbt, bis er freiwillig kündigt? Zumindest seine Karriere im Rathaus konnte er dann wohl vergessen. Ist es dieses Sabbatical wirklich wert, überlegte ich, dafür bis zur Rente an einem der berüchtigten «Fensterplätze» zu sitzen, an dem aufmüpfige Mitarbeiter und sonstige Problemfälle zum Nichtstun verurteilt sind? Finanziell wäre der Fensterplatz kein großer Beinbruch, schließlich steigen die Gehälter im Rathaus noch immer nach dem Senioritätsprinzip. Doch es muss unerträglich sein, jeden Tag mindestens acht Stunden am Schreibtisch zu sitzen und nach Arbeit zu suchen. Immerhin ist Schlafen am Arbeitsplatz nicht verpönt. Als ich während meiner Zeit im Rathaus einmal meinen Chef beim Nickerchen am Schreibtisch erwischte, weckte ich ihn beim ersten Schnarcher in einem Anfall von Nächstenliebe, um ihm peinliches Gelächter zu ersparen. Was für ein Fauxpas! Wer am Arbeitsplatz einschläft, beweist damit, dass er überarbeitet ist. Sein Körper nimmt sich eine Zwangspause, das jedenfalls steckte mir anschließend ein Kollege im Flüsterton. Und wenn jemand schläft, weil es für ihn keine Arbeit gibt, dann wird das eben ignoriert.

Ich sah Ryunosuke vor mir, wie er nach seiner Rückkehr aus dem Erziehungsurlaub die nächsten zwanzig Jahre im Büro in quasi komatösem Zustand verbringen muss. Lustlos kaute ich auf meinem doppelt getoasteten Baguette herum, mit dem ich mangels eines Zwiebacks meine Übelkeit zu bekämpfen versuchte.

«Vielleicht müssen es ja nicht gleich zwei Jahre sein. Versuch es doch erst mal mit drei Monaten», versuchte ich das Projekt «Sabbatical für Firmensamurais» in letzter Minute zu stoppen.

«Warum?», fuhr Ryunosuke mich an. «Ich dachte, ihr Deutschen seid so stark und furchtlos und beharrt auf euren Rechten», legte er nach und wickelte mit seinen Stäbchen einen spinnenwebartigen Faden auf, den die fermentierten Sojabohnen in seinem Mundwinkel hinterlassen hatten. Der Geruch von *Natto*, diesen vergorenen, klebrigen und fädenziehenden Bohnen, von denen Japaner glauben, sie seien eine Art Wundermittel, das Diäten beschleunigt, den Cholesterinspiegel senkt und überhaupt das Leben erleichtert, machte meine Übelkeit noch schlimmer. Ich gab mich geschlagen.

«Ich hoffe, du weißt, was du tust», sagte ich schwach.

«Jetzt sei nicht so japanisch! Irgendjemand muss die Tabus brechen, sonst ändert sich in diesem Land nichts», lachte Ryunosuke und erhob sich.

«Ich bin nicht japanisch, ich bin einfach nur vorsichtig. Es steht schließlich eine Menge auf dem Spiel», konterte ich. Ich fand mich überhaupt nicht japanisch. Im Gegenteil – ich fand, dass Vorsicht eigentlich eine sehr deutsche Tugend war. Und in diesem Fall auch durchaus angemessen.

An der Tür nahm ich Ryunosuke das Versprechen ab, am Abend alles haarklein zu erzählen.

Den ganzen Tag über platzte ich fast vor Neugier, wie der erzkonservative Herr Satoh, der mehr Zeit im Rathaus als bei seiner Familie verbrachte, auf Ryunosukes Sabbatical-Vorschlag reagierte. Überpünktlich und mit Siegerlächeln kam mein Mann dann an diesem Tag nach Hause. Er legte schon an der Wohnungstür los mit seinem Bericht, noch bevor er sich die Schuhe ausgezogen hatte. Seine Erzählung war so detailliert, dass ich fast das Gefühl hatte, ich wäre selbst dabei gewesen. Während Ryunosuke redete, malte ich mir die Szene genau aus.

«Sie wollen Erziehungsurlaub nehmen? Das ist ja wunderbar!», zitierte Ryunosuke Herrn Satoh. Heute müssten junge Väter ihre Frauen unterstützen. Viele Frauen reagierten ja heutzutage sehr empfindlich, wenn die Männer nicht genug Interesse am Windeln-Wechseln zeigen. Er habe gehört, es soll sogar Frauen geben, die die Scheidung fordern, wenn sie glauben, dass sich der Mann nicht genug um den Nachwuchs kümmert. Das wisse er alles aus erster Hand, schließlich sei seine Schwiegertochter auch so ein Sensibelchen, das regelmäßig beim Füttern seines einjährigen Enkels abgelöst werden wolle. Er schlug vor, Ryunosuke solle sich nach der Geburt eine Woche freinehmen. Er hatte sogar ein paar gutgemeinte Ratschläge parat. Ryunosuke solle nachsichtig mit mir sein und nicht gleich am ersten Tag nach der Geburt das gewohnte Abendmenü erwarten. Stattdessen solle er das Baby ab und zu in den Schlaf wiegen, damit die Frau und frischgebackene Mutter auch mal eine Pause habe.

«Macho», entfuhr es mir. Aber ich beherrschte mich und

schluckte weitere bissige Kommentare, die mir auf der Zunge lagen, runter. Ich wollte ja wissen, wie die Geschichte weiterging.

«Mit so einem Vorschlag hatte ich gerechnet», erzählte Ryunosuke und griente überlegen. Meinen Einwurf hatte er ignoriert. «Diesen ‹Blitz-Erziehungsurlaub› hatten nämlich schon ein paar Kollegen vor mir genommen. Aber da kannte Satoh mich schlecht. Wenn ich etwas mache, dann richtig!» Ryunosuke durchbohrte mich mit seinem Blick, als wollte er mich auch noch überzeugen. Wenn er das bei Herrn Satoh genauso gemacht hatte, bestand kein Zweifel: Satoh musste verstanden haben, dass Ryunosuke von diesem Vorhaben nicht mehr abzubringen war. «Ich habe seinen lächerlichen Vorschlag einfach ignoriert und ihm mitgeteilt, dass ich hiermit zwei Jahre Erziehungsurlaub beantrage», konstatierte er mit fester Stimme.

Ich stellte mir den völlig überrumpelten Herrn Satoh vor. Wenn er tatsächlich geglaubt hatte, Frauen würden sich heutzutage noch damit abspeisen lassen, dass Väter sich ab und zu mal gönnerhaft gaben und ihr eigenes Kind bespaßten, und alles andere sei Müttersache, dann brach in diesem Moment wahrscheinlich eine Welt für ihn zusammen. Ich konnte ihn vor mir sehen, wie er für eine gefühlte Ewigkeit in eine Schockstarre fiel, wie er mit leicht offenem Mund auf dem braunen Kunstledersofa saß, auf dem bereits seit den sechziger Jahren Generationen von Abteilungsleitern Besucher empfangen und vertrauliche Dienstgespräche mit Untergebenen geführt hatten. Wahrscheinlich begann seine Altherren-Glatze in diesem Moment, rot zu leuchten. Das tat sie immer, wenn er sich aufregte. Zwar hatte er seine Glatze unter seinen letzten verbliebenen Haaren versteckt, die er extra wachsen ließ, um sie dann quer über seinen größtenteils kahlen Kopf zu kämmen, aber es waren schon lange nicht mehr genug Haare übrig, um wirklich etwas zu verdecken.

Ryunosuke machte es offensichtlich einen Riesenspaß, die Leiden des armen Herrn Satoh bis ins letzte Detail zu beschreiben. «Dann lehnte Satoh sich zurück und nestelte an seiner Krawatte», erzählte er und äffte Satohs Verlegenheitsgeste nach. *«Ahh so desu ka …»*, imitierte er weiter seinen Chef. «So ist das also …» Danach schwieg er. Es folgten mehrere laute Seufzer und Schnalzer, bei denen er ein schmerzverzerrtes Gesicht machte. Ryunosuke war ein guter Imitator. Er traf sogar annähernd Satohs leicht schnippischen Tonfall.

Ich musste lachen. Für den Showdown spielte Ryunosuke jetzt beide Rollen.

«Herr Abteilungsleiter», setzte er an. Niemals würde er seinen Chef einfach beim Namen nennen – die japanische Etikette verlangt die Anrede mit dem Titel. «Sie wissen ja, dass Japan, was die Zahl der Männer angeht, die Erziehungsurlaub nehmen, im internationalen Vergleich weit hinter anderen Industrieländern hinterherhinkt. Das Wohlfahrtsministerium hat nun extra all diese neuen Förderungen ins Leben gerufen, um das zu ändern. Wir sind eine staatliche Einrichtung. Wir müssen das neue Regierungsprogramm als Erstes umsetzen. Das ist unsere Pflicht! Auf dem Papier ist unser Amt bereits ein leuchtendes Vorbild. Es gibt schließlich nicht viele Unternehmen, die so großzügig zu ihren Mitarbeitern sind und sogar zwei Jahre Erziehungsurlaub gewähren. Aber diese vorbildliche Regelung kann nur gebührend gewürdigt werden, wenn sie auch umgesetzt wird.»

Ryunosuke ahmte wieder Satohs Seufzer und Schnalzer nach. Nach einem besonders lauten Seufzer stieg er erneut ein. Jeder müsse selbst entscheiden, was er aus seinem Leben machen will, zitierte Ryunosuke seinen Chef. Wenn er glaube, dass ihn ein Leben mit Windeln-Wechseln und Fläschchen-Geben erfülle, dann solle er das tun. Wenn es denn sein müsse, auch zwei Jahre lang.

«Dann wurde Satoh plötzlich versöhnlich. Er erklärte mir in väterlichem Tonfall, dass Kindererziehung statt Arbeit für ihn keine Option gewesen wäre», verkündete Ryunosuke jetzt. «Er habe seinen Platz immer in der Behörde gesehen. Aber vielleicht hätten junge Leute andere Vorstellungen vom Leben. Dann wurde er fast ein bisschen philosophisch. Er meinte, ich solle lieber mein Glück mit Babywindeln finden, als irgendwann so frustriert zu sein, dass ich als Spanner oder Ladendieb ende.»

Satoh spielte offenbar auf die jüngsten Skandale an, in die staatliche Beamte und Mitarbeiter des öffentlich-rechtlichen Rundfunksenders NHK verwickelt waren. Erst vor wenigen Wochen war ein Polizei-Beamter erwischt worden, als er auf einer U-Bahn-Rolltreppe versucht hatte, mit einer Handykamera unter den extrem knappen Rock eines Oberschulmädchens in Schuluniform zu filmen. Beim Polizeiverhör hatte der Mann angegeben, er habe das gebraucht, um seinen Frust über den Job und das Leben im Allgemeinen loszuwerden. Kurz darauf wurde ein NHK-Redakteur verhaftet, weil er trotz seines vergleichsweise üppigen Gehalts in einem Convenience Store, einem Vierundzwanzig-Stunden-Laden, ein paar *Onigiris* (Reisdreiecke mit einem Algenmantel) geklaut hatte. Also besser ein nach Babykacke stinkender Vollzeit-Papa als ein frustrierter Spanner und Ladendieb. «Am Ende sah Satoh richtig zufrieden aus mit seiner Erklärung.

Wahrscheinlich, weil ihm klarwurde, dass das auch unser Hauptabteilungsleiter akzeptieren muss. Ich bin sicher, in ein paar Tagen bekomme ich das Okay von ganz oben», schloss Ryunosuke seinen Bericht.

Ich war baff. So einfach ging die Revolution? Warum hatten das nicht schon längst viel mehr Männer ausprobiert?

Von nun an lief Ryunosukes Antrag wie am Schnürchen. Innerhalb weniger Tage hatte er die nötigen *Hankos* – Namenstempel, die in Japan die Unterschrift ersetzen – zusammen. Seine männliche Kollegen vermieden es, das Thema anzusprechen. Dafür traten immer mehr Kolleginnen auf ihn zu, gaben ihm Tipps, welche Kaufhaustoiletten die besten Wickelkommoden haben. Obwohl ich bezweifle, dass die Ausstattung auf den Herrentoiletten auch nur annähernd an die Beauty-Salon-Atmosphäre auf den Damentoiletten herankommt. Beim Mittagessen offenbarten sie ihm, wie sehr sie ihn für seinen Einsatz für die Familie bewunderten. Nach und nach begann Ryunosuke, sich ein bisschen wie ein Held zu fühlen – lange bevor das Kind, dessen Popo er sauber machen sollte, überhaupt geboren war.

Initiationsriten in ein neues Leben – nicht mehr Frau, sondern Mutter

Ein paar Wochen nach Ryunosukes Revolutionssieg im Büro hatte sich seine Mutter Yoko bei uns angesagt. Sie wohnte in einer Reihenhaussiedlung für Mittelstandsfamilien in einem Tokioter Vorort. Alle paar Wochen, wenn sie etwas Zeit fand zwischen ihren vielen Tanz-, Strick- und Blumenschmuckkursen, kam sie uns besuchen oder lud uns in ein feines Lokal zum Essen ein. Okaasan (das Wort bedeutet gleichzeitig Mutter und Schwiegermutter, nur die Schriftzeichen sind unterschiedlich), wie ich sie der japanischen Etikette entsprechend nannte, war eine weltoffene Frau. Mit weit über sechzig Jahren hat sie angefangen, Koreanisch zu lernen, weil sie wegen ein paar TV-Dramen plötzlich ihre Liebe zum Nachbarland entdeckt hatte und nun mit ihren Freundinnen eine Reise zu den Drehorten ihrer Lieblingssoap plante. Aber sie war zugleich eine traditionsbewusste Frau mit strikten Prinzipien. Ryunosuke und ich nahmen an, dass ein Sabbatical – auch wenn es eines zum Wohl des Kindes ist – in ihrem Wertesystem keinen Platz hatte.

Okaasan reagierte – wie erwartet – schockiert auf die Nachricht. Ich glaube, sie schämte sich sogar ein bisschen für ihren Sohn. Jedenfalls nutzte sie ihren Besuch bei uns, um uns ins Gewissen zu reden.

«Ryunosuke, das kannst du nicht machen. Das ist illoyal

gegenüber der Behörde», sagte sie mit einer Strenge, die ich bislang nicht von ihr kannte.

Ryunosuke erklärte ihr, dass es ein gesetzlich verbrieftes Recht jedes Arbeitnehmers sei, Erziehungsurlaub zu nehmen. Außerdem müsse ja nicht die Behörde für ihn zahlen, sondern die Arbeitslosenversicherung übernehme im ersten Jahr die Weiterzahlung von 50 Prozent seines Gehalts. Im zweiten Jahr habe er dann ja auch ohne finanzielle Unterstützung des Staates auszukommen, ergänzte Ryunosuke und glaubte, damit seine Mutter nun von der Rechtmäßigkeit seines Erziehungsurlaubs überzeugt zu haben.

«Das darfst du keinem erzählen», warnte meine Schwiegermutter. «Das ist eine absolute Sonderstellung, die du da hast. Das darf sonst niemand. Kein anderes Unternehmen würde das erlauben. Und wahrscheinlich würde sich das auch sonst niemand trauen. Ryunosuke, du fällst auf!», schimpfte sie.

Auffallen ist im traditionellen Japan keine gute Tugend – im Gegenteil. Meine Schwiegermutter ist mit dem Sprichwort aufgewachsen: «Herausstehende Pfosten werden eingeschlagen».

Ryunosuke beendete die Diskussion auf japanische Art. Er wechselte das Thema.

Aber Okaasan stand der Sinn nicht nach Small Talk. Mit einem Satz sprang sie von der Tatami-Matte auf, auf der sie gesessen hatte, und nahm ihre Eco-Bag, wie Jutetaschen und Baumwolleinkaufsbeutel in Japan vornehm genannt werden.

«Ich war heute Morgen beim Suitengu-Schrein», sagte sie, besann sich und kniete sich wieder auf die Tatami. Schreine sind eine Art Kirche im Shintoismus, der animistischen Religion, der jeder Japaner qua Geburt angehört. Kirche ist vielleicht etwas übertrieben, denn es gibt keine Gottesdienste; aber Schreine sind Orte, an denen man in Kontakt treten kann mit den Abermillionen Göttern des Shintoismus. In jedem Schrein werden andere Götter verehrt. Jeder Gott hat andere Schutzaufgaben. Obwohl ich auch schon ab und zu gegen eine kleine Spende meine Wünsche den Göttern anvertraut hatte, kannte ich mich nicht sehr gut aus mit den shintoistischen Göttern. Aber ich wusste, dass die Götter im Suitengu-Schrein besondere Unterstützung beim Kinderkriegen anbieten. Ich war gespannt, welche göttliche Hilfe mir nun zuteilwerden sollte.

Okaasan zog ein perfekt gefaltetes Baumwolltuch aus ihrer Tasche und wickelte es langsam auf. «Das ist ein Hara-Obi», erklärte sie, als sie das große Fragezeichen in meinem Gesicht sah. «Früher haben wir uns ab dem fünften Monat jeden Morgen damit eingewickelt, um das Baby vor Stößen zu schützen und eine Unterkühlung zu vermeiden. Dieser Hara-Obi wurde im Suitengu-Schrein geweiht, in dem der Gott verehrt wird, der für eine leichte Geburt zuständig ist», ergänzte sie. Dann bat sie mich aufzustehen und wickelte mir das meterlange Tuch um mein noch winziges Fünf-Monats-Bäuchlein. «Hast du morgen schon etwas vor?», fragte sie schließlich, während sie das Ende des Hara-Obis unter den Tuchlagen vergrub. Ich hatte noch keine Pläne gemacht. «Gut, dann gehen wir zusammen zum Schrein. Morgen ist nämlich Hundstag. Wenn meine Rechnung stimmt, dann ist es der erste Hundstag im fünften Schwangerschaftsmonat – also der beste Tag, um für eine leichte Geburt zu beten.»

Okaasan wusste zwar nicht immer, warum etwas so war, wie es war, aber sie wusste stets ganz genau, wie es gemacht werden musste. Das Hara-Obi-Tuch durfte nicht irgendwie gewickelt werden, sondern es gab dafür mindestens so strenge

Regeln wie für das Halten der Teetasse bei der Teezeremonie. Während ich das mit dem Hara-Obi-Tuch übte und meinen Bauch wieder und wieder ein- und auswickelte, erklärte Okaasan, was Hunde mit einer leichten Geburt zu tun hatten. «Der Hund ist das elfte der zwölf Tierkreiszeichen, und jeder zwölfte Tag ist daher ein Hundstag», referierte sie und prüfte meinen Bauchgurt. «Du darfst nicht ganz so fest wickeln, sonst ist es unangenehm beim Sitzen», riet sie.

Ich fand das Tuch jetzt schon unangenehm und bedauerte die Frauen, die sich jeden Morgen damit einwickeln mussten. Aber das behielt ich lieber für mich. «Aber warum soll man am Hundstag in den Schrein gehen? Ist es nicht egal, wann man betet?», fragte ich stattdessen.

«Weißt du, früher haben sich die Frauen bei uns Geburten wie bei Hunden gewünscht: schnell, schmerzfrei und vor allem mit viel Nachwuchs», erwiderte Okaasan. Ich nahm an, dass die Kinder nicht unbedingt in einem Wurf kommen mussten. «Das Einzige, was davon heute noch übrig zu sein scheint, ist wohl der Wunsch nach einer schnellen und schmerzfreien Entbindung. Aber das ist immer noch Grund genug, um am Hundstag für eine leichte Geburt zu beten», schloss Okaasan ihren Vortrag. Ich hatte den Hara-Obi inzwischen zum x-ten Mal gewickelt. Nun war auch Okaasan mit meiner Technik zufrieden. Ich fühlte mich im wahrsten Sinne des Wortes in Watte gepackt.

Wir verabredeten uns für den nächsten Morgen, und meine Schwiegermutter machte sich auf den Heimweg. Zum Abschied nahm Okaasan mich kurz zur Seite und entschuldigte sich im Flüsterton für die Unannehmlichkeiten, die Ryunosuke mir mit seinem Starrsinn und seiner Unangepasstheit bereite.

«Okaasan», erwiderte ich sanft, «ich freue mich, dass Ryunosuke Erziehungsurlaub nimmt. In Deutschland machen das viele Männer.»

Damit war das Thema erledigt. Meine Schwiegermutter ging nicht mehr darauf ein. Sie hatte ihre Bedenken geäußert, der Rest war unsere Privatsache.

Pünktlich um halb neun stand sie am nächsten Morgen in einem dunkelblauen Kostüm und wie immer dezent geschminkt vor unserer Tür. Schlank, wie sie war, und mit ihren frisch gefärbten Haaren sah sie viel jünger aus als ihre vierundsechzig Jahre. Ich überprüfte noch einmal, ob ich meinen Bauchschützer richtig gewickelt hatte, danach zog ich meinen ersten Umstandspulli wieder über den Bauch. Wir nahmen die Bahn.

«Setz dich!», drängte mich meine Schwiegermutter auf den letzten freien «Priority»-Platz mit dem roten Polster, was ihn als Sonderplatz für Ältere, Behinderte und Schwangere erkennbar macht. Ich weigerte mich, wollte, dass sie den Platz nimmt, doch Okaasan bestand darauf, dass ich mich niederließ. Schließlich gab ich nach.

Der alte Herr mit den bläulich lila gefärbten Haaren auf dem Sitz neben mir warf mir einen verächtlichen Blick zu. Schnell drehte ich meine Tasche so, dass der pinkfarbene Anhänger mit der stilisierten Schwangeren, in deren Bauch ein kleines Babygesicht lacht, zu sehen war. Für alle, die diesen Wink mit dem Zaunpfahl nicht verstanden haben, steht ganz unten noch einmal in blauer Schönschrift: «In meinem Bauch ist ein Baby». Den Schwangeren-Anhänger hatte ich mir am Schalter in unserem Bahnhof besorgt. Anfangs war es mir unangenehm, wenn jeder, der ihn entdeckte, sofort auf meinen

Bauch starrte. Aber es war die einzige Chance, in den vollen Pendlerzügen einen Sitzplatz zu ergattern. Der gefärbte Herr blickte erst auf den Anhänger, dann auf meinen (trotz Hara-Obi sicher noch nicht eindeutig als Babybauch zu erkennenden) Bauch – und lächelte mich an.

Als wir durch das mächtige Torii-Tor des Suitengu-Schreins gingen, hatten sich bereits zehn junge Frauen um den Stand versammelt, an dem Glücksbringer und Horoskop-Lose verkauft werden, und füllten Anmeldebögen aus. Bei den meisten baumelte der Schwangeren-Anhänger an der Handtasche. An dem Wasserbecken begossen wir unsere Hände und spülten unsere Münder aus. Rituell gereinigt, füllten wir ebenfalls unseren Antrag auf göttliche Geburtshilfe aus und erledigten den irdischen Finanzkram. Mit 3000 Yen[1] ließen sich die Hundsgötter ihren Beistand vergolden. Okaasan hatte eigens am Bankautomat nagelneue Scheine gezogen (für solche Anlässe gibt es an den Automaten eine Taste «Neue Scheine») und zu Hause in einen speziell für Schreinbesuche vorgesehenen weißen Umschlag mit kunstvoll geschwungenen Bändern gelegt und in schönster Kalligraphie beschriftet.

Als wir aufgerufen wurden, gingen wir in die Haupthalle des Schreins. Ein paar Minuten später kam der Guuji, der Priester, mit einer Art Staubwedel in den Raum. Nach ein paar kurzen Vorbereitungen, mit denen er die Götter auf unsere Anwesenheit aufmerksam gemacht hatte, stimmte er einen völlig unverständlichen Sprechgesang an und fing an, über unseren gesenkten Häuptern mit zuckenden Bewegungen zu wedeln.

1 1000 Yen = 7,70 Euro (Stand: April 2013)

Im ersten Moment fiel es mir schwer, ein Lachen zu unterdrücken. Aber dann überlegte ich, dass sich meine Schwiegermutter wahrscheinlich genauso komisch und irgendwie peinlich berührt fühlen würde wie ich jetzt, wenn sie sich in einer katholischen Kirche ein Aschekreuz auf die Stirn malen lassen würde. Ich strengte mich an, mir vorzustellen, der Guuji würde mir ein Aschekreuz auf die Stirn malen – und schon war der Lachreiz verflogen. Zum Glück war die Zeremonie ohnehin bereits nach wenigen Wedlern vorbei.

Jetzt waren wir dran: zweimal verbeugen, zweimal in die Hände klatschen und noch einmal verbeugen. Beim Herausgehen überreichte uns eine in prachtvoller Shinto-Tracht gekleidete Oberschülerin, die sich als *Arubaito* (der Ausdruck ist angelehnt an das deutsche Wort «Arbeit», bedeutet allerdings in diesem Fall «Nebenjob») ein Taschengeld verdiente, ein kleines Präsent der Götter. Ein *Omamori*, einen Glücksbringer. Mein Omamori war ein pinkfarbenes Stoffsäckchen mit Hello-Kitty-Aufdruck, über dem groß und in ebenfalls pinkfarbenen Lettern *Anzan* stand, «leichte Geburt». Mit einer Schlaufe konnte man den Glücksbringer an seine Tasche hängen.

Ich fand zwar, dass der Schwangeren-Anhänger der Bahngesellschaft bereits genug Umstandsschmuck an meiner Handtasche war, aber da ich mich nicht mit den Geburtsgöttern anlegen wollte, hängte ich mein Hello-Kitty-Omamori neben die pinke Mama der Bahngesellschaft. Die Säckchen sind übrigens oben zugenäht – der Inhalt ist geheim. Es fühlt sich an wie ein Stück Pappe, aber öffnen und nachgucken ist strengstens verboten. Auch Wegschmeißen ist Gotteslästerung. Wenn ein Glücksbringer seine Mission erfüllt hat oder seine Gültigkeit (meist nach einem Jahr) abgelaufen ist, muss man ihn zu dem Schrein zurückbringen, an dem man ihn erworben hat. Dort wird er dann zusammen mit Neujahrsschmuck und anderen abgelaufenen Glücksbringern unter priesterlicher Aufsicht verbrannt.

Mit Hello-Kitty-Omamori, Hara-Obi und dem Mama-Anhänger der Bahngesellschaft war ich bestens gerüstet für den Rest der Schwangerschaft. Jetzt konnte niemand mehr übersehen, dass ich demnächst ein neues Leben als Mutter beginnen würde. Was das in Japan bedeutet, würde ich in Kürze erfahren.

Umzug aufs Land – Ahnen, Götter und ein Baby

«Onkel Jinzaburo ist tot», flüsterte Ryunosuke, nachdem er das Telefon zur Seite gelegt hatte. Okaasan hatte ihm die traurige Nachricht übermittelt und ihn auch gleich zu sich herbeizitiert, schließlich musste er die Beerdigung ausrichten.

Sein Gesicht war noch immer kreidebleich, als er den Hörer wieder in die Hand nahm und Herrn Satoh mit der weggekämmten Glatze anrief. In Sekundenschnelle genehmigte sein Chef den dreitägigen Sonderurlaub, den man in solchen Fällen beantragen konnte.

Onkel Jinzaburo war der ältere Bruder von Ryunosukes Mutter. Er war schwer krank gewesen und hatte das letzte Jahr in einem Pflegeheim verbracht. Onkel Jinzaburo hatte keine eigenen Kinder, worunter vor allem Tante Michiko bis zu ihrem Tod sehr gelitten hatte. Weil Onkel Jinzaburo auch keine Brüder hatte, war klar, dass der Familienname mit ihm aussterben würde. Sein Vater hatte Onkel Jinzaburo oft gedrängt, einen Weg zu finden, um den Namen zu erhalten, denn die Familie hatte eine lange Tradition und gehörte zeitweise sogar dem Adel an. Irgendwann löste Okaasan das Problem für ihren Bruder. Als Ryunosuke in die Schule kam, bat sie ihn, sich von Onkel Jinzaburo adoptieren zu lassen und seinen Nachnahmen anzunehmen. Ryunosukes Vater Hideaki hatte seinen Segen gegeben, da seine eigene Familie ohnehin nur eine Zweigfamilie der Hauptlinie war und entsprechend wenig Wert darauf legte, dass der Name weitergeführt wird. Außerdem hatte er ja Ryunosukes älteren Bruder Akira, der den eigenen Familiennamen in die nächste Generation trug.

Auch Ryunosuke willigte ein, zumal sich außer seinem Nachnamen zunächst nichts in seinem Leben änderte – nur dass er seitdem größere Geschenke von Onkel Jinzaburo erhielt. Er blieb weiterhin zu Hause wohnen, und weder Onkel Jinzaburo noch Tante Michiko mischten sich in seine Erziehung ein.

Doch jetzt musste er seinen Pflichten als Adoptivsohn nachkommen. Er musste alle Beerdigungsformalitäten erledigen, am Tag der Trauerfeier die Beileidsbekundungen im Namen der Familie entgegennehmen und als Sohn eine Trauerrede für seinen Adoptivvater halten. Okaasan hatte ihm ihre Hilfe angeboten, denn sie hatte bereits Erfahrung mit Beerdigungsritualen – erst vor zwei Jahren war Ryunosukes Vater ganz plötzlich gestorben.

Wortlos packte mein Mann anschließend seinen schwarzen Anzug ein, verabschiedete sich hastig und fuhr zu seiner Mutter. Am späten Abend rief er mich an. Sie hätten die *Tsuya*, die Totenwache, für den nächsten Abend in einer Beerdigungshalle ganz in der Nähe von Onkel Jinzaburos Haus organisiert, berichtete er erschöpft. «Es sind zwei Stunden Fahrt im Pendlerzug, also fahr rechtzeitig los», ermahnte er mich. Er kannte meinen Hang, zu spät zu kommen. Und als Ehefrau des Haupttrauernden durfte mir das nicht passieren.

Ich hatte ganz andere Sorgen: Ich brauchte dringend angemessene Trauerkleidung, schließlich war es mein «Job», neben meinem Mann zu stehen, während die ehemaligen Kollegen und Chefs aus Onkel Jinzaburos Firma Ryunosuke ihr Beileid bekunden. Ich wühlte im Kleiderschrank, aber der einzige schwarze Rock, den ich besaß, war mir definitiv zu eng. Ich war zwar erst im sechsten Monat, doch mein Bauch hatte in den letzten Wochen ordentlich zugelegt. Zum Glück hatte ich bei der letzten Vorsorgeuntersuchung einen der vielen Versandhandelskataloge mitgenommen. Unter der Rubrik «Trauer- und Partybekleidung für Schwangere» konnte ich auf fast zehn Seiten zwischen verschiedenen Leihmodellen wählen.

Am nächsten Vormittag brachte ein Kurierdienst mein Trauerkleid, inklusive schwarzer Handtasche. Das Kleid zwickte ein wenig unter den Armen, aber für zweimal Tragen – zur Totenwache und zur Einäscherung am nächsten Tag – war es völlig okay.

Vier Stunden vor Beginn der Feier fuhr ich los, diesmal würde ich ganz sicher nicht zu spät kommen.

Als ich überpünktlich in der Beerdigungshalle eintrat, führte mich ein Mitarbeiter des Beerdigungsinstituts in den richtigen Raum. Diese Hilfestellung wäre an diesem Tag zwar nicht nötig gewesen, da die beiden anderen Räume nicht genutzt wurden. Aber wenn mehrere Trauerfeiern gleichzeitig stattfinden, passiert es immer wieder, dass Gäste auf der falschen Feier landen – und es oft nicht einmal merken. Von Hochzeiten werden übrigens noch öfter solche Geschichten kolportiert.

Ryunosuke und seine Mutter standen allein in dem riesigen, hell erleuchteten Raum, der mit Tatami-Matten ausgelegt war, und unterhielten sich leise. Ganz vorne war ein goldglänzender mit Buddhafiguren geschmückter Altar, der umringt war von unzähligen weißen Lilien. Überall hingen Blumenkränze mit den Namen der Spender. Ein paar Kerzen brannten.

Japaner haben ein für uns Westler merkwürdiges Verhältnis zur Religion. Einerseits sind sie Shintoisten, aber gleichzeitig bekennt sich die überwiegende Mehrheit auch zum Buddhismus. Dabei hat jede Religion ihre eigenen «Aufgaben». Okaasan wäre nie auf die Idee gekommen, in einem buddhistischen Tempel für eine sichere Geburt zu beten. Für Geburten, Hochzeiten und alle fröhlichen Anlässe des Lebens waren für sie die shintoistischen Götter zuständig. Die Hauptaufgabe der buddhistischen Gottheiten bestand dagegen im sicheren Geleit der Toten ins Jenseits. Deshalb war die Beerdigungshalle auch mit lauter buddhistischen Paraphernalien geschmückt.

Vor dem Altar war der offene Sarg mit Onkel Jinzaburo aufgestellt. Es roch nach Räucherstäbchen. Im hinteren Teil des Raums standen lange Stuhlreihen für die Gäste. Unsere Stühle befanden sich an der Seite, etwa auf gleicher Höhe mit Onkel Jinzaburos Sarg.

«Ist alles okay bei euch?», fragte ich im Flüsterton, nachdem ich mich zu Ryunosuke und seiner Mutter gestellt hatte.

«Das Beerdigungsinstitut hat uns viel Arbeit abgenommen», flüsterte mein Mann.

Er sah übermüdet aus. Wahrscheinlich hatte er trotz der professionellen Hilfe noch genug zu tun gehabt. Und sicher musste er auch noch weitere Dinge entscheiden.

«Hast du deine Gebetskette dabei?», fragte Okaasan. Die Gebetskette ist eine Art buddhistischer Rosenkranz, den man bei Trauerfeiern in der Hand hält.

«Oh nein, die habe ich vergessen», erwiderte ich erschrocken. Außer zu den jährlichen Trauerfeiern für Ryunosukes Vater hatte ich sie nie benutzt. Sie lag irgendwo ganz hinten im Schrank.

«Hier, nimm die. Das ist Otoosans.» Otoosan war mein verstorbener Schwiegervater, und Okaasan zog seine alte Gebetskette aus ihrer Handtasche.

In diesem Moment trat der Priester zu uns. Er besprach ein paar Details der Zeremonie mit Ryunosuke und erklärte uns, dass man in seiner buddhistischen Ausrichtung dem Toten die letzte Ehre erweist, indem man sich erst einmal vor den Gästen, anschließend vor dem Toten verbeugt und danach zweimal Weihrauchkörner in die Weihrauchschale legt. Als der Priester sich wieder verabschiedete, um die letzten Vorbereitungen zu treffen, gingen wir zu unseren Plätzen.

Langsam füllte sich der Raum. Onkel Jinzaburo hatte vor seiner Pensionierung eine steile Karriere in einem großen Traditionsunternehmen hingelegt, weshalb mehrere Stuhlreihen mit dem Topmanagement seiner Firma besetzt waren. Die meisten Gäste kannten wir nicht.

Der Priester schlug den Gong und begann, endlose Sutren zu singen. Jeder Gast stellte sich vor den Sarg, verneigte sich vor den Anwesenden und dann vor Onkel Jinzaburo. Zum Schluss legte er Weihrauch nach. Wer fertig war, ging nach Hause. Als der letzte Trauergast das Ritual vollzogen hatte, beendete der Priester seinen Gesang und verabschiedete sich. Jetzt war nur noch die Familie da: Ryunosuke und Okaasan. Akira und seine Frau Noriko mit ihrem fünfjährigen Sohn Tomo. Okaasans Schwester Tante Mayuko und ihr Mann Kenzo. Großmutter («Obaachan») Hana, die Mutter der drei Geschwister, die gerade ihren hundertsten Geburtstag gefeiert hatte und nun ihren Sohn beerdigen musste. Und ein paar entferntere Verwandte, die ich das letzte Mal auf meiner Hochzeitsfeier gesehen hatte, die wir übrigens traditionell shintoistisch – also im Schrein und mit viel Stockwedeln – gefeiert hatten.

Die Angestellten des Beerdigungsinstituts beeilten sich, Tische aufzustellen. Sie brachten riesige Tabletts mit Onkel Jinzaburos Lieblingsspeisen. Wir setzten uns zum Leichenschmaus, nur wenige Meter hinter dem Sarg. Für Onkel Jinzaburo war auch gedeckt. Seine Stäbchen steckten senkrecht in der Reisschale. Wegen dieses Totenrituals ist es absolut tabu in Japan, seine Stäbchen ins Essen zu stecken. Ryunosuke stand auf und hob sein Glas mit bayerischem Weißbier. «Auf Onkel Jinzaburo! Er hat deutsches Bier geliebt, also trinkt für ihn mit!», sagte er und trank.

Der Abend entwickelte sich zum fröhlichen Familientreffen. Es wurde viel gelacht, und die Kinder spielten unter dem Sarg Verstecken. Irgendwann behauptete Tante Mayuko leicht beschwipst, Ryunosuke habe Onkel Jinzaburos Nase geerbt. Okaasan wollte das nicht glauben. «Kommt mal mit», forderte sie Ryunosuke und Tante Mayuko auf. Die drei stellten sich vor den Sarg und verglichen ihre Nasen mit der des Toten. Okaasan strich mit ihrem Finger über den kleinen, kaum sichtbaren Huckel auf Onkel Jinzaburos Nase und suchte dann bei Ryunosuke nach einer Unebenheit auf der Nase. So ein ungezwungener, natürlicher Umgang mit Toten war mir fremd. Anfangs fühlte ich mich unwohl bei dem ständigen Anblick des Sargs, doch gegen Ende der Feier hatte ich mich daran gewöhnt.

Ich hatte auch das Gefühl, dass viele Verwandte diesen Abend als letzte Chance sahen, verpasste Nähe zu Onkel Jinzaburo nachzuholen. Es war schön zu sehen, dass es ihnen offenbar gelungen war. Ich hatte Ryunosukes Adoptivvater nur ein paar Mal kurz getroffen, wirklich gut gekannt hatte ich ihn nicht. Okaasan hatte uns erzählt, dass er sich sehr gefreut hatte, als sie ihm erzählte, dass wir Nachwuchs erwarten. Ich bedauerte, dass er seinen Enkel nicht mehr kennenlernen konnte. Trotzdem sind jetzt beide hier in diesem Raum, dachte ich, als ich kurz an seinem Sarg verharrte. Der eine war noch nicht ganz auf dieser Welt, und der andere hatte sie noch nicht ganz verlassen. Es war ein merkwürdiges Gefühl, dazwischen zu stehen.

Kurz bevor die letzten U-Bahnen fuhren, hob Ryunosuke die «Party» auf. Ryunosuke, Okaasan und ich blieben die ganze Nacht bei Onkel Jinzaburo. Die Mitarbeiter des Beerdigungsinstituts brachten uns Futons. Ich war todmüde und legte mich sofort hin. Nach einer Weile hockte sich mein Mann zu mir. Er legte seine Hand auf meinen Bauch. «Es hat sich bewegt. Gut, dass ihm die Begegnung mit dem Tod nichts ausgemacht hat. Schlaf schon mal, ich muss noch ein paar Dinge erledigen», flüsterte er und erhob sich wieder. Aus dem Augenwinkel sah ich noch, wie er und Okaasan vor dem Sarg standen. Okaasan wischte sich eine Träne von der Wange. Dann schlief ich ein, obwohl ich fest davon überzeugt gewesen war, nicht mit einem Toten in einem Raum schlafen zu können.

Am nächsten Morgen fand die Einäscherung statt. Ein Großteil der Verwandten kam wieder. Und der buddhistische Priester las erneut seine Sutren. Dann legten wir Blumen in den Sarg und fuhren in einer Autokolonne zum Krematorium. Ganz vorne war die mit goldenen Ornamenten verzierte schwarze Limousine mit Onkel Jinzaburos Sarg. Ryunosuke saß auf dem Beifahrersitz und hielt ein gerahmtes Bild von seinem Adoptivvater, ich saß mit Okaasan auf der Rückbank.

Nach der Ankunft im Krematorium sahen wir zu, wie der Sarg in den Ofen geschoben wurde. Okaasan, Tante Mayuko und Obaachan Hana hielten sich ihre Taschentücher vors Gesicht. Meine Schwiegermutter umklammerte die Haltegriffe von Obaachans Rollstuhl so fest, dass die Haut spannte und ganz weiß wurde. Niemand machte ein Geräusch – es war kein Schluchzen zu hören. Obaachan und ihre Töchter hatten sich im Griff, auch wenn es ihnen offensichtlich schwerfiel, die Tränen in ihren blutunterlaufenen Augen zurückzuhalten.

Während Onkel Jinzaburos sterbliche Überreste verbrannt wurden, aßen wir das nächste rituelle Totenessen in einem Nebenraum. Anschließend gingen wir zurück ins Krematorium. Ein Mitarbeiter holte das Stahltablett, auf dem Onkel Jinzaburos Sarg verbrannt worden war. Unter der weißlichgrauen Asche lagen seine Knochen. Der Beerdigungsmanager erklärte uns, welche Knochen das seien und dass die unterschiedliche Färbung von den Temperaturschwankungen im Ofen herrührte. Dann reichte er meinem Mann zwei Stäbchen. Ryunosuke hob damit einen Knochen auf und reichte ihn dem Mann, der sie mit Stäbchen entgegennahm und in die Urne fallen ließ. Reihum hob nun jeder von uns einen Knochen auf. Als die Urne voll war, zerstampfte der Beerdigungsmanager die Knochen ziemlich rabiat mit seinen Stäbchen, damit alles hineinpasste. Nachdem die restlichen Knochen in der Urne verstaut waren, schloss er den Deckel und steckte sie in einen weißen Karton, den er Ryunosuke überreichte.

Wir fuhren zu Okaasan nach Hause und stellten den Karton mit Onkel Jinzaburos Urne neben den Hausaltar, in dem die Ahnentäfelchen für Ryunosukes Vater und seinen Großvater lagen. Okaasan kniete vor dem Altar nieder, schlug den Gong und verneigte sich. Dann erzählte sie Ryunosukes verstorbenem Vater, dass ihr Bruder nun vorübergehend neben seinem Altar unterkommen würde. Wir knieten uns ebenfalls vor den Altar und verbrannten ein paar Körner Weihrauch. Anschließend ließen wir uns erschöpft in Okaasans Sofa fallen.

Es war der Moment, in dem sie uns eröffnete, dass Ryunosuke nun Onkel Jinzaburos Haus geerbt hätte, das Haus, in dem die Familie seit drei Generationen leben würde. «Eure Wohnung ist sowieso viel zu klein. Ihr solltet in das Familienhaus ziehen, bevor das Baby kommt», schlug sie vor und schaute Ryunosuke erwartungsvoll an. Wir hatten tatsächlich bereits überlegt, unsere winzige, aber dafür ultragünstig gelegene Wohnung aufzugeben und uns eine familienfreundlichere Bleibe zu suchen. Unser vollständig mit Plastik ausgelegtes «Unit Bath» war so klein, dass man vom Toilettensitz bequem nach dem Duschkopf greifen konnte – wenn man denn gewollt hätte. Die Kochnische auf dem Gang, der Haustür, Badezimmer und Wohnraum verband, machte ihrem Namen alle Ehre. An der Wand zur Fensterseite stand eine Küchenzeile, zu der ein kleiner Gasherd mit zwei Kochplatten und eingebautem Fischgrill gehörte. Daneben ein Waschbecken samt Ablage im Bonsai-Format. Der Kühlschrank passte so gerade noch auf die andere Seite des Ganges. Allerdings wäre ein mittelprächtig adipöser Mensch womöglich zwischen Kühlschrank und Kochplatte stecken geblieben. Unser Wohnzimmer war acht Tatami groß, circa dreizehn Quadratmeter – Standard in Tokioter Single-Haushalten. In Japan wird Wohnraum bis heute in Tatami gemessen, selbst wenn sich in vielen Wohnungen schon lange keine Reisstrohmatten mehr finden lassen. Unser Wohnzimmer hatte allerdings noch Tatami-Matten – und zum Glück auch die dazugehörigen Wandschränke als Stauraum. Das Schlafzimmer nebenan maß drei Tatami – gerade groß genug für ein Doppelfuton. Ein Feeling wie in den berühmten Kapselhotels: Das ganze Zimmer bestand aus Bett. Nur die Decke war im Gegensatz zu den Kapseln hoch genug, dass man sich hinstellen konnte. Immerhin gab es einen Balkon – ebenfalls in Miniaturausgabe. Man konnte so gerade eben darauf stehen und die Wäsche aufhängen. Eine absolute Low-Budget-Bleibe war das übrigens nicht. Umgerechnet zahlten wir gut 1000 Euro Kaltmiete. Die Lage macht den Preis: Bahnhofsnähe, Zahl der Bahnlinien und die Nähe zur Ringbahn Yamanote, die die Tokioter Innenstadt umfährt, potenzieren den Wert einer Immobilie.

Ryunosuke und ich schauten uns an. Einerseits war es sehr verlockend, in ein freistehendes Haus mit fünf Zimmern plus einem Raum für die Teezeremonie zu ziehen, noch dazu in eins, das im traditionellen japanischen Stil gebaut war – mit Engawa-Gängen um jedes Tatami-Zimmer, die, wenn man die bodenlangen Fenster öffnete, zur Terrasse wurden, mit Blick auf einen wunderschönen japanischen Steingarten. Andererseits lag das Haus gut sechzig Kilometer südlich von Tokio – in einer Kleinstadt mit fast dörflichem Charakter. Insgesamt vier Stunden würde Ryunosuke jeden Tag pendeln müssen. Und ich müsste meine Büroanschrift in die Pampa verlegen. Vielleicht könnten wir das Haus verkaufen und von dem Geld ein Drei-Zimmer-Appartement im Tokioter Zentrum kaufen, dachte ich, und überlegte in meinen Träumereien bereits, ob ich lieber im jugendlich-hippen Shibuya oder auf der künstlichen Insel Daiba wohnen wollte.

Plötzlich ergriff Ryunosuke das Wort. «Die Idee ist gut», sagte er. «Wir machen das! Dann können wir jeden Tag Kajak fahren!»

Okaasan verdrehte bei dem Nachsatz ihres allzu freizeitliebenden Sohnes kaum merklich die Augen. Mein Schwiegervater hätte es nie gewagt, seine Hobbys so sehr in den Mittelpunkt seines Lebens zu rücken. Ähnlich viel Selbstbeherrschung hatte meine Schwiegermutter wohl auch von ihrem Sohn erwartet. Aber Ryunosuke schlug völlig aus der Art. Als ich im Rathaus anfing, kam er montags manchmal auffällig braun gebrannt ins Büro. Immer wenn ich ihn fragte, wo er denn so viel Farbe bekommen hätte, erklärte er mir, er sei übers Wochenende nach Okinawa geflogen, um in dem smaragdgrünen Wasser des subtropischen Urlaubsparadieses Kajak zu fahren. Das sind immerhin drei Flugstunden von Tokio, denn Okinawa liegt an der Südspitze Japans. Unsere ersten Dates verbrachten wir ebenfalls auf dem Meer – mal in der näheren Umgebung, mal in Okinawa. Ryunosuke besaß mehrere faltbare Kajaks, die wir uns auf den Rücken schnallten, wenn wir durchs Land reisten. Wahrscheinlich wären wir nie ein Paar geworden, wenn ich nicht seine Liebe zum Wassersport geteilt hätte.

Bislang war ich nur einmal in Onkel Jinzaburos Haus gewesen, als wir bei seinem Umzug ins Pflegeheim geholfen hatten. Jetzt fiel mir wieder ein, dass wir anschließend im Meer schwimmen waren. Keine zwei Minuten Fußweg entfernt war einer der schönsten Strände der gesamten Hauptstadtregion. Er war nicht wie die meisten anderen Strände mit unzähligen Wellenbrechern und Betonmauern verschandelt, mit denen sich Politiker aller Ebenen jahrzehntelang die Unterstützung der Bauindustrie gesichert haben. Noch dazu war Onkel Jinzaburos «Hausstrand» immer sauber, weil der Kaiser hier eine seiner Nebenresidenzen hatte. Vor jedem Kaiserbesuch rückten Reinigungstrupps an. Der Kaiser kam mehr oder weniger regelmäßig, und jedes Mal, wenn er kam, machte er einen Spaziergang am Strand. Meist hielt er dann ganz volksnah mit den Strandbesuchern ein Schwätzchen. Warum nicht?, dachte ich, einen Versuch ist es auf jeden Fall wert – zumindest solange Ryunosuke Erziehungsurlaub hat.

Okaasan fiel ein Stein vom Herzen, als wir in ihre Umzugspläne einwilligten. Am Abend hörte ich, wie sie noch einmal den Gong des Hausaltars läutete und Onkel Jinzaburo versprach, dass er nun bald nach Hause kommen werde.

Gleich am nächsten Wochenende gingen wir Möbel shoppen, und schon eine Woche darauf zogen wir in Onkel Jinzaburos Haus ein. Unser Tokioter Apartment behielten wir vorerst, denn ich hatte mir bereits eine große Entbindungsklinik in Tokio ausgesucht, mit Neugeborenen-Intensivstation und allem Drum und Dran. Ich wollte nicht unbedingt in eine der Ein-Arzt-Mini-Kliniken wechseln, die auf dem Land üblich sind. Würde mit dem Baby etwas nicht stimmen, hätte der Arzt nämlich nicht viel mehr tun können, als einen Krankenwagen zu rufen. Deshalb – und weil uns der Abschied vom Tokioter Großstadtleben doch ein bisschen schwerfiel – entschieden wir uns für ein paar Monate absolutes Luxusleben mit Stadtwohnung für die Werktage und Landhaus fürs Wochenende. Wenn das Baby da ist, würden wir das Apartment auflösen, hatten wir beschlossen. Manchmal – wenn das Wetter danach aussah, dass ein kurzer frühmorgendlicher Kajaktrip vor der 120-Minuten-Odyssee zu Ryunosukes Büro möglich war – blieben wir auch noch am Montag oder kamen schon am Freitag in unser neues Domizil.

Einer meiner ersten Ausflüge in unserem neuen Zuhause ging ins Rathaus unserer dörflich anmutenden Kleinstadt. Denn zur Grundausstattung einer japanischen Schwangeren gehört neben dem Geburts-Omamori aus dem Schrein, dem Bahnanhänger in Babyrosa und dem gesegneten Bauchband natürlich auch der universell übliche Mutterpass. Praktischerweise ist er zugleich der erste Impfausweis des Kindes und daher bis zum sechsten Lebensjahr unentbehrlich. Zwar hatte ich bereits einen Mutterpass aus Tokio, aber nur die englische Ausländerversion. Da wir jetzt auf dem Land lebten und unser Kind zum örtlichen Kinderarzt gehen würde, fand ich eine japanische Version für die Impftermine ganz praktisch. Außerdem reizte es mich, zu erfahren, wie die Schwangerenvorsorge in unserer kleinen Ortschaft ablief.

Verteilt werden die Mutterpässe in den Rathäusern, mit dem Nebeneffekt, dass die städtischen Gesundheitsberaterinnen «ihre» Schwangeren schon früh kennenlernen und ausführlich beraten können. Jedenfalls war in Onkel Jinzaburos Kleinstadt die Betreuung so intensiv, dass dort sicher jede potenzielle Problemfamilie bereits vor der Geburt des Kindes erfasst wurde. Statt alleine mit ihren möglichen Schwierigkeiten zu hadern, wurden hier angehende Mütter mit einem schier unerschöpflichen Hilfsangebot von Seminaren und Gesprächen überschüttet und mit einem dichten Netz sozialer Kontakte überzogen.

Ich wollte nur schnell meinen Mutterpass abholen, doch dann führte mich die etwa fünfzigjährige Beamtin, die sich als Mariko Hasegawa vorstellte, in ein Beratungszimmer, bot mir einen Tee an und breitete einen eng und doppelseitig beschriebenen Pappbogen im DIN-A1-Format vor sich aus. In der nächsten halben Stunde musste ich jede Menge Fragen zu meinen Essgewohnheiten, eventuellen Vorerkrankungen, meiner Familien- und Wohnsituation und meinen Plänen für die Zeit nach der Geburt beantworten.

«Von wann bis wann ist der Vater zu Hause, wenn das Kind da ist?», las Frau Hasegawa von der Fragenliste ab.

«Immer», antwortete ich knapp – und wartete. Ich war gespannt auf ihre Reaktion.

Frau Hasegawa legte den Stift aus der Hand, mit dem sie meine Antworten in den Bogen notiert hatte. Sie schaute mich verdutzt an. «Wie bitte?», fragte sie höflich und nahm den Stift wieder in die Hand.

«Immer», wiederholte ich. «Mein Mann nimmt zwei Jahre Erziehungsurlaub», ergänzte ich.

«Erziehungsurlaub? Wie geht das denn?», entfuhr der wohl sonst so korrekten Frau Hasegawa eine Frage, die nicht auf ihrer Liste stand.

Ich erklärte ihr, wie Ryunosuke ganz einfach seinem Chef den Antrag eingereicht und mit dem Verweis auf das staatliche Programm zur Familienförderung ratzfatz das Okay bekommen hätte. Natürlich war mir klar, dass das in einem Privatunternehmen mit Sicherheit nicht so einfach funktioniert hätte, aber immerhin arbeitete Frau Hasegawa ja auch für den Staat – und doch hielt sie den Erziehungsurlaub für Männer ganz offensichtlich für eine Erfindung vom Mars.

«Heeeeh!», quietschte sie und hielt sich die Hand vor den

Mund. «Und dann kocht er auch? Und macht den Haushalt? Wie eine Hausfrau?», fragte sie ungläubig und fast ein bisschen naiv. «Sie haben es gut! Ich beneide sie um Ihren Mann», schob sie hinterher. Dann lächelte sie mich an und wandte sich wieder ihrem Fragebogen zu. Ich sah, wie sie notierte: «Vater nimmt Erziehungsurlaub». Doppelt unterstrichen und mit drei Ausrufezeichen. Dann ging es weiter im Text. Auf die Idee, mich zu fragen, wie lange ich denn zu Hause sein würde, wenn das Kind da ist, kam sie nicht. Das war wahrscheinlich zu viel verkehrte Welt auf einmal.

Zum Schluss bat mich Frau Hasegawa noch um eine detaillierte Zeichnung des Weges von der nächsten Bushaltestelle zu unserem Haus. Gegen Ende der Schwangerschaft würde sie mich einmal zu Hause besuchen, erklärte sie und nippte an ihrem Tee. Die Zeichnung wird sie dann brauchen, da Adressdaten allein in Japan nicht einmal annähernd ausreichen, um ein Haus zu finden. Ohne Detailkarte – oder ersatzweise einen der vielen *Omawari-sans* aus den Ein-Mann-Polizeistationen, die die Umgebung wie ihre Westentasche kennen – ist man in Japans Wohngebieten nämlich verloren. Zu guter Letzt händigte Frau Hasegawa mir den Mutterpass aus und verabschiedete sich mit einem «Bis bald».

Beim Herausgehen fiel mir das Plakat auf, vor dem die Beamtin die ganze Zeit gesessen hatte. *«Ikumen Purojekuto»* stand da. Ein Wortspiel aus *Ikuji* («Kindererziehung») und *Ikemen* («cooler Typ»). Grob übersetzt also etwa: «Das Projekt coole Väter». Auf dem Plakat war ein freudestrahlender Mann abgebildet, der mit seinen Kindern spielt. Ganz unten die Message des Gesundheitsministeriums: Japans Väter mögen sich doch bitte ein bisschen mehr um die Kindererziehung kümmern. Das sei verdammt cool, mache super viel

Spaß und bereichere das eigene Leben. Daneben ein Verweis auf die ministeriumseigene Homepage mit Tipps und Infos für «coole Väter».

In diesem Moment konnte ich gut verstehen, wieso sich Ryunosuke bereits wie ein nationaler Held fühlte – obwohl er noch nicht einen Finger für unser Baby gekrümmt hatte. Auf einen so ultracoolen Vater wie ihn hatte Japan gewartet! Das Gesundheitsministerium müsste ihm eigentlich einen Orden für besondere Verdienste am neuen Selbstbild für Japans Männer verleihen. Schließlich hatte das Ministerium seine liebe Not mit den hiesigen Herren der Schöpfung, die ganz offensichtlich zu Extremen neigen.

Aus Gesprächen mit Okaasan wusste ich, dass es für die Generation von Ryunosukes Vater völlig normal war, fast ihr gesamtes Leben in der Firma zu verbringen – selbst wenn zu Hause eine Familie wartete. Auch in einigen meiner Uni-Lehrbücher, die aus der Zeit stammten, als die Europäer noch Angst vor Japans schier unendlichem Wirtschaftswachstum hatten, war die Rede von den unendlich fleißigen Firmensamurai. Kein Wunder, dass viele Kindheitsanekdoten, die man aus Ryunosukes Generation hört, von zufälligen Begegnungen mit einem mysteriösen Onkel namens «Vater» handeln. «Mama, wer ist denn der Onkel?», soll Ryunosukes großer Bruder als Dreijähriger eines Sonntags Okaasan ins Ohr geflüstert haben. Mit der Erklärung, dass dies sein Vater sei, war er nicht zufrieden. «Bleibt der jetzt immer bei uns?», entgegnete der kleine Akira laut Okaasans Erzählung völlig perplex.

Ausgerechnet an diesem Morgen hatte ich einen Artikel über «pflanzenfressende Männer» gelesen. Demnach setzt knapp vier Jahrzehnte nach Akiras Erfahrung mit einem abwesenden Vater eine ständig wachsende Gruppe junger japanischer Männer auf einen völlig anderen, aber mindestens so extremen Lebensstil. «Pflanzenfresser» haben Soziologen die heutigen Nachwuchs-Samurai getauft, weil sie harmlos und passiv sind und überhaupt keine Ansprüche an eine potenzielle Partnerin stellen. Die extremeren Pflanzenfresser sind nicht nur beziehungsgehemmt, sie wollen nicht einmal mehr unbedingt eine reale Partnerin. Immer öfter reiche ihnen der virtuelle Kontakt zu Highschool-Heldinnen aus Animes, aus Zeichentrickfilmen, und Online-Games, hieß es in dem Artikel.

Ich überlegte, wie es wohl passieren konnte, dass die einst unbesiegbaren Samurai in nur etwas mehr als einer Generation zu ultrasoften Pflanzenfressern mit einem Faible für virtuelle Liebschaften mutiert sind. Als Gründe fielen mir ein: materieller Wohlstand im Überfluss, ein Fehlen an klar umrissenen Lebenszielen, chronischer Kommunikationsmangel aufgrund einer Überdosis Online-Leben und massiv eingebüßte Kommunikationsfähigkeiten, weil sich weder Schule noch Elternhaus verantwortlich fühlen, die entsprechenden Grundlagen zu legen.

Während ich immer noch auf das Plakat mit den coolen Vätern starrte, fand ich plötzlich, es wurde höchste Zeit, dass Ryunosuke mit seinem Erziehungsurlaub die Ehre der japanischen Männer rettet.

Sicher hätte ich meinen Mutterpass schneller erhalten und all meine privaten Informationen aus Datenschutzgründen verweigern können, aber auf die Idee war ich gar nicht gekommen, nachdem die nette Frau Hasegawa sich gleich zu Beginn so fürsorglich nach meinem Wohlbefinden erkundigt und mir jede Menge Tipps gegeben hatte, wo ich günstig Umstandsmode und Babysachen einkaufen konnte. Natürlich hat diese japanische Präventionsstrategie den Nachteil, dass in den Aktenbergen der Behörden ziemlich viele private Details schlummern, die die Stadt nichts angehen. Doch das System funktioniert. Ich kenne keine Japanerin, die auch nur einen Moment gezögert hätte, ihre privaten Informationen preiszugeben. Und der Service, den die Gesundheitsberaterinnen im Gegenzug bieten, ist tatsächlich schier unerschöpflich.

Regelmäßig lagen Einladungsschreiben der kleinen Stadt in unserem Briefkasten: zum Mutterseminar I, II & III, zu Vorträgen von Hebammen zur Babypflege, auch ein Säuglingsbadekurs für werdende Väter war darunter. Alles kostenlos. Zum Mutterseminar I meldete ich mich an. Wir trafen uns im städtischen Gesundheitszentrum, in einem Versammlungsraum mit eigener Lernküche. Frau Hasegawa leitete das Seminar. Als sie mich hereinkommen sah, winkte sie mir kurz zu und deutete auf einen freien Platz in der ersten Reihe. Heute hatte sie eine frisch gebügelte rot-weiß karierte Schürze über ihre Büroklamotten gezogen. Ein absolutes modisches No-Go in meinen Augen. Aber in Japan gehören Schürzen einfach dazu, sobald es um Themen wie Kinder und Haushalt geht. Schürzen sind so eine Art Hausfrauenuniform. Ich habe auch noch nirgendwo auf der Welt eine größere Auswahl an Schürzen gesehen als in japanischen Kaufhäusern. Vor allem ältere Frauen wählen gern das «Vollzeit-Hausfrauenmodell», wie ich es nenne, weil dieses ganz offensichtlich für den ganztägigen Gebrauch gedacht ist – es ersetzt den größten Teil der Kleidung, man muss nur noch eine Hose darunter anziehen. Auch auf unserer Einladung hatte gestanden, wir sollten bitte eine Schürze mitbringen –

und Hausschuhe, da man selbst in vielen öffentlichen Gebäuden nicht mit Straßenschuhen herumlaufen darf.

Die meisten Teilnehmerinnen hatten ihre Schürzen bereits angezogen. Dabei ging das Seminar mit einem Vortrag von Frau Hasegawa über die richtige Ernährung und Zahnpflege in der Schwangerschaft los. Mit einem überdimensionalen Gebiss und einer riesigen Zahnbürste, die groß genug war, um damit einem Tiger die Zähne zu putzen, demonstrierte die Gesundheitsberaterin die korrekten Putzbewegungen. Offenbar gab es im Rathaus nur ein Vorführset – mit derselben Tigerzahnbürste erklärte Frau Hasegawa später auch meiner zweijährigen Tochter beim Gesundheitscheck das Zähneputzen. Unser Programm war im Prinzip das gleiche wie bei den Zweijährigen: Nach der Vorführung durften wir selbst putzen – eine Zahnbürste war ebenfalls auf unserer Mitbringliste vermerkt worden. Für den praktischen Teil des Seminars sollten wir einen Stuhlkreis bilden. Wir rückten unsere Stühle zurecht, und so saßen nun also zwanzig einander unbekannte und beschürzte Bald-Mütter im Kreis und schauten sich gegenseitig beim Zähneputzen zu. Ich fühlte mich wie damals in der Grundschule, als der Zahnarzt beim Gruppencheck so lautstark verkündete, wer Karies hat, dass es die ganze Klasse mitbekam.

«Ganz schön unangenehm, dieses öffentliche Zähneputzen», flüsterte ich meiner Nachbarin zu, in der Hoffnung, sie würde das genauso sehen. Doch die junge Frau mit der braun gefärbten Dauerwelle guckte mich nur verständnislos an.

«Wieso?», fragte sie und nahm dabei nicht einmal die Zahnbürste aus dem Mund.

Ich zuckte mit den Schultern und putzte ebenfalls weiter.

Es kam aber noch schlimmer. Nach dem Putzlehrgang händigte man uns einen Teststreifen aus, den wir mit etwas Spucke befeuchten sollten. Frau Hasegawa erklärte, der Streifen würde sich verfärben, sollte unser Speichel viele Bakterien enthalten. Daran könnten wir erkennen, wer besonders gefährdet für Zahnfleischerkrankungen und Mundgeruch sei. Ich hätte den Teststreifen am liebsten in meiner Tasche verschwinden lassen. Aber meine Sitznachbarinnen hatten schon eifrig gespuckt und verglichen nun kichernd ihre Testergebnisse. Also gut, Augen zu und durch. Unauffällig legte ich meine Zahnbürste über meinen Streifen. Ich hatte nicht das Bedürfnis, mich mit völlig unbekannten Frauen über Mundbakterien auszutauschen. Dennoch fiel mein Blick auf einige Teststreifen um mich herum. Immer wenn ich von da an Frau Nomura, die zwei Plätze rechts von mir saß, zufällig beim Einkaufen traf, musste ich an ihren Teststreifen und die vielen Bakterien in ihrem Mund denken.

Mit dem Hinweis auf einen kostenlosen Zahnarztbesuch für Schwangere war dann das Kapitel Mundhygiene endlich abgehakt. Bevor wir zum gemeinsamen Kochen eines gesunden Mittagsmenüs übergingen, wollte Frau Hasegawa, dass wir uns vorstellten. Wir würden uns noch oft treffen, prophezeite sie, schließlich würden unsere Babys alle etwa zum gleichen Zeitpunkt zur Welt kommen. Also würden wir wahrscheinlich auch alle weiteren Seminare und Check-ups gemeinsam besuchen. Sie hoffe sehr, dass wir uns miteinander anfreunden – schließlich seien wir ja alle in einer ähnlich schwierigen und anstrengenden Lebensphase. Da brauche man Verbündete, sagte sie wissend. Hisako Kawamura mit der weißen Rüschenschürze im Fünfziger-Jahre-Retrolook machte den Anfang.

«Ich heiße Kawamura Hisako», sagte sie – japanisch korrekt den Nachnamen zuerst. Mit dem üblichen «*Yoroshiku onegai shimasu*» («Seien Sie mir wohlgesonnen») verbeugte sie sich. «Das wird unser erstes Baby. Und unser Papa hat von seiner Firma eine Woche Erziehungsurlaub bekommen. Seitdem hält er sich an alle Vorschläge aus dem *Schwangerschaftstagebuch für Männer*», ergänzte sie ohne Ironie.

Das *Schwangerschaftstagebuch für Männer* lag in dem Stapel Informationsbroschüren, die Frau Hasegawa beim Abholen des Mutterpasses verteilt hatte. Darin erklärt eine Manga-Comic-Mami, wie sich Schwangere in den verschiedenen Stadien fühlen. Für jede Woche gibt sie den «coolen Papas» Tipps, wie sie ihre Frauen unterstützen können. Mal sollen sie einen Salat zubereiten, dann sollen sie anbieten, die Wohnung zu saugen oder den Müll rauszutragen. Ryunosuke hatte bislang noch kein Interesse an seinem Manual für werdende Väter gezeigt – allerdings hatte er bereits vor seiner Beförderung zum ultracoolen (Möchtegern-)Papa seinen steten Beitrag zur Hausarbeit geleistet.

Fast alle Frauen, die in der Vorstellungsrunde ihren Mann erwähnten, nannten ihn nur «Papa». Innerhalb der Familie orientiert sich die Ansprache am jüngsten Mitglied, das wusste ich aus einem meiner schlauen Japanisch-Bücher aus dem Studium. Und kleine Kinder sagen halt auch in Japan «Papa». Ältere Geschwister heißen ganz einfach *Oniichan* (großer Bruder) beziehungsweise *Oneechan* (große Schwester). Nur das jüngste Kind braucht tatsächlich seinen Namen. Somit ist auch gleich die Hierarchie im Haus geklärt – zumindest unter den Kindern. Doch dass diese Sprachregelung über die Grenzen der eigenen Familie hinaus bestand, hatte ich bislang nicht registriert. Die Eltern sind Mama und Papa, und zwar für alle, sogar für Freunde – nur dass der Name des Kindes davorgesetzt werden muss, damit es keine Verwechslungen gibt. Die leise Vorahnung, dass ich jetzt vielleicht nur noch «die XYZ-Mama» sein sollte, versetzte mir einen Schock.

Als ich an diesem Nachmittag nach Hause kam, fing ich Ryunosuke gleich an der Tür ab. Eigentlich wollte er nur schnell seinen Business-Anzug gegen sein Neopren-Outfit tauschen und wieder raus aufs Meer. Ich stellte mich vor ihn und fragte, ob er vorhabe, mich Mama zu nennen, wenn unser Kind da sei.

Ryunosuke schaute mich verständnislos an. «Warum denn nicht?», entgegnete er überrascht und versuchte, sich an mir vorbeizuschlängeln.

«Auf keinen Fall!», fuhr ich ihn an und wollte eine Diskussion anzetteln. «Uns verbindet doch wohl noch einiges mehr als die Tatsache, dass wir Eltern unseres Kindes sind. Ich will auf keinen Fall so auf die Mutterrolle reduziert werden!» Die letzten Worte fauchte ich, ganz kampfesbereit, als stünden hier sämtliche Errungenschaften der Emanzipation auf dem Spiel.

Ryunosuke verstand meine Empörung überhaupt nicht. «Es geht doch nur darum, den Kindern ihre Rolle in der Familie klarzumachen», erwiderte er kopfschüttelnd.

Zum Glück (oder Ryunosukes Kajaksucht sei Dank?) brauchte es keinen langen Emanzipationskampf, um meinem Mann das Versprechen abzunehmen, dass wir dabei blieben, uns mit Vornamen anzusprechen – auch vor dem Kind. Letzten Endes war es ihm ziemlich egal, wie wir uns nannten. Viele meiner *Mama-Tomos* (Mama-Freundinnen) hatten dagegen überhaupt kein Problem damit, ihre Männer mit «Papa» anzusprechen. Einige blieben sogar dabei, als die Kinder längst in der Schule waren. Andere wechselten später zu *Anata* (du) – ebenfalls eine sehr geläufige Anrede unter Ehepartnern. Den eigenen Vornamen hört man in Japan jedenfalls am seltensten in der Familie.

Ryunosuke hatte sich gerade in seinen Neopren-Anzug gezwängt, da klingelte es. Okaasan stand vor der Tür. Wir hatten völlig vergessen, dass sie ihren Besuch angesagt hatte. Sie müsse etwas bei uns abgeben, hatte sie vor ein paar Tagen geheimnistuerisch am Telefon erklärt. Okaasan ignorierte Ryunosukes Aufzug und bat uns, ihr ins *Wa-Shitsu* zu folgen, unser mit Tatami-Matten ausgelegtes Gästezimmer. Aus einer ihrer Taschen zog sie einen kleinen Staubwedel und ein paar Pinsel hervor, kniete sich vor die alte, dunkle Holzkommode, die noch aus Onkel Jinzaburos Hausrat stammte, öffnete die Türen und fing an, den gold glänzenden Hausaltar zu putzen. Schweigend wedelte und pinselte sie vor sich hin. Bei den ersten Wedlern fielen dicke Staubwolken von den filigranen, ins Holz geschnitzten und mit Blattgold überzogenen Verzierungen herab. Seit Onkel Jinzaburos Umzug ins Pflegeheim hatte sich niemand mehr um die Ahnengalerie gekümmert. Während sie putzte, drehte sich Okaasan nicht ein einziges Mal zu uns um. Verdutzt standen wir – Ryunosuke noch immer in seiner Surfer-Haut – eine Tatami-Länge hinter Okaasan und schauten ihr zu.

Als sie fertig war, holte sie Onkel Jinzaburos Ahnentafel aus ihrer Handtasche und stellte sie neben die Ahnentäfelchen ihres Vaters und ihrer Großeltern. Neunundvierzig Tage nach Onkel Jinzaburos Einäscherung, wenn nach buddhistischem Glauben die Seele des Toten ins Paradies eintritt, hatten wir zusammen mit einem buddhistischen Priester seine Urne auf dem Friedhof begraben. Kurz vorher hatte Okaasan die hölzerne und mit Goldplättchen verzierte Ahnentafel im Internet bestellt und Onkel Jinzaburos Daten wie den Totennamen, den er bei der Beerdigung von dem Priester erhalten hatte, eingravieren lassen. Das hatte Okaasan also gemeint, als sie Onkel Jinzaburos Urne damals zugeflüstert hatte, er würde bald wieder nach Hause kommen.

Okaasan zog ein Taschentuch aus ihrer Handtasche und wischte sich ein paar kleine Schweißperlen aus dem Gesicht. Es war stickig in dem Raum, denn es gab keine Klimaanlage. Hier drin war es genauso schwül-heiß wie draußen, wo die Sonne bei einer nahezu hundertprozentigen Luftfeuchtigkeit und fast völliger Windstille unerbittlich brannte. Okaasan trug trotz der Hitze Nylonstrümpfe unter ihrem knöchellangen Sommerkleid, denn normalerweise verbrachte sie den Sommer in ihrer klimatisierten Wohnung oder in gut gekühlten Kaufhäusern und Museen. Sie hatte eine der berühmten 10 000-Yen-Wassermelonen mitgebracht, die man zur sommerlichen Geschenkezeit an gute Kunden, Auftraggeber oder eben Familienmitglieder verschenkt.

Den Karton mit der Melone stellte sie vor den frisch geputzten Hausaltar, daneben baute sie einen kleinen Turm aus Keksschachteln, die sie aus ihrer Eco-Bag zog. «Die Melone könnt ihr heute Abend essen», sagte sie. Dann zündete sie ein Räucherstäbchen an, legte kurz ihre Hände zusammen und stand mit einem gehauchten *«Yoi-sho»* auf, dem Ausspruch, mit dem sich ältere Japaner gern selbst anfeuern, wenn sie sich erheben. «Es ist jetzt euer Job, euch um die Ahnen zu kümmern», ergänzte sie und legte mir die Wedel in die Hand.

Alle paar Wochen Staubwischen, ab und zu ein paar Süßigkeiten hinstellen und hin und wieder ein Räucherstäbchen anzünden, die Hände zusammenlegen und ein paar Sekunden an die Ahnen denken – okay, das war machbar. Allerdings besaß Onkel Jinzaburo auch noch einen Kamidana, einen shintoistischen Hausschrein, der sehr dekorativ unter der Decke in der Küche thronte. Kleinlaut gab ich zu, dass wir diesen bislang ebenfalls völlig vernachlässigt hätten.

«Okaasan, den Kamidana können wir nicht behalten», bestimmte Ryunosuke, dem mittlerweile kleine Schweißbächlein aus dem Neopren-Anzug die nackten Unterschenkel entlangliefen. Ich wollte gerade protestieren, denn mir gefiel der hübsche Miniaturschrein mit den winzigen Sake-Becherchen und Blumenväslein. Wenn wir schon den Hausaltar putzen, dann können wir doch auch den hübschen Schrein mitsäubern, dachte ich. Doch zu unser beider großen Überraschung stimmte Okaasan Ryunosuke zu. Die Pflege der Shinto-Götter sei tatsächlich zu aufwendig für eine junge Familie mit Baby, erklärte Okaasan. Wie die meisten modernen Japaner besaß auch Okaasan keinen Hausschrein.

«Was muss man denn alles für die Götter tun?», fragte ich vorsichtig nach.

Okaasan erklärte mir, dass in unserer Küche die Sonnengöttin Amaterasu Omikami, die mythische Schöpferin Japans und Schutzgöttin des Kaiserhauses, der lokale Schutzgott unserer Stadt und ein Gott aus Onkel Jinzaburos Lieblingsschrein in Form von kleinen Täfelchen residierten. Damit sie unser Haus nicht verlassen, müsste ich ihnen täglich frisches Wasser bringen und darauf achten, dass das kunstvolle Salzhäufchen zur rituellen Reinigung nicht in sich zusammenfällt. Ab und zu müsste ich frische Reiskörner bringen und vor allem täglich staubwedeln. Aber nachdem sich jetzt zwei Jahre lang niemand um die Götter gekümmert habe, seien sie wahrscheinlich ohnehin längst ausgeflogen, und wir müssten einen Shinto-Priester kommen lassen, der unseren Schrein wieder neu beseelt. Jetzt sei also eine gute Gelegenheit, die pflegeintensiven Götter loszuwerden, erklärte Okaasan erstaunlich direkt und offen. «Aber werft den Kamidana bloß nicht auf den Sperrmüll! Ruft im nächsten Schrein an und fragt, wie ihr ihn entsorgen könnt», befahl sie.

Am Abend machte Ryunosuke im Internet ein Unternehmen ausfindig, das sich neben Wohnungsauflösungen von Toten auch auf die Entsorgung von Hausschreinen und -altären spezialisiert hat. Wir sollten den Schrein einfach in einen Karton stecken und ihnen zuschicken, erklärte der freundliche Sachbearbeiter aus der Spätschicht, als Ryunosuke die Vierundzwanzig-Stunden-Hotline anrief. Seine Firma würde ihn dann zerlegen und die Göttertafeln – wie es sich gehört – in einem Schrein von einem Priester verbrennen lassen. Wir taten, wie er uns geheißen hatte. Ein paar Tage später kam die Rechnung: 15 000 Yen hat der Auszug der Götter gekostet. Zuzüglich Versandkosten.

Nachdem Götter und Ahnen versorgt waren, konnten wir uns wieder auf die Ankunft unseres neuen Familienmitglieds konzentrieren. Ich besuchte noch den Säuglingskost-Kurs von Frau Hasegawa und lernte, wie man in mühevoller Schwerstarbeit für Babys erstes Breichen weich gekochten Reis mit einem Holzstab durch ein Sieb presst. Nach diesem Seminar war ich sehr froh, dass Ryunosuke vorerst für die Babynahrung zuständig war. Laut Frau Hasegawa war Gläschenkost nur was für Rabeneltern. Und Selbstkochen nach ihren Maßstäben dauerte fast eine Stunde pro Baby-Mahlzeit. Gut, dass die Väter zu diesen Seminaren nicht eingeladen waren – wer weiß, vielleicht hätte Ryunosuke es sich dann doch noch anders überlegt.

Nachdem wir auch das Babyzimmer eingerichtet hatten, verabschiedeten wir uns mit einem Räucherstäbchen von Onkel Jinzaburo und den Ahnen, um die letzten Wochen vor dem ausgerechneten Geburtstermin in unserem Tokioter Mini-Appartement beziehungsweise in der Nähe meiner Geburtsklinik zu verbringen.

Leiden mit Würde – die Geburt

Oh nein! Bitte nicht! Mir bleibt wirklich nichts erspart, dachte ich eines Morgens, nachdem ich mich nach einer unruhigen Nacht in unser Bonsai-Plastikbad geschleppt hatte. Ich hätte am liebsten losgeheult. Es wäre mir schon in Deutschland höchst unangenehm gewesen, wenn ich mit der Frauenärztin meines Vertrauens über mögliche Inkontinenzprobleme hätte sprechen müssen. Aber jetzt musste ich das in Japan tun, mit einem Arzt, den ich kaum kannte. Dabei wusste ich trotz meines Japanisch-Diploms noch nicht einmal, was Inkontinenz auf Japanisch heißt. Gut, das war das geringste Problem. Ich hätte Ryunosuke fragen können, aber selbst wenn er nicht gerade bei der Arbeit gewesen wäre, hätte ich es in diesem Fall kaum getan. Stattdessen entschied ich mich doch lieber für das Online-Wörterbuch. Das gab mir zwei Vokabeln zur Auswahl. *Shikkin* oder *Shirikuse. Shiri* kann aber auch «Po» bedeuten, deshalb beschloss ich, es erst einmal mit *Shikkin* zu probieren.

Ich ging runter auf die Straße und winkte ein Taxi heran. Das Taxi stand noch nicht ganz, da sprang schon die hintere Tür auf. Vollautomatischer Service. Ich bat den Fahrer, mich in meine Geburtsklinik zu bringen. Er zuckte zusammen, als er das Ziel hörte, und starrte über den Rückspiegel auf meinen mehr als prallen Bauch – von meinem Kopf konnte er kaum etwas erkennen, da ich noch nicht Platz genommen hatte.

«*Wakarimashita*, alles klar», brummte er und sprang vom Fahrersitz auf, um meine Tasche mit seinen weißen Handschuhen zu halten und mir zu reichen, sobald ich saß. Dann hetzte er zurück, um sich wieder hinter das Steuer zu setzen, und gab Gas. Wortlos raste er durch die enge Einbahnstraße, die vor unserem Apartmenthaus verlief. Beim Einbiegen in die vierspurige Hauptstraße missachtete er rigoros sämtliche Vorfahrtsregeln. Dabei hatte er einen Aufkleber auf der Heckscheibe, auf dem in großen Lettern *«Anzen unten wo shimasu»* («Ich fahre vorsichtig») stand. Das Hupkonzert der vorfahrtsgeprellten Autofahrer war noch nicht ganz verklungen, da griff mein Chauffeur zu seinem Funksprechgerät. «Ich habe eine *Gaijin*, eine Ausländerin, an Bord. Sie hat Wehen; ich bringe sie ins Aiiku-Krankenhaus», rief er aufgeregt.

Ich musste den Mann beruhigen, sonst würde er noch einen Unfall bauen, und wir würden beide im Krankenhaus landen – nur wahrscheinlich nicht im Kreißsaal. *«Untenshusan*, Herr Fahrer», sprach ich ihn an. «Bitte fahren Sie vorsichtig. Ich habe es nicht eilig», erklärte ich ihm.

«Sorry. No English!», erwiderte mein Chauffeur mit einem gequälten Lächeln und winkte ab. Er glaubte offenbar, ich hätte Englisch gesprochen, obwohl es Japanisch war. Dabei hatte er ganz offensichtlich vergessen, dass wir uns vor wenigen Sekunden noch völlig problemlos auf Japanisch über das Ziel der Fahrt einig geworden waren. So etwas war mir lange nicht mehr passiert. Schließlich hat die Zahl der nicht-asiatischen Ausländer, die ein sehr passables Japanisch sprechen, in den letzten Jahren stark zugenommen. Es ist sogar schwie-

rig geworden, sich durchs TV-Programm zu zappen, ohne diversen jungen und westlichen Möchtegern-Models zu begegnen, die dem Zuschauer in eloquentem Japanisch erklären, was sie merkwürdig an der japanischen Mentalität finden beziehungsweise wie sie sich damit arrangiert haben. Ausländische Kommentatoren dürfen mittlerweile – zumindest in Nischensendungen – den Japanern die Welt erklären, ohne zwischengeschalteten Dolmetscher. Umgekehrt investieren Millionen vor allem junge Japaner ein Vermögen in private Englischkurse, die sie nach und manchmal sogar frühmorgens vor der Arbeit oder der Uni besuchen.

Doch so einfach lassen sich Berührungsängste zwischen fremden Kulturen wohl doch nicht abbauen – zumal sehr viele Japaner sich im Englischen viel weniger zutrauen als sie können. Das ist so eine Art nationaler Komplex. Jedenfalls hatte der ältere Herr, der mich an diesem Tag ins Krankenhaus fuhr, anscheinend Angst, sich bei möglichen Kommunikationsproblemen zu blamieren. Offenbar hat allein der Anblick eines eindeutig ausländischen Gesichts genügt, um bei ihm den Schalter umzulegen: «Ein Ausländer! Ich muss Englisch sprechen! Oh Gott! Das kann ich nicht.» Dass ich Japanisch sprach, konnte er in seiner Not nicht erkennen.

Gerade wollte ich zum zweiten Kommunikationsanlauf ansetzen, da senkte sich die Bahnschranke vor uns mit einem schrillen Warnton. Der Taxifahrer trat noch einmal fest aufs Gaspedal. Geschafft! Hätte er vorschriftsmäßig an dem Bahnübergang angehalten, wie er es sicher sonst immer tat, hätten wir wahrscheinlich zehn Minuten warten müssen, da diese Pendlerlinie im Abstand von wenigen Minuten fährt und mindestens drei Bahnen durchgelassen werden, bevor die Schranke sich wieder öffnet. Das ist ein Grund, warum man in Tokio mit der Bahn fast immer schneller ist als mit dem Auto.

Mein Chauffeur sah erleichtert aus – und nahm endlich den Fuß etwas vom Gas. Ich ließ den Haltegriff los, den ich während der letzten fünf Minuten krampfhaft umklammert hatte. Mein Arm schmerzte. Mein Rücken auch. Und ich merkte, dass mein Bauch plötzlich steinhart wurde. Sind das etwa Wehen?, überlegte ich. Weil ich mein Baby nicht auf der Rückbank eines Taxis bekommen wollte, dessen Fahrer wegen eingebildeter Kommunikationsprobleme irrtümlicherweise annahm, ich könnte in der nächsten Sekunde auf seiner frisch gesaugten Rückbank entbinden, setzte ich noch einmal neu an. «*Untenshu-san!* Ich habe keine Wehen. Fahren Sie bitte langsamer», sagte ich laut und bestimmt. Doch ich ahnte, dass das mittlerweile gelogen war.

«Sie sprechen aber gut Japanisch. Wie lange leben Sie schon hier?», fragte der Fahrer erstaunt und schaute mich zum ersten Mal über den Rückspiegel an. Glücklicherweise hielt er sich nun an die Geschwindigkeitsbegrenzung.

«Seit etwa sieben Jahren», erklärte ich.

Er wollte nun wissen, woher ich kam. Und ich sagte es ihm.

«Deutschland! So ein schönes Land!», rief er und schwärmte von seiner Hochzeitsreise vor mehr als dreißig Jahren nach München.

Mein mittlerweile sehr gesprächiger Chauffeur manövrierte das Taxi durch ein Gewirr enger Gassen, die dank der nach deutschen Maßstäben nicht vorhandenen Stadtplanung oft scharfe Kurven haben und mal breiter und dann plötzlich wieder ganz schmal werden. So konnte der Taxifahrer den Stau auf den großen Hauptstraßen umgehen. Wir waren gerade dabei zu klären, ob deutsches Bier tatsächlich so viel besser schmeckt als japanisches («Auf jeden Fall! Im Hofbräuhaus wird das beste Bier der Welt gebraut!», so mein Chauffeur), als wir in die Einfahrt des Krankenhauses einbogen.

Beim Anblick des Krankenwagens vor der Notaufnahme spürte ich, wie sich meine Bauchdecke zusammenzog und eine zweite, diesmal noch schmerzhaftere Wehe auslöste. Ich holte zwei 1000-Yen-Scheine hervor, kramte in meinem Portemonnaie nach drei Zehn-Yen-Stücken (in Japan gibt man nie Trinkgeld) und nahm die Quittung an mich. Der Fahrer hatte sie in das transparente Plastikschälchen auf das mit einem weißen Spitzendeckchen dekorierte Handschuhfach gelegt. Per Knopfdruck öffnete er meine Tür und stieg aus, um mir meine Tasche beim Aussteigen abzunehmen.

«Passen Sie auf, dass Sie nichts vergessen», erinnerte er mich.

Was fast ein bisschen nach väterlicher Fürsorge klingt, ist tatsächlich ein automatisch abgespultes Höflichkeitsritual aus dem Kommunikations-Manual für Mitarbeiter von öffentlichen Verkehrsmitteln. Ich registrierte den Satz, und ohne mich auf der Rückbank umzuschauen, bedankte ich mich und griff nach meiner Tasche. Der Fahrer wartete noch, bis ich hinter der Glastür des Krankenhauses verschwunden war, dann fuhr er gemächlich und «sicher» los.

Da es kein Wartezimmer auf der Geburtsstation gab, bat mich die Krankenschwester, kurz auf dem Ledersofa vor dem Aufzug Platz zu nehmen. Die Schmerzen, die ich für Wehen hielt, waren verschwunden. Ich hatte mich gerade hingesetzt, da sah ich, wie sich eine hochschwangere Frau in pinkfarbener Krankenhausrobe an dem Geländer entlangschleppte, das sich durch den gesamten Flur zog. Alle paar Meter blieb sie mit schmerzverzerrtem Gesicht stehen. Aus einem Zimmer kam eine frischgebackene Mutter im Pyjama, die ihr Baby in einer Plastikwanne vor sich her schob. Als sie die gekrümmte Frau am Geländer entdeckte, lächelte sie sie an. *«Ganbatte!»* («Du schaffst das!»), munterte sie die Pinkfarbene auf. Sie wirkten, als seien sie Freundinnen. Wahrscheinlich kannten sich die beiden von ihren Mütter-Seminaren, dachte ich. Weiter überlegte ich, ob die Tokioter Gesundheitsberaterinnen wohl auch so fürsorgliche Übermütter sind wie meine Frau Hasegawa.

«Steffen-san, kommen Sie bitte ins Behandlungszimmer», unterbrach eine Lautsprecherdurchsage meine Gedanken. *«Shikkin»*, wiederholte ich in meinem Kopf und gab mir einen Ruck. Ein junger Arzt, vielleicht Ende zwanzig, den ich noch nie bei früheren Terminen in dieser Klinik gesehen hatte, saß an dem Schreibtisch in der Ecke eines winzigen, fensterlosen Behandlungszimmers.

«Sie haben noch drei Wochen bis zum Geburtstermin. Was ist passiert?», fragte er und bedeutete mir mit einer Hand, dass ich mich setzen soll.

«Ehto. Anoo … Ich, ja, ehhto», druckste ich herum. Ich merkte, wie mir die Schamesröte ins Gesicht stieg. Ich gab mir einen Ruck und setzte noch einmal neu an. «Ich habe das Gefühl, dass ich *Shikkin* habe.»

Ich war mir sicher, dass der junge, verdammt gut aussehende Arzt ein Lachen unterdrückte. Jedenfalls interpretierte ich das leichte Zucken seiner Oberlippe als verhinderten Lachanfall.

«Das müssen wir untersuchen», antwortete er knapp, ohne näher auf mein Problem einzugehen.

Eine Krankenschwester führte mich hinter einen gelben Plastikvorhang und bat mich, mich freizumachen und anschließend auf den Behandlungsstuhl zu begeben. Als ich saß, zog sie einen ebenfalls gelben Plastikvorhang vor den Stuhl, und der Arzt begann mit seiner Untersuchung. Weder konnte ich den Arzt sehen noch er mein Gesicht. Während der gesamten Untersuchung schwiegen wir. Der Vorhang sollte beiden, dem Mediziner und der Patientin, die Scham nehmen. Doch ehrlich gesagt fand ich es viel unangenehmer, dass ich nicht beobachten konnte, wer da meinen Körper gerade anfasste.

Später, als ich angezogen war und wieder an seinem Schreibtisch Platz genommen hatte, erklärte der junge Arzt, meine Fruchtblase sei «leck», weshalb die Geburt in den nächsten achtundvierzig Stunden vonstattengehen müsse, um Infektionen zu vermeiden.

Ich war so erleichtert, dass ich grinsen musste. Die Inkontinenzwindeln blieben mir erspart! Der Arzt schaute mich verwirrt an, denn so richtig gut war die Nachricht, die er mir da überbracht hatte, ja nun doch nicht. Er verkniff sich aber einen Kommentar und verabschiedete sich.

Die Krankenschwester brachte mir den offensichtlich üblichen pinkfarbenen Geburtskittel, zeigte mir mein Entbindungszimmer und riet mir, endlose Runden um den Krankenhausflur zu drehen, um die Wehen in Gang zu bringen. Bevor ich diesen Marsch auf mich nahm, rief ich Ryunosuke im Amt an und bat ihn, augenblicklich mit meiner schon gepackten Krankenhaustasche in die Klinik zu kommen.

Nach nicht einmal einer Stunde war er da. Eigentlich hätte er heute Nachmittag eine wichtige Sitzung gehabt, aber Herr Satoh genehmigte den Sonderurlaub für die Geburt genauso blitzschnell wie den für Onkel Jinzaburos Beerdigung. Für solche besonderen Kurzurlaube gab es ja genug Präzedenzfälle, sodass selbst der alte Satoh von deren Rechtmäßigkeit überzeugt war.

Ryunosuke stellte die Tasche in den Geburtsraum, der eigentlich aussah wie ein ganz normales Krankenhauszimmer, nur dass das Bett gleichzeitig Entbindungsstuhl war und mitten im Raum stand. Da ich seit meiner Taxifahrt keine Wehen mehr gespürt hatte, zogen wir unsere Runden um die Entbindungsstation.

«Ich glaube, ich habe vergessen, wie man atmet», sagte Ryunosuke plötzlich.

Ich musste lachen. «Keine Sorge. Du lebst noch, dein Körper hat's noch nicht vergessen.»

«Nein. Ich meine, wie du atmen musst. Und was ich dann tun soll.»

Bis dahin hatte ich gar nicht gemerkt, wie nervös mein Mann war. Ich war noch kein bisschen aufgeregt. Ich war vor allem froh, dass ich es so rechtzeitig in die Klinik geschafft hatte. Oft hatte ich mir nämlich ausgemalt, wie ich mit Wehen irgendwo am anderen Ende Tokios im Stau stecke und plötzlich die Geburt losgeht.

«Du musst mich massieren, wenn's weh tut. Atmen kann ich allein.»

«Ich habe das Väter-Handbuch mitgebracht, da steht alles drin. Komm, wir gehen zurück ins Zimmer und schauen uns die Seiten über die Geburt noch mal an.»

Ich fügte mich, zumal ich nun selbst unsicher wurde, ob ich gut genug auf meine Aufgaben bei der Geburt vorbereitet war. Ryunosuke las die Stelle über die Atemübungen vor.

«Hi, hi, fuuu. Hi, hi, fuu», machte er vor. «Und in der letzten Phase bei den Presswehen geht es so: Ha, ha, ha.» Er wiederholte die Laute, mit denen ich ausatmen sollte, noch ein paar Mal.

Irgendwann kam das Mittagessen, ein «Mutteressen» für mich, und für Ryunosuke ein «Vateressen» – gleicher Inhalt, nur fast die doppelte Portion. Frisch gestärkt nahmen wir unsere Runden wieder auf.

Plötzlich trat eine Krankenschwester mit einem braunen Etwas in ihrer ausgestreckten Hand auf uns zu und fragte, ob das meine Geldbörse sei. Ich starrte auf das ausgebeulte Lederportemonnaie in ihrer Hand – kein Zweifel, das war meins! «Ein Taxifahrer hat es an der Rezeption abgegeben», erklärte sie. Ich hatte meine Geldbörse noch gar nicht vermisst. Ich schaute nach, ob alles drin war. Eigentlich wollte ich heute alle Telefon- und Stromrechnungen im Convenience Store bezahlen und hatte deshalb mehr als 50 000 Yen in bar in der Tasche. Alles da. Besonders erstaunt war ich nicht. Ich hatte schon öfter meinen Geldbeutel verloren und jedes Mal unbeschadet zurückbekommen.

Am Abend waren Ryunosuke und ich ziemlich groggy von unseren Marathonrunden. Nur – weitere Wehen waren noch nicht in Sicht.

«Ich kann nicht mehr», sagte mein Mann und ließ sich auf mein Entbindungsbett fallen.

«Stell dich nicht so an», konterte ich. «Was soll ich denn sagen? Ich muss noch die Geburt überstehen.»

«Aber ich bin völlig kaputt. Ich glaube, ich muss ins Bett.»

«Du willst mich doch jetzt nicht hier alleine lassen?» Ich wurde langsam sauer. Am Vormittag wollte er mir noch beim

Atmen helfen, und sobald es ein bisschen anstrengend wird, lässt er mich einfach hängen, dachte ich.

«Das dauert bestimmt noch. Morgen früh bin ich wieder da. Du kannst mich ja anrufen, wenn es heute Nacht doch losgeht.»

Die Nachtschwester trat in diesem Moment ins Zimmer. Als wäre sie in der Lage, Gedanken zu lesen, riet sie Ryunosuke, sich zu Hause ins Bett zu legen, bis es so weit ist.

Na toll, Hauptsache dem Vater geht es gut, dachte ich trotzig.

Kaum war mein Mann fort, kamen die Wehen. «Noch zu schwach, das dauert noch», beschied die Krankenschwester, als ich Ryunosuke zurückbeordern wollte. «Lassen Sie Ihren Mann schlafen. Er braucht seine Kräfte», erklärte sie weiter. Sechs lange Stunden und einige Massageeinheiten der Nachtschwester später befand die Kollegin aus der Frühschicht, ich könne Ryunosuke nun anrufen.

Bewaffnet mit allen Kameras, die er zu Hause finden konnte, eilte er ins Krankenhaus und übernahm unter großen Lobesbekundungen der Hebamme die Anti-Wehen-Massage. «Hi, hi, fuuu», machte Ryunosuke bei jeder Wehenspitze, die er an den Wellen auf dem Wehenschreiber bald ziemlich genau erkannte. Mir war aber nicht nach Atemübung. Mittlerweile waren die Schmerzen trotz seines heldenhaften Einsatzes so stark, dass ich am liebsten geschrien hätte. Doch dann fiel mir ein, was Okaasan mir erzählt hatte. Bei der Geburt von Ryunosukes Bruder Akira konnte sie einen Schrei nicht unterdrücken, weshalb Obaachan Hana, die die ganze Zeit vor der Tür Wache gehalten hatte, sie gleich nach der Geburt zurechtgewiesen hätte. Frauen leiden mit Würde, hatte Hana getadelt. Auch wenn es noch so weh tut – geschrien wird nicht. Ich nahm zwar an, dass junge Japanerinnen heute nicht mehr so viel Wert auf die Tugend des *Gaman* (Ertragen) legen wie zu Obaachans Zeiten, aber ich hatte dennoch Hemmungen, meinen Schmerzensschreien freien Lauf zu lassen.

Während ich mich also im Gaman übte, dröhnte plötzlich ein gellender Schrei durch den Krankenhausflur. Er kam aus dem Entbindungszimmer nebenan. «Schreien Sie ruhig, das hilft», forderte mich die Hebamme auf. Obaachan Hana hätte wahrscheinlich der Schlag getroffen, wenn sie die Urschreie gehört hätte, die nun nach und nach aus dem Nachbarzimmer drangen. Gaman ist halt out bei der Jugend von heute – und das nicht nur im Kreißsaal.

Im entscheidenden Moment erinnerte die Hebamme Ryunosuke an seine Kamera, sodass es ihm gelang, Naomi in der Sekunde ihrer Geburt zu fotografieren. Blutrot, mit pochender Nabelschnur und noch vor dem ersten Schrei. Während ich verarztet wurde, ließ er sich unsere Tochter in den Arm legen. Minutenlang stand er da und starrte mit sehr ernstem Gesicht auf sein Baby. Später erzählte er mir, dass ihn fast mehr noch als die Freude über das neue Leben in seinem Arm das Gefühl der riesigen Verantwortung, die von nun an auf ihm lasten würde, überwältigt habe. Plötzlich war Ryunosuke sich sogar unsicher, ob er dem Ideal eines erziehungsurlaubenden Supervaters überhaupt gerecht werden konnte. Wird er es schaffen, so hatte er sich gefragt, in seinem Erziehungsurlaub eine so enge Bindung zu Naomi aufzubauen, dass sie ihn auch später, wenn er wieder endlose Stunden im Büro verbringen muss, nicht als Fremdkörper in der Familie empfindet? Oder sind Kinder einfach instinktiv so stark auf die Mutter fixiert, dass der Vater nicht viel mehr als eine Nebenrolle spielen kann?

Ich hatte da weniger Bedenken – ich fragte mich in diesen Tagen eher, ob ich es über mich bringen würde, mein Baby in ein paar Wochen in Ryunosukes Obhut zu geben und mich aufs Familieneinkommen zu konzentrieren.

Umzug ins Paralleluniversum – Ryunosukes Erziehungsurlaub beginnt

Ryunosukes Abschied aus dem Berufsleben war kurz und schmerzlos. Fünf Tage nach Naomis Geburt begann sein Erziehungsurlaub. An seinem letzten Arbeitstag hatten die Kollegen eine Party nach Dienstschluss organisiert, zu der die gesamte Abteilung inklusive aller Aushilfen eingeladen war. Wie bei Versetzungen oder Verabschiedungen von Neu-Rentnern üblich, wurden die beiden jüngsten Kollegen, die in diesem Jahr frisch von der Uni kamen, mit der Organisation beauftragt. Dazu gehörte auch die überdimensionale Glückwunschkarte aus weißer Pappe mit goldenem Rand, auf der jeder Mitarbeiter ein paar warme Worte für meinen Mann loswerden musste. «Viel Spaß beim Windeln-Wechseln!», hatte ein älterer männlicher Kollege mitleidig gewünscht. «Ihre Frau kann stolz auf Sie sein», schrieb eine junge Mutter, die ihr Kind mit drei Monaten in eine Krippe gegeben hatte, um ihre Karriere nicht zu gefährden.

Das offizielle Trinkgelage beendeten die beiden Organisatoren – wie bei solchen Feiern üblich – auf die Minute genau mit dem Hinweis, dass der *Nijikai* (Zweitparty) für alle, die noch Zeit und Lust haben, in der benachbarten Karaoke-Box geplant sei. Die angeheiterte Truppe mietete sich ein spärlich mit drei großen Sofas und einem kleinen Tisch ausgestattetes fensterloses Zimmer in einem fünfstöckigen Gebäude, das ausschließlich aus solchen Karaoke-Zimmern bestand, die stundenweise vergeben wurden. An einer Wand stand ein riesiger Fernseher, auf dem der Liedtext und ein zum ausgewählten Lied passendes Musikvideo ablief. Die beiden Mikrophone lagen zusammen mit der Fernbedienung für die Songauswahl und -eingabe in einem Plastikkörbchen auf dem Tisch.

Nach dem *Sanjikai* (Drittparty) in einer Whisky-Bar setze Ryunosuke erst den völlig betrunkenen Herrn Satoh in ein Taxi, dann wankte er zum Bahnhof, wo er gerade noch die mit ebenfalls betrunkenen Salarymen proppenvolle letzte Bahn zu unserem neuen Zuhause auf dem Land erwischte und sich wortlos in seinen Futon verkroch. Er hätte natürlich auch in unser Tokioter-Mini-Appartement gehen können, das wir erst zum Monatsende gekündigt hatten. Aber offenbar hatte er an diesem Abend noch fest vor, seinen Einstand als Supervater gebührend zu beginnen.

Am ersten Tag seines lang ersehnten Sabbaticals kämpfte Ryunosuke gegen die Kater-Kopfschmerzen und erklärte unter Hinweis auf seine schlechte körperliche Verfassung, er könne mit der Kindererziehung leider erst morgen starten.

Na super! So stellen sich japanische Männer also einen Erziehungsurlaub vor, dachte ich und kochte innerlich vor Wut. Erst schlief mein erziehungsurlaubender Mann in aller Ruhe seinen Rausch aus, während ich, die von nun an für die Familienernährung zuständig war, die ganze Nacht lang alle halbe Stunde von herzzerreißendem Babygeschrei geweckt wurde. Und jetzt sollte ich auch noch den Haushalt übernehmen. Ich fühlte mich müde und kaputt und konnte mir einfach nicht vorstellen, wie ich dazu noch arbeiten sollte. In meiner Wut fragte ich mich, ob ich Ryunosuke überhaupt das Baby überlassen konnte. Offenbar ging es ihm doch eher um sein Sabbatical als darum, unser Baby zu behüten.

«So was würden sich deutsche Männer niemals trauen!», zischte ich Ryunosuke hinterher, als er sich gegen Mittag erstmals für einen Toilettengang aus dem Futon wagte. Merkwürdigerweise neigten wir beide dazu, wenn wir uns über den Partner ärgerten, das jeweilige Fehlverhalten auf anerzogene, aber völlig inakzeptable Verhaltensweisen der jeweils anderen Kultur zu schieben. Er war ein japanischer Macho, aber er konnte ja nichts dafür. Ich war eine deutsche Diktatorin, aber das war glücklicherweise auch nicht meine Schuld.

Zum Glück hatte Okaasan noch vor der Geburt angeboten, in den ersten Wochen auszuhelfen. Vor drei Tagen war sie bei uns eingezogen. Als Ryunosuke Naomi und mich an seinem vorletzten Arbeitstag aus dem Krankenhaus abholte, hatte Okaasan ganz selbstverständlich ein Drei-Gänge-Menü gezaubert, das auf die Minute genau auf unsere Ankunft getimt war. Wir hatten sie vorher nur anrufen und ihr die Ankunftszeit durchgeben müssen. Mehr als drei Jahrzehnte lang hat meine Schwiegermutter das Abendessen auf die Heimkehr ihres Mannes getimt. Egal ob er schon abends um acht oder erst nach Mitternacht eintraf. Niemals hat sie ein böses Wort verloren, wenn mein Schwiegervater später als versprochen und auch noch angetrunken nach Hause kam, weil sein Chef einen Trinkpartner brauchte. Sie wurde nicht einmal böse, wenn mein Schwiegervater vergessen hatte, ihr zu sagen, dass er mit seinem Chef essen geht und deshalb dann nach seiner mitternächtlichen Heimkehr ihr Abendessen nicht anrührte. Als japanische Hausfrau der alten Schule war es für sie selbstverständlich, ihrem Mann die wenige Freizeit, die er zu Hause verbrachte, so angenehm wie möglich zu gestalten. Das war ihr Job, genauso wie es der Job ihres Mannes war, ein «Firmensamurai» zu sein, also sein Leben zuallererst der Firma zu widmen und das Familieneinkommen zu sichern.

Eigentlich hätte es die japanische Sitte verlangt, dass meine Mutter uns im ersten Monat nach der Geburt hilft. Aber da meine Eltern am anderen Ende der Welt lebten, bot Okaasan uns trotzdem ihre Unterstützung an. Sie war es auch, die am ersten Tag von Ryunosukes Erziehungsurlaub die Hausarbeit übernahm.

Gegen Abend seines ersten Tags als Vollzeit-Papa war Ryunosukes Rausch verflogen, und er fühlte sich fit genug, sich seinen neuen Aufgaben zu stellen.

«Ich werde Naomi jetzt baden», erklärte er vollmundig und fuhr seinen Laptop hoch.

«Bist du überhaupt schon wieder nüchtern? Und wofür brauchst du einen Laptop zum Baden?», fragte ich.

«Das ist jetzt mein Job. Keine Sorge, ich weiß, was ich tue», erwiderte Ryunosuke und klickte auf dem Computer herum. Während meine Schwiegermutter und ich uns ungläubig anschauten, holte er die Babybadewanne und legte alles zurecht, so wie wir es beim ersten Probebaden im Krankenhaus gelernt hatten. Babyseife, Handtuch, eine frische Windel und das Gazetuch, mit dem das Baby in der Wanne beruhigt werden soll. Nachdem er Naomi ausgezogen hatte, lud er das erste Foto hoch, das er beim Probebaden gemacht hatte. Er versuchte, sich das Baby genau wie die Krankenschwester auf dem Foto in den Arm zu legen. Es klappte nicht ganz, weil Naomi diesmal schrie und strampelte, während sie beim Probebaden völlig ruhig war. Er schaffte es schließlich aber doch irgendwie, Naomi in die Wanne zu hieven. Kaum lag sie im Wasser, bekam sie einen verklärten Blick und beruhigte sich.

«Sie liebt Wasser! Sie wird das Kajakfahren lieben», freute sich Ryunosuke und grinste uns an. «Kannst du bitte mal das nächste Foto hochladen», bat er, unsicher, wie er nun weitermachen sollte. Er brauchte ja beide Hände, um Naomi vor dem Ertrinken zu schützen. Ich verkniff mir ein Lachen und bediente den Computer. Gleichzeitig war ich froh, dass Ryunosuke das erste Bad übernommen hatte – ich hätte bestimmt keine bessere Figur abgegeben. Und ich wäre erst recht nicht auf die Idee gekommen, beim Probebaden von jeder Handbewegung der Krankenschwester ein Foto zu machen und diese Bildserie dann als «Bedienungsanleitung» zu nutzen.

Nach einer halben Stunde war Naomis erstes Bad, ihr *buji ni*, ohne größere Zwischenfälle beendet. Unser Baby schlief sauber und leider etwas schief gewickelt, aber dennoch mit glückseligem Gesichtsausdruck auf der Handtuchburg, die Ryunosuke als Wickeltischersatz auf unserem Küchentisch gebaut hatte. Der frischgebackene Papa stand triefend nass daneben und betrachtete sein «Werk».

Nach dem Abendessen verkündete Ryunosuke, er entlasse mich nun in meine wohlverdiente Nachtruhe, damit ich mich gleich morgen an meinen Schreibtisch im zweiten Stock setzen und ums Familieneinkommen kümmern könne. Ich bat ihn, mich zu wecken, falls Naomi Hunger hat, denn ich wollte das Stillen, das mir die Hebammen im Krankenhaus mit viel Mühe beigebracht hatten, nicht gleich wieder aufgeben.

Während ich nach gut einer Woche Schlafterror schlief wie ein Stein, erfand Ryunosuke den «Papa-Bauch». Als Naomi aufwachte, probierte er es zunächst mit einem Fläschchen aufgetauter Muttermilch. Doch unser kleiner Feinschmecker stand nicht auf Aufgewärmtes aus Gummisaugern. Erbärmlich schreiend unternahm die kleine Prinzessin nicht einmal den Versuch, an Ryunosukes Flasche zu nuckeln. Wahrscheinlich sehnt sie sich in Mamas Bauch zurück, dachte Ryunosuke, aber Papas haben auch schöne Bäuche! Er schob sein T-Shirt über Naomi und weitete den Kragen so, dass das Kind nicht erstickte. Binnen Sekunden war Naomi beruhigt und schlummerte bald wieder friedlich vor sich hin.

Für die nächsten Monate war der Papa-Bauch das Allheilmittel, wenn Naomi sich durch nichts anderes mehr trösten ließ. Mir war der Papa-Bauch zunächst etwas peinlich, und ich war froh, dass unsere Tochter noch viel zu klein für ihr Spielplatzdebüt und damit auch für öffentliche Auftritte des Papa-Bauchs war. Ich hoffte, dass sie bei ihren ersten öffentlichen Stürzen längst zu groß für Ryunosukes T-Shirts wäre.

All meiner Zweifel zum Trotz meldete er sich dennoch nach ein paar Monaten erfolgreicher «Känguru-Erziehung» mit seiner Idee bei *Papa Saurus* an, der Ratgebersendung für Ikumen-Väter des öffentlich-rechtlichen TV-Senders NKH. Dort geben sich die coolen Vorbildväter gegenseitig Tipps, etwa, wie man am erfolgreichsten um die Gunst des Nachwuchses wirbt. Irgendwann stand also ein Kamerateam in unserem Wohnzimmer und wartete darauf, dass Naomi in Tränen ausbricht. Als sie den Fernsehleuten endlich den Gefallen tat und sich beim Durch-die-Gegend-Rollen den Kopf an einem Stuhlbein stieß, durfte Ryunosuke die Wunderkräfte seines Papa-Bauchs der Welt demonstrieren.

«Siehst du», sagte er triumphierend, nachdem die Fernsehleute wieder weg waren, «die waren total baff! Der Papa-Bauch wird bestimmt ein neuer Megatrend.»

«Genau», antwortete ich spöttisch, «dann solltest du

schnell ein paar Umstandskleider für Väter entwerfen, damit du deine glorreiche Idee auch versilbern kannst.»

Hätte Ryunosuke auch nur einen Funken künstlerisches Talent gehabt, hätte er diesen – nicht ganz ernst gemeinten – Vorschlag vielleicht in die Tat umgesetzt. Möglicherweise sogar erfolgreich. Schließlich werden in Japan von heute auf morgen die seltsamsten Ideen zum Massenphänomen, nachdem sie einmal im Fernsehen erwähnt wurden. So wie das Kleben von Sport-Tapes als Diäthilfe zum Beispiel. Oder die Anti-Doppelkinn-Gymnastik.

Staubwedel statt Weihwasser – wie Naomis Taufe zum Kulturschock wird

«Wir sind gelandet!», brüllte mein Vater Günther aufgeregt in den Hörer, als müsste er mit seiner Stimme die 150 Kilometer vom Tokioter Flughafen Narita bis zu uns nach Hause überbrücken.

«Super, dann nehmt den Narita Express, und ich komme euch am Bahnhof abholen», brüllte ich zurück, um Naomis Geschrei zu übertönen. Danach klemmte ich mir den Hörer unters Kinn und reichte das Kind an Ryunosukes Papa-Bauch weiter.

«Wir haben kein Taufgeschenk mitgebracht, wir können uns ja gar nicht vorstellen, wie so eine buddhistische Feier aussieht», rief mein Vater, offenbar in der Absicht, die alte Telefonkarte, die noch vom letzten Japan-Besuch meiner Eltern übrig geblieben war, bis zum Schluss auszunutzen.

«Shintoistisch. Beerdigungen sind buddhistisch in Japan. Freudenfeste werden shintoistisch gefeiert», erklärte ich. «Aber jetzt setzt euch erst mal in den Zug.»

Eigentlich waren meine Eltern längst erfahrene Japan-Reisende. Schließlich haben sie mich seit meinem Auslandsjahr während des Studiums, das damals bereits gut zehn Jahre zurücklag, mehrfach besucht. Mal in meinem Studiendomizil in der tiefsten Provinz auf der südlichen Hauptinsel Kyushu, mal in der neonglitzernden Hauptstadt. Ich würde behaupten, sie hatten schon vor Naomis Taufe einen viel tieferen Einblick in das japanische Alltagsleben als so mancher ausländische Wahl-Tokioter, der von seiner Firma für ein paar Jahre nach Japan geschickt wurde.

Mein Vater hatte nach einem Herzanfall sogar einmal eine Woche in einem kleinen, uralten Provinzkrankenhaus in Japans subtropischem Urlaubsparadies Okinawa verbracht. Dank der intensiven Rundumbetreuung des gesamten Klinikpersonals, das sehr besorgt um das Wohlergehen ihres ausländischen Patienten war, ging es meinem Vater am zweiten Tag so gut, dass er stundenlang lachend und mangels Sprachkenntnissen mit Händen und Füßen mit den Krankenschwestern über deutsch-japanische Kulturunterschiede witzeln konnte. Der Chefarzt, Dr. Ishida, hatte seinen ersten nicht japanischen Patienten so sehr ins Herz geschlossen, dass er ihn nach Feierabend mit Mangos aus der Familienproduktion und japanischer Volksmusik überraschte und sich ebenfalls stundenlang ans Krankenbett setzte, damit sich mein Vater in den wenigen Stunden, die wir ihn allein ließen, bloß nicht langweilte.

Zur Feier seiner Entlassung nahm sich der Arzt einen halben Tag Urlaub, fuhr meine Eltern und mich in seinem uralten Toyota zu allen Sehenswürdigkeiten seiner Insel und lud uns anschließend zum Festessen mit Bier und Reiswein ein. Obwohl er meinem Vater noch im Entlassungsgespräch ans Herz gelegt hatte, dringend abzunehmen und möglichst auf Alkohol zu verzichten. Ausnahmen müsse es immer geben, erklärte Dr. Ishida. Geselligkeit und Lebensfreude seien der Schlüssel zu langem Leben, ergänzte er, als er meinen skeptischen Blick sah. Er muss es wissen – schließlich gehören die Menschen in Okinawa zu den ältesten der Welt. Noch immer verbindet die beiden Männer, die sich ohne Wörterbuch nicht einmal übers Wetter unterhalten könnten, eine tiefe Freundschaft, die sie mit E-Mails und Übersetzungsprogramm sowie mit regelmäßigen Besuchen aufrechterhalten.

Doch von allem, was meine Eltern bislang in Japan erlebt hatten, war Naomis – an sich ziemlich unspektakuläre – Taufe der größte Kulturschock für sie. Komischerweise nicht einmal wegen merkwürdiger religiöser Handlungen, die ihnen sicher auf den ersten Blick sehr fremd vorkamen. Doch in der Beziehung waren sie – auch als gläubige Katholiken – selbst in religiösen Fragen sehr tolerant. Vielmehr rieben sich meine Eltern an vermeintlich nebensächlichen Details. Vielleicht war ich im Falle der Tauffeier selbst schuld daran, weil ich ihnen das *Omiya-mairi* bei der Einladung am Telefon frei als «japanische Taufe» übersetzt hatte. Genau genommen bedeutet es «der erste Schreingang».

Etwa dreißig Tage nach der Geburt bringen japanische Eltern ihr Neugeborenes zum ersten Mal in den örtlichen Schrein. Gegen Voranmeldung und eine ordentliche Gebühr wedelt der Priester ähnlich wie bei der Schwangerschaftssegnung ein paar Mal über den Kopf des Kindes. Meist ist die Zeremonie nach wenigen Minuten vorbei. Wahrscheinlich haben meine Eltern eine Art feierlichen Gottesdienst mit großer Gemeinde und anschließender riesiger Familienfeier erwartet. Möglicherweise hätte ich vor allem meinen tief religiösen Vater vorwarnen müssen, dass es sich bei dem Omiyamairi eher um ein ziemlich profanes Ereignis handelt. Aber auf diese Idee war ich nicht gekommen, zumal er auch kein Problem mit unserer shintoistischen Hochzeitszeremonie hatte, bei der ebenfalls viel gewedelt wurde.

Nach ihrer Ankunft waren meine Eltern zunächst voll damit beschäftigt, ihre erste Enkelin zu betüddeln und Ryunosukes neue Hausfrauenfähigkeiten zu bewundern, sodass wir über die Taufe gar nicht mehr geredet hatten. Am Morgen des Omiya-mairi erschienen meine Eltern herausgeputzt in ihrem besten Sonntagsstaat zum Frühstück. Auch Ryunosuke und ich hatten uns einigermaßen feierlich angezogen. Nach dem Essen liefen wir zu dem Schrein in unserer Nähe und warteten unter dem roten Torii auf Okaasan. Meine Schwiegermutter war zwei Wochen nach Naomis Geburt wieder bei uns ausgezogen und kam nun mit Bus und Bahn aus ihrem Tokioter Vorstadtdomizil.

Während sie mit schnellen Schritten auf uns zuging, verbeugte sie sich mehrfach, um sich zu entschuldigen – sie war fünf Minuten zu spät, weil der Bus im Stau gestanden hatte. Es war ihr furchtbar peinlich, meine Eltern, die sie seit unserer Hochzeit vor vier Jahren nicht mehr gesehen hatte, warten zu lassen. Hätte sie sich nicht so ausgiebig entschuldigt, hätten meine Eltern ihre Verspätung gar nicht bemerkt, denn wir hatten immer noch zehn Minuten Zeit bis zur Beginn der Feier.

Ich musste dolmetschen, damit sich Okaasan nach dem Wohlbefinden meiner Eltern erkundigen und ihnen von den wunderbaren Kirschbäumen auf dem Schreingelände erzählen konnte, die den Schrein jedes Jahr in einen pinkfarbenen Traum verwandeln. Ryunosuke erledigte derweil das Finanzielle mit den kunstvollen Spezialumschlägen. Dann wurden wir aufgerufen und betraten den Schrein. Ich hielt Naomi im Arm, die ein wunderhübsches weißes Taufjäckchen trug, das meine Mutter extra für diesen Anlass gestrickt hatte. Zwar gibt es auch Taufkleider aus farbigem Kimonostoff, doch weiße Taufkleidung ist auch in Japan nicht unüblich. Allerdings werden die meisten Babys bereits für die Heimkehr aus dem Krankenhaus nach ihrer Geburt darin verpackt. Mit Religion hat das nichts zu tun. Es ist einfach eine westliche Sitte, die den Japanern gefallen hat und die sie auf ihre ganz eigene Weise in ihren Alltag integriert haben.

Der Priester begann alsbald zu wedeln und war ruckzuck fertig. Beim Herausgehen sah ich aus dem Augenwinkel die Enttäuschung in den Gesichtern meiner Eltern. Hinter uns kam bereits die nächste Familie herein. Taufe am Fließband – das war für meinen Vater unvorstellbar. Als wir wieder am Torii angelangt waren, verabschiedete sich Okaasan. Sie konnte nicht zum Essen bleiben, da sie samstagsnachmittags immer ihre Tanzstunde hätte – hawaiianische Hula-Tänze. Fassungslos sah mein Vater zu, wie meine Schwiegermutter in den Bus stieg und uns zuwinkte.

Wir hatten meine Eltern in unser Lieblingsrestaurant mit Meerblick eingeladen – und erhielten den besten Platz auf der Terrasse. Direkt neben uns plätscherten sanfte Wellen gegen das Betonfundament des Lokals. Naomi hatte bereits ihre Taufe verschlafen und schlief noch immer – beste Voraussetzungen für ein entspanntes Menü. Doch die Stimmung war gedrückt. Während der ersten beiden Gänge der japanisch-französischen Fusionsküche waren meine Eltern sehr schweigsam. Mein Vater studierte eingehend die Textur seiner rohen Sashimi-Häppchen und vermied so jeden Blickkontakt, während meine Mutter, die mindestens genauso enttäuscht von Naomis Tauffeier war wie mein Vater, sich redlich bemühte, ihre Gefühle zu verbergen und auf unsere Konversationsversuche einzugehen. Erst beim gegrillten Fisch brach mein Vater sein Schweigen. Wahrscheinlich hatte er die ersten beiden Menü-Gänge gebraucht, um seine Gedanken zu sortieren.

«Sagt mal, war das bisschen Stockgewedel vorhin schon alles?» Auf interkulturelle Diplomatie kam es ihm in diesem Moment nicht an. Innerhalb der Familie sagte er immer ohne große Umschweife, was er dachte. Nur absolute Offenheit und lange Diskussionen über Meinungsverschiedenheiten konnten in der Denkweise meines Vaters zu neuen Lösungen und einem besseren gegenseitigen Verständnis führen. Die japanische Konfliktlösungsstrategie, Meinungsverschiedenheiten totzuschweigen, wollte er bewusst nicht praktizieren. Alles hinterfragen, immer tiefer bohren – das war seine Art, sich Ryunosuke und seiner Kultur anzunähern. Ryunosuke machten die Diskussionen mit meinem Vater Spaß. Nie habe er so viel über sein eigenes Land gelernt, sagte er einmal, wie durch die Auseinandersetzungen mit meinem Vater.

«Gewedel ist heilig. So wie katholische Gebete auch heilig», erwiderte Ryunosuke noch mit vollem Mund und in grammatisch nicht ganz korrektem Deutsch. Zwar hatte er Deutsch als zweite Fremdsprache an der Uni gelernt und seit dem Beginn unserer Beziehung den Sprachkurs der Deutschen Welle zu seinem Hobby ernannt, doch die Grundsatzdiskussionen mit meinem Vater gingen ans Limit seiner Sprachkenntnisse.

«Das meine ich nicht», entgegnete mein Vater. «Ich meine, wo war denn die Gemeinde? Mit der Taufe wird ein Mensch in eine Glaubensgemeinschaft aufgenommen. Ohne Gemeinde ist das ein völlig sinnloser und inhaltsleerer Akt.»

Während Ryunosuke angestrengt zuhörte und jedes Wort im Kopf übersetzte, hob mein Vater zu einem Vortrag über Initiationsriten an. «Selbst in der DDR, in diesem ehemaligen sozialistischen Staat, wurde die Jugendweihe in einem feierlichen Rahmen begangen, an dem die ganze Familie beteiligt war. Das, was ihr hier gemacht habt, war sehr individualistisch. Dabei dachte ich immer, in Japan stünde die Gemeinschaft über dem Individuum.»

Stille. Die Worte meines Vaters rasselten noch durch Ryunosukes internes Übersetzungsprogramm. Als er verstanden hatte, entspannten sich seine Gesichtszüge. «In den Shintoismus muss man nicht aufgenommen werden. Jeder Japaner ist Shintoist qua Geburt. Wir bringen unsere Babys nur zum Schrein, um den Göttern dafür zu danken, dass das Kind lebend und im besten Fall gesund auf die Welt kam. Das ist alles.» Gerade als mein Vater nachhaken wollte, fiel ihm Ryunosuke ins Wort. «Religion ist bei uns kein Mittel, das die Gesellschaft zusammenhält.»

«Das verstehe ich nicht. Ihr seid doch alle Buddhisten. Oder Shintoisten. Da muss es doch auch eine Gemeinde von Gläubigen geben, in die man aufgenommen wird», widersprach mein Vater.

«Sie denken zu sehr in deutschen Kategorien. Die meisten von uns entscheiden sich aus modischen Gesichtspunkten für die Teilnahme an bestimmten religiösen Ritualen. Viele wählen eine christliche Hochzeitszeremonie statt einer shintoistischen oder buddhistischen, weil sie weiße Brautkleider besonders hübsch finden. Ihre Kinder schicken sie dann aber zum shintoistischen Sieben-Fünf-Drei-Fest, weil das ein toller Anlass ist, die kleinen Sieben-, Fünf- und Dreijährigen im Kimono zu sehen. Wir feiern Weihnachten mit Christbaum und Weihnachtsmann, aber wir läuten an Silvester im buddhistischen Tempel die Neujahrsglocken und beten anschließend an Neujahr am shintoistischen Schrein.»

«Also seid ihr eigentlich Atheisten und glaubt an gar nichts?

Aber wofür macht ihr den ganzen Tamtam dann überhaupt?» Verständnislos schüttelte mein Vater den Kopf.

«Nein, ganz so ist es nicht. Ich glaube schon, dass die shintoistischen Götter existieren. Ich halte auch die buddhistischen und christlichen Lehren nicht für völlig falsch. Als ich in meiner Studentenzeit durch Arabien reiste, musste man manchmal auf den Einreiseformularen seine Religionszugehörigkeit angeben. Eigentlich wollte ich das Feld offenlassen, aber in meinem Reiseführer stand, dass man dann leicht für einen bewusst atheistischen Kommunisten gehalten wird. Also habe ich ‹Buddhist› in das Feld geschrieben. Das stimmt ja irgendwie auch. Ich achte den buddhistischen Wertekodex, und wir haben sogar einen buddhistischen Hausaltar zu Hause. Ich hätte aber genauso gut Shintoist nehmen können. Oder Christ – wenn dafür nicht die Taufe nötig gewesen wäre.»

«Das ist sehr schwer nachvollziehbar für mich. Dieser in meinen Augen oberflächliche Mischmasch ist mir fremder als das Stockgewedel vorhin im Schrein – wenn das das wäre, woran ihr wenigstens glaubt.» Erneut schüttelte mein Vater den Kopf.

«Ja, Papa. Wahrscheinlich haben Sie recht. Unser Religionsmischmasch ist ganz sicher nicht sehr tief greifend. Antworten auf Probleme und Ängste findet man so sicher nicht. Vielleicht macht uns das ja so anfällig für Sekten wie die Aum Shinrikyo. Die gibt es übrigens immer noch, selbst gut fünfzehn Jahre nach dem Giftgasanschlag mit Sarin auf die Tokioter U-Bahn, die heißt jetzt nur anders.»

Obwohl er es schon Tausende Male gehört hatte, zuckte mein Vater wieder zusammen, als Ryunosuke ihn mit «Papa» ansprach, ihn aber siezte. Unzählige Male hatte mein Vater Ryunosuke gebeten, ihn doch bitte zu duzen, aber mein Mann hatte immer unter entschuldigenden Verbeugungen abgelehnt. Auch jetzt.

«Ich kann das nicht. Ich könnte niemals gegenüber einem Älteren die Höflichkeitssprache weglassen», verteidigte er sich.

«Ryunosuke. In Deutschland grenzt es an Beleidigung, wenn man das Angebot seines Schwiegervaters ablehnt, zum Du überzugehen. Also bitte, jetzt sag endlich du! Wir reden doch über alles fast wie Vater und Sohn.»

«Oh, das tut mir leid, Papa. Gerade weil ich Sie, ähhh, dich wie einen Vater schätze, wollte ich Sie siezen.»

Mein Vater hielt Ryunosuke sein Glas hin. Mein Mann schenkte Wein nach, und die beiden stießen auf ihre neue Intimität an. Sie diskutierten noch bis lange nach dem Dessert über die Bedeutung der Religion für den gesellschaftlichen Zusammenhalt. Als Ryunosuke sein erstes «Du» ohne Zögern über die Lippen brachte, strahlte mein Vater über beide Ohren. Der Nachmittag war gerettet.

Große, schwarze Käfer und Kerosinkanister – von wegen alles Hightech in der drittgrößten Industrienation der Welt

«Susanne! Komm mal schnell her!» Meine Mutter brüllte aufgeregt wie ein kleines Kind. «Schau mal! Dieser schwarze Käfer! So was habe ich noch nie gesehen!» Sie zeigte entzückt auf ein riesiges Krabbeltier, das beinahe mit Schallgeschwindigkeit auf die Lücke unter unserem Kühlschrank zuraste.

«Kjaaaaaa!» Beinahe hätte ich mein Wasserglas fallen gelassen vor Schreck. «Ryunosuke! Kakerlaken-Alarm!», schrie ich und floh ins Wohnzimmer.

«Was? Das war eine Kakerlake?», rief meine Mutter entsetzt. «Ihr müsst mal richtig putzen. Solche Viecher kommen doch nicht von ungefähr!»

Leider tun sie das doch. Zumindest in Zentraljapan mit seinen schwül-heißen Sommern und sehr milden Wintern. Vor allem zu den Jahreszeitenwechseln suchen die Monsterkrabbler Unterschlupf in menschlichen Gefilden und schrecken auch vor blitzblanken Küchen nicht zurück. Trotz meiner Erklärung über die klimatischen Hintergründe der Kakerlaken-Plage ekelte sich meine Mutter nun fast noch mehr als ich.

«Aber das ist doch kein Zustand. Die Tiere übertragen Krankheiten. Naomi ist doch noch so klein», belehrte sie uns.

Endlich tauchte Ryunosuke auf. Er drückte mir die frisch gewickelte Naomi in die Hand und holte das Kakerlaken-

Spray, von dem wahrscheinlich jeder japanische Haushalt mindestens eine Dose auf Vorrat hat. Seelenruhig lauerte er ein paar Minuten vor dem Kühlschrank, bis sich das Tier wieder hervorwagte. Dann sprühte er los. Erst war die Schabe schneller. Beinahe wäre sie unter den Türrahmen entkommen. Doch im letzten Moment erwischte Ryunosuke sie mit der Chemiekeule. Jetzt ging alles ganz schnell. Der Todeskampf des Insekts, das angeblich selbst einen Atomkrieg überstehen soll, dauerte keine zehn Sekunden. In der Zwischenzeit hatte mein Mann ein papierenes Küchentuch geholt und entsorgte das arme Tier im brennbaren Müll.

Das war bereits unsere vierte Kakerlake in diesem Jahr. Doch selbst nach fast zehn Jahren Japan- und Schabenerfahrung brachte ich es nicht über mich, mich dieser Viecher selbst zu entledigen. In meiner Single-Wohnung hatte ich früher immer ein *Gokiburi Hoi Hoi* stehen, eine Klebefalle für Kakerlaken. Zwar musste ich sie so nicht direkt anfassen, doch unverständlicherweise hatte die Marketingabteilung des Herstellers das Pappkartonhäuschen, in dem die Klebefalle lag, mit vielen glücklichen Kakerlaken bemalt, die fröhlich hereinspazieren. Also wurde ich bei jedem Blick auf die Falle daran erinnert, wer sich dort einnisten sollte.

Es dauerte ein paar Tage, bis meine Mutter wieder mit Genuss an unserem Küchentisch essen konnte. Anfangs suchte sie immer wieder unauffällig nach weiteren rasenden Käfern. Glücklicherweise fand sie keine mehr. Und glücklicherweise blieb ihr auch der Anblick der anderen heimlichen Untermieter japanischer Holzhäuser erspart. Gegen Termiten hatten wir das Holzfundament mit Chemie besprühen lassen, sodass wir (hoffentlich) von diesen Holz- und Hausfressern verschont blieben. Aber gegen das beinahe alljährliche Hornissennest im Giebel unseres Teezimmers konnte man nichts machen – außer die städtischen Kammerjäger verständigen, die das Nest dann zum Selbstkostenpreis ausräuchern und entfernen. Gestochen wurden wir trotz der unangenehmen Nähe der Nester übrigens noch nie. Bemerkt haben wir sie meist, weil wir ungewöhnlich viele tote beziehungsweise halbtote Hornissen im Teezimmer fanden. Selbstverständlich gibt es auch für solche Fälle ein passendes Spray in unserem Chemievorratsschrank. Genauso wie gegen die allsommerliche Mückenplage.

Die Wurzel der meisten dieser Übel ist letztlich die extrem hohe Feuchtigkeit im Sommer. Traditionelle Holzhäuser wie unseres werden eigens so gebaut, dass sie gut durchlüftet sind. Meist bedeutet das: einfach verglaste Fenster, zugige Ritzen und Böden, die nicht aus viel mehr bestehen als aus ein paar Brettern. In unserem Teezimmer, das mit Tatami-Matten ausgelegt ist, gibt es in der Raummitte eine winzige Tatami-Matte. Wenn man sie anhebt, blickt man direkt auf den Erdboden etwa dreißig Zentimeter weiter unten. Eigentlich gehört in dieses Loch ein Kupferkessel, in dem die Holzkohle liegt, auf der das Wasser für die Teezeremonie erhitzt wird. Da wir keinen Kupferkessel besitzen, haben wir einen freien Blick aufs Erdreich. Unter den übrigen Tatami-Matten verhindert nur eine dünne Bretterschicht den Blick in die Natur.

Normalerweise hebt man natürlich den Bodenbelag nicht an, aber man fühlt auch so, dass man in japanischen Holzhäusern der Natur um einiges näher ist, als wir das aus deutschen Steinbauten gewohnt sind. Natürlich gibt es in Japan jede Menge hochmoderne und völlig von jedem Naturkontakt abgeschnittene Betonhäuser, aber eine nicht unbeträchtliche Zahl von Japanern lebt wie wir in Holzhäusern, in denen man damit rechnen muss, dass die Vorhänge bei leichtem Wind in Schwingung geraten, selbst wenn alle Fenster geschlossen sind.

Im Sommer bin ich eigentlich sehr dankbar für diese Bauweise. Zumindest hat es der Architekt von Onkel Jinzaburos Haus geschafft, bei zwei bis drei geöffneten Fenstern einen so angenehmen Durchzug zu entfachen, dass man trotz der tropischen Temperaturen in den meisten Räumen fast ganz auf die Klimaanlage verzichten kann. Im Winter rächt sich das System. Jedenfalls, wenn man wie die meisten modernen Menschen gerne möglichst das gesamte Haus oder zumindest einzelne Räume warm hätte.

Früher, als noch ausschließlich mit dem Kotatsu geheizt wurde, einem Tisch, der von unten mit Holzkohle erwärmt wurde, war die Leichtbauweise auch im Winter kein Problem. Damals saß die ganze Familie um den Tisch herum und steckte ihre Beine unter die dicke Tischdecke, die verhindern sollte, dass die wohlige Wärme entweicht. So war der Unterkörper mollig warm und der Kopf blieb angenehm kühl. Kotatsu-Tische gibt es zwar noch immer – allerdings mit elektrischem Heizstab –, doch auf eine allgemeine Raumwärme will selbst in Japan niemand mehr verzichten. Deshalb gehören heutzutage traditionelle Holzhäuser zu den größten Klimasünden des Landes. Eine Architektin, die versucht, deutsche Passivhaus-Technologie in ihr Heimatland zu importieren, hat einmal ausgerechnet, dass gut die Hälfte der Raumwärme gleich wieder durch Ritzen und Spalten verpufft. Deshalb wird es nie so wirklich richtig wohlig warm. Wer – wie wir – nicht in eine Fußbodenheizung investiert hat, kommt ohne jede Menge dicker Socken nicht über den Winter.

Wir begnügen uns mit den im ländlichen Japan weitverbreiteten tragbaren Kerosinöfen. Irgendwann im Spätherbst holen wir die Öfen aus der Abstellkammer und bestellen Kerosin für unsere drei signalroten Zwanzig-Liter-Plastikkanister, die wir vor der Haustür parken. Wenn der Ofen «Für Elise» spielt, muss einer rennen. Denn das ist das Zeichen, dass wir nur noch Öl für knapp zehn Minuten Wärme haben. Danach schaltet sich der Ofen ab, und die Raumtemperatur passt sich blitzschnell der abends oft nur einstelligen Außentemperatur an. Wer die Loser-Karte gezogen hat, muss den herausnehmbaren Tank draußen mit einer kleinen Handpumpe auffüllen. Seit Neuestem besitzen wir aber auch eine batteriebetriebene Mini-Elektro-Kerosinpumpe, sodass wir nur noch rechtzeitig die Stopptaste betätigen müssen, um einen Ölteppich vor der Haustür zu verhindern. Eine Stoppautomatik, die erkennt, dass der Tank voll ist, hat die Pumpe nämlich nicht.

Aber immerhin: Ein Anflug von Technik in der Heizbranche im Hightech-Land Japan ist vorhanden, denn, zugegeben, völlig Low-Tech sind die Öfen auch nicht. Schließlich haben sie eine integrierte Zeitschaltuhr, die einen Abschaltmechanismus auslöst, wenn nach zwei Stunden Dauerbetrieb und dreimaligem Erklingen einer Verlängerungsmelodie niemand den Verlängerungsknopf gedrückt hat. So soll verhindert werden, dass jemand vor dem Ofen einschläft – was gefährlich wäre. Einerseits wegen der allgemeinen Brandgefahr in Holzhäusern im extrem trockenen Tokioter Winter. Andererseits, weil selbst in zugigen Holzhäusern ab und zu ein Fenster geöffnet werden muss, damit die Kohlenmonoxidkonzentration nicht zu hoch wird. Ach ja, und erdbebensicher sind die japanischen Kerosinöfen auch. Bei einer mittelschweren Erschütterung schaltet sich der Ofen automatisch ab. Übrigens ebenso, wenn Naomi beim Spielen mal dagegen stößt. Da wir nachts höchstens mit der stromfressenden Klimaanlage heizen könnten, was wir aber nicht mit unserem Gewissen vereinbaren können, haben wir unsere Futons mit elektrischen Heizdecken ausgestattet. Kein Wunder also, dass wir im Januar und Februar morgens direkt nach dem Aufstehen weiße Atemwölkchen vor unseren Mündern sehen können.

Meine Eltern hatten mich einmal im Winter besucht und meinten, sie hätten selten so gefroren wie in dem alten Holzhaus meiner Gastfamilie aus Studienzeiten. Abends im Wohnzimmer. Nachts auf dem Weg zur – glücklicherweise beheizten – Toilette. Und morgens beim Aufstehen. Tagsüber steigt die Temperatur bei meist strahlend blauem Himmel oft auf sehr angenehme zwölf bis fünfzehn Grad, was den Winter in den meisten Landesteilen ganz attraktiv macht.

Und jetzt hatten meine Eltern wieder das Pech, eine der unangenehmen Seiten Japans kennenzulernen. Eigentlich grenzte es fast an ein Wunder, dass ihnen bei ihren bisherigen Besuchen noch nie eine Schabe begegnet war.

Nach dem Zwischenfall mit der Kakerlake erschien meinem Vater Japan plötzlich als ziemlich unwirtliches Land. Während eines Spaziergangs nahm er mich zur Seite. «Ich weiß, dass Japan eines der schönsten Länder der Welt ist. Und ich bin auch sehr gerne hier. Nicht nur wegen der Landschaft, ich mag die Gastfreundschaft und die Herzlichkeit der Menschen. Aber das Leben ist doch sehr mühsam, wenn man es mit zu Hause vergleicht. Ständig diese Erdbeben. Ihr müsst ja immer um euer Leben fürchten. Und dann diese vielen kleinen Alltagsplagen. So wie diese Kakerlake da in eurer Küche.

Und diese Kälte im Winter. Und die Taifune. Ich weiß noch, wie ich neben der Schüssel am Wohnzimmertisch in deiner alten Wohnung saß, als der Taifunregen durchs Dach sickerte. Warum tust du dir das an? Dazu all das Fremde in der Kultur. Wie kannst du dich hier so richtig zu Hause fühlen? Ist zu Hause nicht vor allem Sicherheit und die Geborgenheit des Bekannten?»

Ich hätte jetzt antworten können: «Ich bin der Liebe wegen hier.» Aber ganz so ist es ja nicht. Ich war ja schon in Japan, bevor ich Ryunosuke kennengelernt hatte. Nicht dass ich von Anfang an vorgehabt hätte auszuwandern. Aber ein konkretes Rückreisedatum hatte ich nicht im Sinn, als ich mich direkt nach dem Volontariat um den Job im Rathaus beworben hatte. Ich habe mich hier einfach immer verdammt wohlgefühlt. Anfangs war es sicher vor allem der Reiz des Fremden, der das Leben am anderen Ende der Welt so spannend gemacht hat. Die erste Wedelzeremonie. Die erste Kakerlake im Schlafzimmer. Der erste Karaoke-Abend mit Vorsingen vor Chefs und Kollegen. Plötzlich sieht man die Welt mit anderen Augen. Man lernt, in neuen Dimensionen zu denken. Auch wenn man zum Beispiel mit Ryunosuke über Religion diskutiert, wie mein Vater bei Naomis Taufe. Und dann, nach ein paar Jahren, sind die meisten Sitten und Gebräuche gar nicht mehr so fremd.

«Wenn man das Fremde erst einmal verstanden und ein paar Mal selbst erlebt hat, wird es einem vertraut», versuchte ich zu erklärten. «Und man hat eine neue Weltsicht dazugewonnen, die einem vielleicht hilft, wenn man mit der eigenen nicht mehr weiterkommt. Und wenn Heimat Geborgenheit und die Vertrautheit des Bekannten ist, dann kann man sich doch auch eine zweite Heimat aufbauen. Geborgenheit gibt die Familie. Und bekannt sind Dinge, mit denen man sich bekannt macht.» Ich schwieg einen Moment. «Ist es nicht toll, wenn man an zwei Orten zu Hause sein kann?», ergänzte ich, um meinem Vater nicht das Gefühl zu geben, ich würde mich im Ruhrpott nicht mehr geborgen und zu Hause fühlen. Ich sah, dass mein Vater nicht zufrieden war.

«Das beantwortet immer noch nicht die Frage nach dem Warum. Seinen Horizont erweitern kann man auch mit Reisen. Dafür muss man nicht gleich auswandern», erwiderte er. «Aber ich sehe, dass du glücklich bist. Und das ist die Hauptsache», fügte er mit einem Lächeln hinzu und ging schneller, um zu den anderen aufzuschließen.

Auf diesem Spaziergang blieb ich meinem Vater die gewünschte Antwort schuldig. Ich hätte sie gern nachgeliefert, doch ich ahnte, dass das wahrscheinlich zu den Dingen im Leben gehörte, die man nicht logisch und für andere nachvollziehbar in Worte fassen konnte.

«Sie müssen Künstler sein!» – oder: «Sie sind doch ein Mann?»

In Naomis ersten Lebensmonaten lebte Ryunosuke tatsächlich ganz in seiner eigenen Welt – völlig abgeschnitten von jeglichen gesellschaftlichen Verpflichtungen und Kontakten. Äußerlich veränderte er sich während seines Erziehungsurlaubs so sehr, dass er nur noch entfernt an den städtischen Beamten im dunklen Anzug erinnerte, der er noch vor wenigen Monaten gewesen war. Dank seiner täglichen Spaziergänge und später dank der Kajaktouren mit Naomi war er selbst im Winter stets so braun gebrannt wie die meisten Menschen sonst nur nach drei Wochen Urlaub in der Südsee. Außerdem hatte er sich die Haare wachsen lassen und band sie jetzt wie die Surfer zu einem Pferdeschwanz zusammen.

Obwohl Spazierengehen überhaupt kein japanisches Hobby ist, lief Ryunosuke jeden Tag seine Runden mit Naomi. Mit dem grell lilafarbenen Kinderwagen mit den extra großen Reifen, den meine Eltern uns geschenkt hatten, fiel er überall auf. Allerdings war sein Bewegungsradius mit der deutschen Kinderkarre ziemlich eingeschränkt. Denn der Wagen war zu breit für die meisten Bürgersteige und passte vor allem durch kaum eine japanische Ticketsperre, sodass auch Zugfahrten gestrichen waren. Mittlerweile kann ich sehr gut verstehen, warum japanische Eltern selbst Neugeborene lieber in einen engen Buggy legen, statt wie deutsche Eltern darauf zu achten, dass der Kinderwagen möglichst groß ist, um dem Baby Bewegungsfreiheit zu geben – auch wenn es sich anfangs nicht einmal allein umdrehen kann.

Besonders geeignet war Naomis lilafarbener Flitzer dagegen für Ausflüge zum Strand. Jeden Tag schob Ryunosuke seine Tochter durch den Sand. Die letzten Meter hoch zum «Kaiserhügel», direkt vor der Sommerresidenz des Tenno, musste Ryunosuke den Wagen mit fast waagerechtem Rücken durch den tiefen Sand ziehen. Das sei ein gutes Armtraining, behauptete er, als ich ihn fragte, warum er nicht lieber die nächste Bucht aufsuche, wo er immerhin einen Kilometer am Stück auf hartem, ebenem Sand locker flanieren könne. Das Training brauche er, um mit Naomi im nächsten Jahr Kajak zu fahren, erklärte Ryunosuke.

Also quälte sich mein Mann jeden Tag unter den ungläubigen Blicken der diensthabenden Palastpolizisten auf den kleinen Hügel. Die Beamten haben den Auftrag, jeden auffälligen Passanten anzusprechen, weshalb sie Ryunosuke die ersten Male fragten, was er mit dem Baby da vorhabe. «Ich gehe spazieren», erwiderte er meist keuchend und mit leicht rotem Kopf. Nachdem sich sein Morgenritual unter der Palastwache herumgesprochen hatte, warteten die Beamten, die gerade im Winter oft stundenlang am menschenleeren Strand stehen müssen, schon geradezu sehnsüchtig auf ihn.

Ist der Kaiser zu Besuch da, kommt er mindestens einmal auf den «Kaiserhügel» und plaudert ein wenig mit zufällig anwesenden Strandbesuchern. Oft macht der Tenno ganz früh morgens einen Strandspaziergang auf der gleichen Route, die auch Ryunosuke nimmt. Dennoch sind sich die beiden bislang nie begegnet. Nur einmal, als Naomi schon drei Jahre alt war und Ryunosuke sie auf eine Kajaktour mitgenommen hatte, gingen der Kaiser und die Kaiserin gerade am Strand entlang. Der Tenno zeigte auf Ryunosukes Kajak. Ryunosuke hatte gerade erst abgelegt und war noch keine zwanzig Meter von der Küste entfernt. Er hörte, wie ein Begleiter dem erstaunten Tenno erklärte, dass das seltsame Gefährt ein Kajak sei. Aufgeregt erzählte Ryunosuke Naomi, dass der Kaiser sie gerade beobachte. Naomi hatte keine Ahnung, was ein Kaiser ist, aber sie wollte ihm trotzdem zuwinken. Sie stand auf und winkte. Bei der nächsten Welle fiel sie ins Meer. Ryunosuke sprang hinterher und tauchte Sekunden später mit Naomi im Arm wieder auf. Wie er mir am Abend berichtete, sah er gerade noch, wie das Kaiserpaar durch ein unscheinbares Tor hinter der dicken weißen Mauer des Palastgrundstücks verschwand, die nicht einmal den kleinsten Blick auf das Gebäude dahinter freigab. Von Naomis Sturz ins Meer hat der Tenno also nichts mitbekommen.

Manchmal, wenn der kleine Prinz Hisahito – der lang ersehnte männliche Nachwuchs des zweiten Kaisersohnes und dritter in der Thronfolge – in der Sommerresidenz weilt, suchen die Beamten der Palastpolizei am Strand nach geeigneten Spielkameraden. Ryunosuke und Naomi sind aber noch nie ins Visier der Palastpolizei geraten. Einmal, als die beiden mit ein paar befreundeten Müttern und deren Kindern am Strand unterwegs waren – damals ging Naomi schon in den Kindergarten –, sahen sie den kleinen Prinzen mit seiner Mutter. Hisahito ist übrigens nur rund ein Jahr älter als unsere Tochter.

«Kommt, wir gehen einfach mal hin, mal schauen, was passiert», forderte Ryunosuke seine Mama-Freundinnen auf. Während er sich noch den Kopf zerbrach, wie er ein Mitglied der Kaiserfamilie anzusprechen habe, kam der kleine Hisahito schon angelaufen. Aber er interessierte sich gar nicht für Naomi und die anderen Kinder. Er hatte eine Alge in der Hand und wirbelte sie durch die Luft.

Laut Ryunosukes Erzählung starrte Naomi kleinen Prinzen an, als wäre er ein Wesen von einem anderen Stern. Offenbar hatte ihr Vater sie mit seiner Aufregung über den Besuch der Kaiserfamilie ganz nervös gemacht. Ryunosuke hatte das Gefühl, Hisahitos Mutter, Prinzessin Kiko, schaute leicht angewidert auf die dreckige Alge, mit der der übernächste Tenno da spielte. Aber sie wollte offenbar keine Spielverderberin sein und ließ ihren Sohn gewähren. Die Prinzessin machte ein wenig Small Talk mit den Müttern. Ob sie oft hierher kommen, wollte sie wissen.

«Sie war eigentlich wie eine ganz normale Mutter», berichtete Ryunosuke am Abend. Nur zu ihm hätte sie nichts gesagt. Er hatte sich auch nicht getraut, sie unaufgefordert anzusprechen – dabei hätte er ihr eigentlich ganz gern von seinem Erziehungsurlaub erzählt. «Ich hätte wirklich gern gewusst, was die Mutter des zukünftigen Kaisers von uns (coolen) Ikumen-Vätern hält», bedauerte Ryunosuke die verpasste Chance.

In Naomis erstem Lebensjahr beschränkten sich seine regelmäßigen Gesellschaftskontakte auf Besuche beim Kinderarzt. Während er Dr. Hashimoto, der trotz seiner fast achtzig Jahre noch immer praktizierte, etwas kauzig fand, hatte sich dieser offenbar auch so seine Gedanken über den braun gebrannten Surfertypen gemacht, der ständig Zeit hat, sein halb kaukasisches Baby für jedes Wehwehchen zum Arzt zu bringen. Jedenfalls gestand mir Ryunosuke eines Tages ein kleines bisschen stolz, wie er am Ende einer völlig normalen

Sprechstunde das Weltbild unseres Kinderarztes ins Wanken gebracht hätte.

Eines Morgens wachte Naomi auf und musste sich noch vor dem Frühstück übergeben. Als dann auch die Nase lief und Naomi anfing zu husten, schob Ryunosuke sie in der lilafarbenen Kinderkarre zu Dr. Hashimotos Kinderarztpraxis. Er nahm vorsichtshalber die mit einer Plastiktüte ausgelegte Kotzschüssel mit, die am Empfang stand, und setzte sich mit Naomi ins Wartezimmer. Kaum hatte Naomi die Schüssel erblickt, musste sie sich wieder übergeben. Froh über seinen Geistesblitz mit der Schüssel stand Ryunosuke auf. Zum Glück waren sowohl seine als auch Naomis Klamotten verschont geblieben.

«Entschuldigung. Meine Tochter hat sich gerade übergeben. Wohin damit?», fragte er die Sprechstundenhilfe.

«Das arme Kind», sagte die Frau und nahm Ryunosuke die Schüssel aus der Hand. Sie verschwand im Schwesternzimmer und kam dann kurz darauf mit einer fest zugeknoteten Tüte zurück. «Bitte nehmen Sie das mit nach Hause», sagte sie und überreichte Ryunosuke die Tüte mit einem Lächeln.

«Erbrechen. Schnupfen. Husten. Fieber: 39 Grad. Diagnose: Erkältung», diktierte Dr. Hashimoto der Spracherkennungssoftware seines Praxis-PCs. «Erkääältung!», wiederholte er etwas lauter. Auf dem Bildschirm erschien das Zeichen für «Wind», welches im Japanischen genauso ausgesprochen wird wie das für «Erkältung», aber ein anderes Schriftzeichen hat. Dr. Hashimoto löschte das Zeichen und setzte zum nächsten Versuch an. «Erkältung!!!», raunzte er mittlerweile ziemlich genervt ins Mikro. «Diagnose: Wind» erschien auf dem Bildschirm. Noch ein Versuch. Und noch einer. Der PC blieb bei seiner Diagnose. Dr. Hashimoto gab auf. Er legte das Mikrophon zur Seite und tippte die Erkältung per Hand ein.

«*Yoroshii desu*, gut, Sie können jetzt gehen», sagte er, während er sich in seinem Bürostuhl langsam zu Ryunosuke und Naomi drehte. «*O daiji ni*, gute Besserung!» Diese für deutsche Ohren vielleicht etwas abrupte Verabschiedung nach gerade einmal zwei Minuten Untersuchungszeit ist in Japan durchaus normal. Das mag den wissbegierigen deutschen Patienten vielleicht nicht ganz zufriedenstellen, aber immerhin hat es den Vorteil, dass man in den meisten Arztpraxen auch ohne Terminvergabe keine Ewigkeit warten muss. Und Japaner wollen sich die Diagnose gar nicht unbedingt im Detail erklären lassen, behauptete Ryunosuke, als ich ihn einmal auf die ultrakurze Sprechzeit pro Patient ansprach.

Ryunosuke stand nach der Verabschiedung auf, nahm die Tüte mit Naomis Erbrochenem und wollte gerade die Schiebetür zum Wartezimmer öffnen, da setzte Dr. Hashimoto noch einmal an. «*Ehhto. Anooo*», druckste er herum. Ryunosuke drehte sich um. Die fieberrote Naomi war mittlerweile in seinem Arm eingeschlafen. «Sagen Sie mal, sind Sie Künstler?», fragte Dr. Hashimoto etwas peinlich berührt.

«Nein. Wieso? Ich bin Beamter», erwiderte Ryunosuke und freute sich innerlich über den Schock, den er dem Arzt nun versetzen würde.

«*Anooo.* Ich verstehe nicht ganz. Sie kommen doch immer vormittags in meine Sprechstunde. Und … *Ehhtoo, anooo.* Sie sehen auch nicht gerade aus wie ein Beamter.» Nun hatte die Neugier endgültig über Dr. Hashimotos Schamgefühl gesiegt.

«Ich habe Erziehungsurlaub», grinste Ryunosuke, «insgesamt fast zwei Jahre lang!»

«Aber Sie sind doch ein Mann?! So was gibt es?»

«Ja. Im ersten Jahr erhält man sogar Elterngeld.»

«Was es heute alles so gibt. Na, dann genießen Sie mal Ihren Urlaub. Ich glaube, ich habe noch nie länger als fünf Tage am Stück Urlaub gemacht. Und ich bin jetzt achtundsiebzig. Ich wüsste gar nicht, was ich mit so viel Freizeit anfangen sollte. Wahrscheinlich würde meine Frau die Scheidung einreichen, wenn ich den ganzen Tag zu Hause wäre.»

«Ich habe da schon ein paar Ideen. Außerdem habe ich ja nicht wirklich frei. Ich muss ja Naomi erziehen.»

Dr. Hashimoto lächelte und wiederholte: «*Yoroshii desu.* Gute Besserung.»

Auf dem Rückweg ging Ryunosuke noch in der Apotheke vorbei, um Naomis Rezept einzulösen. Der Apotheker überreichte ihm einen weißen Umschlag, auf dem Naomis Name und die Anweisung gedruckt war, das Fieberzäpfchen bei Bedarf einzuführen. In dem Umschlag befanden sich genau zwei Zäpfchen. Mehr hatte Dr. Hashimoto nicht verschrieben.

Die Packungsbeilage mit den Warnhinweisen lag übrigens nicht dabei, nur ein kleiner Zettel, auf dem der Name des Medikaments, wofür es gut ist und die Gegenanzeigen, bei denen man einen Arzt aufsuchen soll, stichwortartig aufgelistet waren. In Japan wird blindes Vertrauen gegenüber den Halbgöttern in Weiß vorausgesetzt. Wer Bedenken hat, muss sich die Mühe machen, das Medikament zu googeln.

Seine ersten Kontakte zu anderen Müttern schloss Ryunosuke bei den Vorsorgeuntersuchungen für Babys und Kleinkinder, zu denen Frau Hasegawa von der Stadtverwaltung regelmäßig einlud. Der Drei-Monats-Check-up war sein Debüt in der Mama-Welt. Als einziger Mann kniete er im Kreis der jungen Mütter in demselben Gemeindezentrum, in dem ich während der Schwangerschaft die Mütterkurse absolviert hatte. Natürlich kamen auch dieselben Mütter wie damals. Sie beäugten Ryunosuke neugierig, doch anfangs traute sich keine, ihn anzusprechen. Frau Hasegawa kannte unsere familiäre Situation ja bereits und stellte Ryunosuke etwas übertrieben als Helden-Papa vor, der seinen Job für die Familie opfert. Unter anerkennenden Ohhs und Ahhs starrten alle auf ihn. Zwar war er im Grunde seines Herzens mächtig stolz auf seine Heldenrolle, doch die geballte Anerkennung von zwanzig Müttern ließ ihn erröten.

«Sie sind der Mann von Susanne-san, stimmt's? Wir kennen uns vom Mutter-Seminar. *Yoroshiku onegai shimasu.* Freut mich, Sie kennenzulernen», soll Frau Nomura Ryunosuke laut seiner Erzählung zugeflüstert haben, während Frau Hasegawa gerade erklärte, was Babys im Alter von drei Monaten alles schon können sollten.

«Ganz meinerseits», flüsterte Ryunosuke zurück.

Er hatte keine Ahnung, wer Frau Nomura ist. Ich hatte ihm nichts von ihr gesagt, denn außer dem Ergebnis ihres Mundbakterientests und dem bisschen, was ich beim Small Talk nach den Mütterseminaren über sie erfahren habe, wusste ich kaum etwas über sie. Sie hatte mir erzählt, dass sie – genau wie ich – im Jahr der Kuh geboren war. Da sie nicht aussah wie Anfang zwanzig, musste sie also genauso alt sein wie ich. Zwölf Jahre älter war sie sicher auch nicht, aber das wäre bei dieser höflich japanischen Art der Altersangabe die einzig andere Alternative gewesen. Die vielen Mundbakterien passten gar nicht zu meinem sonstigen Eindruck von ihr. Sie sah sehr gepflegt aus und hatte einen dieser langen wallenden

Pferdeschwänze, um die ich die Frauen aus der Shampoo-Werbung immer beneide.

Naomi-chan sei ja sooo süß. Sie habe eine so schöne weiße Haut, schwärmte Frau Nomura im Flüsterton weiter und tätschelte Naomis Wangen.

«Das sind ihre europäischen Gene», erwiderte Ryunosuke und bemerkte, dass Frau Nomura daraufhin angefangen habe zu kichern.

Ich musste wieder an die Zahnbakterien denken.

«Da kann man richtig neidisch werden. Naomi wird bestimmt mal Model», setzte Frau Nomura hinzu.

«Ichiro-kun ist auch sehr niedlich», raunte Ryunosuke und versuchte, den kleinen Jungen von Frau Nomura mit Grimassen zum Lächeln zu bewegen.

Plötzlich fing ein Baby bitterlich an zu weinen, berichtete Ryunosuke weiter. «Sena hat bestimmt Durst», entschuldigte sich seine Mutter.

«Sie können ruhig stillen. Aber passen Sie auf, wir haben ja einen Mann dabei», unterbrach Frau Hasegawa ihren Vortrag.

Senas Mutter warf Ryunosuke einen kurzen Blick zu und deutete eine entschuldigende Verbeugung an. Dann breitete sie ihren Baumwollschal über Sena aus und stillte, ohne auch nur das geringste Stück Haut zu entblößen.

Als Frau Hasegawa mit ihren Ausführungen fertig war, wurden die Babys entkleidet, und es ging in alphabetischer Reihenfolge von der Messstation über die mit einem Duschvorhang abgetrennte Arztkabine zur Ernährungsberaterin, die ihr Tischchen ganz hinten im Raum aufgebaut hatte.

In der Warteschlange vor der Ernährungsberatung fing Frau Nomura Ryunosuke ab. Es wäre toll, wenn unsere Kinder mal zusammen spielen könnten, sagte sie. Sie bat ihn, mir ihre Handynummer zu geben. «Eigentlich hätte ich ihr gerne gesagt, dass ich vorerst für Naomis Sozialkontakte zuständig bin. Aber irgendwie hatte ich das Gefühl, dass sie sich lieber mit dir treffen wollte», stellte Ryunosuke fest. Er wollte sich nichts anmerken lassen, aber ich hatte den Eindruck, er klang etwas frustriert. Später meinte er, dass er in diesem Moment zum ersten Mal geahnt habe, dass es nicht ganz einfach werden würde, bei den anderen Müttern als Hauptverantwortlicher für sein Kind akzeptiert zu werden.

Einerseits tat Ryunosuke mir leid, weil er sich offenbar schwertat, in der Mama-Welt Fuß zu fassen, aber andererseits freute ich mich, dass mich meine Weggefährtinnen aus den Schwangerschaftsseminaren nicht vergessen hatten. Ich fragte mich, was ich alles verpassen werde, wenn Naomi bald mit Ryunosuke ihre ersten Schritte ins Gesellschaftsleben macht, während ich arbeitete. Ich nahm mir fest vor, mir die Zeit zu nehmen und hin und wieder selbst in die Mama-Welt einzutauchen. Ryunosuke würde sich bestimmt auch über ein paar babyfreie Nachmittage freuen.

Metamorphose zur Super-Mama – Ryunosuke und die Mama-Welt

Kurz vor Naomis erstem Geburtstag wagte sich Ryunosuke erstmals wieder so richtig ins Gesellschaftsleben. Er meldete unsere Tochter zum Babyschwimmen an. Frau Nomura hatte ihm beim Neun-Monats-Check-up von dem Kurs erzählt. Die mollige und immer gut gelaunte Frau Kinoshita war hoch erfreut über den ersten Papa in ihrem Kurs. «Ich finde das ganz super, dass ein Papa da ist!», lobte sie laut Ryunosukes stolzem Bericht zur Begrüßung vor der versammelten Mama-Clique am Beckenrand. «Das sollten Sie Ihren Papas zu Hause mal erzählen! Es könnten ruhig mehr Papas kommen! Das ist wichtig für die Entwicklung der Kinder», referierte die Kursleiterin weiter, während die Mütter und Ryunosuke am Beckenrand Elefantenrüssel-Bewegungen mit den Armen imitierten. Mit ihren «Rüsseln» spritzten sie die Kinder nass, die neben ihnen saßen und mit den Beinchen im Wasser planschten.

Viermal pro Woche waren von nun an die Vormittage fürs Babyschwimmen und den anschließenden Tratsch mit der Mama-Clique reserviert. Frau Nomura hatte die Mütter, die nicht in derselben Schwangerschafts- und Check-up-Gruppe waren, bereits über Ryunosukes Erziehungsurlaub informiert. Trotz der üblichen Bewunderung über seine Heldentat sorgten sich einige Mütter offenbar um Naomis Wohlergehen. Sie schienen einem Mann jedenfalls nicht allzu viel zuzutrauen. Anfangs boten sich immer wieder Freiwillige an, Naomi in der Damenumkleide umzuziehen. Das sei doch sicher alles wahnsinnig anstrengend für Ryunosuke. Ihr «Papa» würde jedenfalls ganz sicher in der Umkleidekabine verzweifeln, erklärten sie und versuchten, meinem Mann ihr nett gemeintes Angebot schmackhaft zu machen. Möglicherweise befürchteten sie aber auch, ihm könnten noch schlimmere Fehler unterlaufen als am ersten Tag, als er Naomi die pinkfarbene Schwimmuniform (für Jungs gibt es sie natürlich in Himmelblau) falsch herum angezogen hatte. Ganz unrecht hatten sie nicht.

Ryunosuke widerstand den verlockenden Angeboten, die neugierige Naomi abzugeben und sich ein paar Minuten in der Sauna zu räkeln, statt – selbst noch halbnackt – Naomi aus irgendwelchen Schließfächern zu zerren, in denen sie Verstecken spielte. Nach ein paar Monaten passierte es dann. Die Schwimmstunde war schon halb vorbei und die Kinder sollten der Reihe nach vom Beckenrand durch einen Hula-Hoop-Reifen springen. Ich hatte zufällig Zeit und saß auf der Zuschauertribüne hinter einer nicht ganz schalldichten Glasscheibe. Bei jedem Sprung wirkte Naomi etwas dicker. Sie wurde immer schwerfälliger. Jedes Mal dauerte es etwas länger, bis sie nach dem Sprung wieder auftauchte.

«Was ist mit Naomi los?», fragte Frau Nomura besorgt. Ryunosuke hatte nichts Ungewöhnliches bemerkt. Dass Naomi länger unter Wasser blieb als die meisten anderen Babys war normal. Erstens war dank Ryunosukes Liebe zum Meer wahrscheinlich kein weiteres Kind aus dem Kurs so sehr an Wasser gewöhnt wie sie. Und zweitens zog er Naomi im Gegensatz zu den Müttern nicht gleich wieder hoch, sobald sie eintauchte, sondern wartete, bis sie von allein hochkam.

«Was soll denn sein? Alles in Ordnung!», wiegelte mein Mann ab.

«Ich dachte nur, weil Naomi gerade so komisch gelaufen ist. Vielleicht hat sie ja nur in die Windel gemacht», lenkte Frau Nomura sofort ein. Schließlich wollte sie ja nicht aufdringlich sein und sich in Ryunosukes Privatangelegenheiten einmischen.

Beim nächsten Sprung tauchte Naomi nicht mehr auf. Leicht panisch zog ihr Vater sie an den eigens für solche Fälle auf die Schwimmuniform aufgenähten Haltegriffen hoch. Naomi hustete und spuckte Wasser. Ich stand erschrocken auf und überlegte kurz, ob ich in die Schwimmhalle gehen und nach ihr schauen sollte. «Nein! Ryunosuke schafft das schon allein», stoppte ich mich selbst. Manchmal erwischte ich mich, wie ich zur Übermutter wurde und an den erzieherischen Qualitäten meines Mannes zweifelte. Völlig unberechtigt, das war mir klar, denn ich hatte ja auch nicht mehr Erfahrung mit kleinen Kindern als Ryunosuke. Aber manchmal, wenn Naomi bitterlich weinte und er sie nicht gleich trösten konnte, siegte der mütterliche Schutzinstinkt in mir. In solchen Momenten glaubte ich tatsächlich, meine Tochter bräuchte jetzt unbedingt und sofort eine dicke Umarmung ihrer Mutter. Das Schlimme für Ryunosuke war, dass Naomi sich dann oft in meinen Armen ziemlich schnell beruhigte. Er tat das immer als Zufall ab, und im Nachhinein musste ich ihm sogar recht geben. Wahrscheinlich war sie einfach abgelenkt von ihrem Schmerz, allein durch die Tatsache, dass ich dazukam. Andersherum hätte es wahrscheinlich genauso funktioniert. Allerdings wäre Ryunosuke wohl nie auf die

Idee gekommen, dass ich mit Naomi nicht allein klarkommen könnte. Irgendwo tief in uns drin waren wir beide wohl auch noch auf die alten Rollenmuster konditioniert. Ich war froh, dass es mir diesmal gelungen war, meinen Gluckeninstinkt zu besiegen.

Naomi klammerte sich an ihren Vater fest und weigerte sich, noch einmal durch den Reifen zu hüpfen. Ratlos blickte Ryunosuke alle an. «Was hat sie nur? Vielleicht ist sie krank und deshalb zu schlapp zum Schwimmen?», fragte er. Die Kursleiterin beruhigte ihn und erklärte, wahrscheinlich habe Naomi einfach einen schlechten Tag. Das Schwimmen sei ja auch anstrengend für die Kleinen. Und vielleicht habe sie sich ja tatsächlich eine Erkältung eingefangen.

Frau Miyazaki, die mit knapp vierundzwanzig Jahren jüngste Mutter in der Runde und Mitglied in der Riege der um unsere Tochter Besorgten, tätschelte fürsorglich Naomis Po. «Es ist die Windel!», rief sie auf einmal entsetzt. «Die ist total voll Wasser!», erklärte sie weiter den verdutzten Müttern und drückte Naomis Schwabbelpopo so lange, bis ein Schwall Wasser herausplatzte und Naomi wie ein angestochener Luftballon immer dünner wurde. Dann prustete sie los.

«Haben Sie ihr denn keine Schwimmwindel angezogen?», fragte Frau Nomura unter Lachtränen und quetschte noch ein bisschen Wasser aus Naomis immer noch ziemlich prallem Popo.

Während ihm die Schamesröte ins Gesicht stieg, schloss sich Ryunosuke dem allgemeinen Gelächter an. Jetzt hatte er es seiner eigenen Dummheit zuzuschreiben, dass er wieder ein paar Wochen lang mit fürsorglichen Hilfsangeboten der Besorgten-Fraktion bedacht wurde.

«Männer müssen alles hundertfünfzigprozentig machen und werden von euch Müttern trotzdem nicht für voll genommen», beschwerte er sich nach seinem Windelunfall bei mir.

«Das kommt mir irgendwie bekannt vor …», erwiderte ich ganz ohne Mitleid und mit einem ironischen Lächeln.

Die Schwimmmütter nahmen Ryunosuke bereitwillig in ihren Kreis auf – allerdings als bunten Vogel, als einen Außenseiter, der nicht wirklich in ihrer Welt lebte. Sie tauschten den neuesten Tratsch mit ihm aus und hielten ihn auf dem Laufenden, berichteten ihm zum Beispiel, welcher Kindergarten gerade eine Werbeaktion für Neukunden mit großzügigen Buchgeschenken für die Kids machte. Nur wenn sie sich zum Lunch oder nachmittags zum gemeinsamen Spielplatzbesuch verabredeten, wagte es keine, ihn einzuladen. Wenn ich ausnahmsweise einmal mit Naomi zum Babyschwimmen kam, wollten plötzlich alle Kinder unbedingt am Nachmittag mit unserer Tochter spielen.

Ich war froh über diese doch letztlich unkomplizierte Aufnahme in die Gemeinschaft der «Weggefährtinnen», wie es unsere städtische Gesundheitsberaterin Frau Hasegawa schon bei der Schwangerschaftsberatung formuliert hatte. Damit hatte ich nicht gerechnet – schließlich war ich als Ausländerin und Familienernährerin (zumindest zeitweise) doch viel mehr Außenseiterin als Ryunosuke, der genau wie alle anderen Schwimmmütter zu Hause war und sich hauptsächlich um Haushalt und Kind kümmerte. Wenn man bedenkt, dass noch immer mehr als die Hälfte aller Japanerinnen nach der Geburt des ersten Kindes ihren Job aufgibt und Hausfrau wird, hatte sich Ryunosuke eigentlich recht ähnlich verhalten wie die Mehrheit der Mütter. Offenbar war die Verbundenheit zum eigenen Geschlecht (und die Vertrautheit der Konversation «unter Müttern») groß genug, um mein Anderssein über Ryunosukes Sonderstatus zur Nebensache zu machen.

Ryunosuke hatte schon seit seinem ersten Gespräch mit Frau Nomura beim städtischen Baby-Check-up geahnt, dass es nicht einfach würde, als Mann Einlass in die Mama-Welt zu finden. Einerseits wollte er natürlich Kontakt zu anderen «Kindererziehern», mit denen er sich austauschen konnte, aber andererseits war er selbst auch nicht ganz frei von Berührungsängsten mit Hausfrauen-Cliquen, von denen er annahm, dass dort ständig über Männer getratscht werde. Ich fand, er verhielt sich ziemlich passiv. Statt selbst mal ein Treffen auf dem Spielplatz vorzuschlagen, verbrachte er den Nachmittag lieber allein mit Naomi. Gelangweilt haben sich die beiden dabei aber nie.

Kurz nachdem Ryunosuke Naomi im Schwimmkurs angemeldet hatte, nahm er sie zum ersten Mal mit zu einem Kajaktrip. Nach nur einer Stunde standen die beiden wieder im Wohnzimmer. Naomi brüllte wie am Spieß.

«Was ist denn passiert?», fragte ich, als ich, aufgeschreckt von dem Geschrei, vom Schreibtisch aufsprang und die Treppe heruntereilte.

«Mit Naomi Kajak zu fahren, ist eine Katastrophe», beschwerte sich Ryunosuke.

«Wieso?»

«Erst ist sie total begeistert und zeigt ganz eindeutig mit ihren Fingerchen, dass sie weiter raus aufs Meer will. Und kaum sind wir ein paar Meter rausgefahren, will sie plötzlich aussteigen. Mitten auf dem Meer.»

«Vielleicht ist sie doch noch ein bisschen zu klein für einen solchen Trip. Wie wäre es, wenn du dich mal mit den Schwimmmüttern auf dem Spielplatz triffst und das gemeinsame Kajakfahren um ein paar Jahre verschiebst?»

«Ich habe aber jetzt Erziehungsurlaub und nicht erst in ein paar Jahren. Auf den Spielplatz kann sie auch gehen, wenn ich wieder arbeiten muss. Die anderen Mütter wollen sich sowieso lieber mit dir treffen.»

«Und wie willst du einem Kleinkind, das kaum sprechen kann, klarmachen, dass man nicht übers Meer laufen kann, wenn man keine Lust mehr hat, im Kajak zu sitzen?»

«Ich habe mir Naomi zwischen die Beine geklemmt und sie mit einer Hand festgehalten. Mit der anderen bin ich sofort zurückgepaddelt. Kaum waren wir wieder an Land, wollte sie zurück aufs Meer. So ging das die ganze Zeit. Zehn Meter paddeln, dann Kehrtwende, dann wieder zehn Meter paddeln. Sie hat übrigens gebrüllt, weil sie nicht nach Hause wollte. Aber ich war total geschafft.» Ryunosukes Ärger schien verflogen zu sein. Auch Naomi hatte aufgehört zu heulen, nachdem sie ihr Rutscheauto entdeckt hatte. Ryunosuke tätschelte Naomis Kopf, als sie – noch im Baby-Neopren-Anzug – an ihm vorbeisauste. «Eigentlich war das für den Anfang gar nicht so schlecht. Immerhin hatte sie keine Angst!»

«Ich glaube trotzdem, dass der Spielplatz eher was für ihr Alter ist.»

«Aber Mama-Cliquen sind nichts für mich. Warum gehst du nicht mit ihr auf den Spielplatz?» Ryunosuke rief Naomi und verschwand mit ihr in der Badewanne.

Vielleicht brauchten Ryunosuke und die Mamas einen *Nakodo*, einen Vermittler, der ihnen hilft, ihre Berührungsängste abzubauen, dachte ich. Wenn ich nachmittags keine Termine hatte, nahm ich mir deshalb ab und zu einfach mal frei und verabredete mich mit den Schwimmmüttern – auch wenn das dann öfter mal eine Nachtschicht am Schreibtisch bedeutete. Ich hatte erwartet, dass Ryunosuke sich während seiner babyfreien Stunden sofort ins Kajak setzte, da er bis auf den missglückten Versuch mit Naomi während seines Sabbaticals an Werktagen noch gar nicht zum Paddeln gekommen war. Doch meist blieb er nur kurz auf dem Meer und nutzte den Rest der Zeit zum Einkaufen und Kochen. Seine Hausfrauenpflichten wollte er auf keinen Fall vernachlässigen. Daran werde sein Erfolg als cooler Vater letztlich gemessen, erklärte er mir, als ich ihn einmal fragte, warum er nicht lieber Kajakfahren gehe.

Frau Miyazaki, das heißt Kaori, und Frau Nomura, die ich bald Chieko nannte, wurden schnell zu meinen besten «Mama-Tomos», zu meinen Mama-Freundinnen. Kaori und Chieko brachten jedes Mal tonnenweise Süßigkeiten mit zum Spielplatz, und für Naomi war *O-san-ji* (der Snack um drei Uhr) das Highlight dieser Treffen. Dass es um drei etwas Süßes für Kinder gibt, ist für die Mehrheit der japanischen Mütter genauso selbstverständlich wie das allmorgendliche Kinderprogramm im öffentlich-rechtlichen Fernsehen. Während der kleine Ichiro und Kaoris Tochter Rin nach zwei, drei Bissen genug hatten und lieber weiterspielen wollten, bettelte Naomi, die es nicht gewohnt war, regelmäßig Süßkram zu essen, so lange wie ein kleiner Hund bei Chieko und Kaori, bis der letzte Krümel weg war.

«In Deutschland gibt man Kindern nicht so viele Süßigkeiten, stimmt's?», fragte Chieko nach ein paar Spielplatzbegegnungen mit Bettelattacke.

«Jedenfalls gibt es viele Eltern, die Süßigkeiten total verbieten», erwiderte ich, während ich verzweifelt versuchte, Naomi wieder für ihre geliebte Schaukel zu begeistern.

«Ihr seid viel konsequenter als wir. Süßigkeiten sind ja wirklich nicht gesund ...», warf die übrigens gertenschlanke Kaori ein und steckte sich noch einen Keks in den Mund. «Aber ich könnte auch nicht ohne», sagte sie nach einer kleinen Pause und lachte.

«Wenn ich sehe, wie Naomi bei euch bettelt und jedes Spiel vergisst, glaube ich ja, dass ihr die bessere Taktik gewählt habt. Wenn man immer etwas Süßes haben kann, ist es wohl nicht mehr so spannend», erwiderte ich frustriert.

Naomi kletterte Chieko fast auf den Schoß. Mit großen Kulleraugen starrte sie auf die Tüte mit getrockneten Fischlein. Chieko gab Naomi einen Trockenfisch. «Der ist gesund – der wurde nur an der Luft getrocknet, sonst nichts», erklärte sie mir. Naomi biss dem Fischlein mit skeptischem Blick den Kopf ab. Es schmeckte offenbar nicht ganz so gut wie Kaoris Kekse, aber sie schob dennoch den Rest hinterher. Und plötzlich war der Sandkuchen, den Chieko in der Zwischenzeit für Naomi aufgetürmt hatte, interessant genug, um *O-san-ji* vergessen zu machen.

Kaori nahm sich auch ein paar Fischlein. «Dazu gehört ein Bier», befand sie. «Ich habe seit meiner Schwangerschaft nichts mehr getrunken. Wisst ihr was? Wir sollten einen Mama-Treff planen und endlich mal wieder was trinken!», schlug Kaori anschließend vor.

Wir verabredeten uns für das nächste Wochenende bei uns zu Hause. Kaori bestimmte, dass die Männer an diesem Abend den Kinderdienst übernehmen sollten. Auf die Idee, einen Babysitter zu organisieren und die Männer mit einzuladen, verfiel sie nicht. Ich überlegte einen Moment, ob ich eine «deutsche Party» vorschlagen sollte. Mit Partner, damit Ryunosuke seine Berührungsängste mit der Mama-Welt abbauen konnte. Außerdem wäre es eine gute Gelegenheit, unseren gemeinsamen Freundeskreis auszubauen, dachte ich. Chieko kam mir zuvor. Freudestrahlend erklärte sie, der Mama-Treff passe perfekt in ihren Terminplan. «Heute Morgen hat unser Papa nämlich erklärt, dass er das ganze nächste Wochenende zu Hause sein wird, weil sein Golftreffen mit seinen Freunden aus der Grundschulzeit verschoben wurde. Eine super Gelegenheit für ihn, endlich mal mit Ichiro zu baden. Ich habe ihm schon erzählt, was dein Mann alles für Naomi macht. Da war er ziemlich baff», erklärte sie.

Wenn sie ihren Mann hätte mitbringen wollen, hätte sie das wohl gesagt. Offenbar war ihr Bedürfnis nach einer Vergrößerung des partnerschaftlichen Freundeskreises nicht besonders ausgeprägt. Ich verkniff mir daher vorerst die Ausweitung der Einladung. Ich wusste, dass auch Ryunosukes Interesse an solchen Partneraktivitäten nicht ganz so augenfällig war wie bei mir. Als ich ihn am Abend beim Internetsurfen unterbrach und fragte, was er von der Idee hielt, die Männer mit einzuladen, wiegelte er sofort ab.

«Das würde ein schrecklicher Abend werden», bemerkte er. «Alle wären total angespannt und würden sich unwohl fühlen. Der absolute Stimmungskiller!»

«Aber warum?», fragte ich. «Wäre es nicht toll, wenn wir gemeinsame Freunde finden könnten, mit denen wir zusammen etwas unternehmen könnten?»

«Keine Ahnung. Darüber habe ich noch nie nachgedacht. Aber so ist's doch auch schön. Jeder hat sein eigenes Leben, und gleichzeitig haben wir unser ganz privates Familienleben. Reicht mir vollkommen.»

«Aber wir könnten es doch wenigstens mal ausprobieren. Vielleicht macht's ja doch allen Spaß. Und wenn nicht, müssen wir es ja nicht wiederholen.»

«Das ist ziemlich egoistisch von dir. Den Männern wäre es unangenehm, plötzlich bei einer Freundin ihrer Frau vor der Tür zu stehen. Die wüssten gar nicht, worüber sie mit all den Fremden reden sollen. Du bist dann dafür verantwortlich, dass die Unterhaltung nicht abreißt. Das ist doch Stress pur.» Mein Mann schüttelte den Kopf. «Mach dir lieber einen schönen Abend mit deinen Freundinnen. Ich habe auch keine Lust, Konversation mit irgendwelchen Unbekannten zu betreiben, bloß weil die Frauen deine Freundinnen sind. Außerdem muss ich etwas für meinen Meteorologie-Fernkurs tun.»

«Gut, wenn eine simple Party ein so kompliziertes Unterfangen ist, dann eben nicht. Viel Spaß beim Tiefdruckgebiete-Auswendiglernen!» Mittlerweile war mir die Lust auf eine Party mit Partnern vergangen. Und gegen eine Frauenrunde hatte ich ja auch nichts – im Gegenteil. Wenn Ryunosuke mein Angebot, ihm den Einstieg in die Mama-Welt etwas zu erleichtern, nicht annehmen wollte, dann eben nicht. Aber ein kleines bisschen Integration in den Freundeskreis des anderen gehörte zu meiner Idealvorstellung einer glücklichen Partnerschaft. Das war ein leidiges Thema, über das wir schon öfter gestritten hatten. Wieder einmal fragte ich mich, ob Ryunosuke einfach zu bequem war, zum Wohl unserer Partnerschaft neue Freundschaften zu knüpfen, oder ob da vielleicht doch mal wieder zwei Überzeugungen aus unterschiedlichen Kulturen aufeinanderprallten? Hätte ich mit einem deutschen Ehemann jemals so eine Diskussion führen müssen? In Deutschland ist es doch selbstverständlich, seine Freunde mit Partner zu Partys einzuladen. Hier in Japan setzt man dagegen nicht einmal bei Hochzeiten die Partner seiner Freunde auf die Gästeliste. Andererseits hat zum Beispiel meine Gastfamilie, bei der ich während des Studiums ein Jahr lang auf dem platten Land gewohnt hatte, fast jedes Wochenende mit drei befreundeten Familien verbracht – inklusive Vätern, Kindern und ab und zu auch Großeltern.

War das also ein Thema, über das ich mit Ryunosuke gleichberechtigt streiten konnte, oder konnte er zu Recht die «Kulturkarte» ziehen und jeder Kritik an seiner Kontaktfaulheit mit dem Hinweis, das sei halt japanisch, den Wind aus den Segeln nehmen? Genau das war der Punkt, an dem unsere bikulturelle Beziehung schwieriger war als ein Zusammenleben mit einem Deutschen, dachte ich. Ryunosuke war schon längst wieder in seine Wetterkarten vertieft. Ich beschloss, das Thema vorerst ruhen zu lassen und demnächst einen neuen Vorstoß zu wagen.

Am Samstag erschienen Chieko und Kaori zum Mama-Treff. Beinahe wäre die Party allerdings noch in letzter Minute geplatzt. Um halb acht rief Kaori an und sagte, sie könne wahrscheinlich nicht kommen. «Mein Mann hat sich die Hand verstaucht, jetzt kann er Rin nicht baden», erklärte sie. Ich hörte ihr die Enttäuschung an.

«Dann bade du sie doch schnell und mache dich auf den Weg, sobald du fertig bist», versuchte ich sie aufzumuntern.

«Mein Mann traut sich nicht, mit Rin allein zu bleiben. Er hat Angst, dass sie vielleicht aufwacht und gewickelt werden muss. Mit seiner Hand wagt er das nicht», erwiderte sie leicht genervt.

Ich fand zwar, dass Kaori viel zu nachsichtig mit ihrem Mann war, zumal er vor zwei Wochen, als Kaori sich den

Magen verdorben hatte und nach eigener Aussage den halben Tag auf der Toilette verbracht hatte, auch nicht auf seine Übungsstunde auf dem Abschlagplatz verzichtet hatte, um seiner Frau Rin abzunehmen. Aber das konnte ich ihr natürlich nicht sagen. «Schade, aber da kann man nichts machen. Wir holen unseren Mama-Treff nach», sagte ich und bemühte mich, verständnisvoll zu klingen.

Chieko und ich waren bereits beim zweiten Bier, als es klingelte. Mit einem breiten Grinsen stand Kaori vor der Tür. «Sorry für die Aufregung gerade am Telefon», entschuldigte sie sich, während sie sich ihrer Schuhe entledigte und mit einer Zwei-Liter-Flasche *Shochu* (Kartoffelschnaps) in die Küche marschierte.

«Was machst du denn jetzt hier?», fragte Chieko erstaunt.

«Ich habe meinem Mann erzählt, dass Ryunosuke Naomi jeden Tag allein badet und ins Bett bringt und dass es dabei noch nie Probleme gegeben hat. Und dass das in Deutschland so üblich ist. Da war er erst mal baff. Dann wollte er natürlich nicht als japanischer Loser dastehen und meinte, ich könnte ruhig gehen», erklärte Kaori triumphierend.

Ich war erstaunt über ihr dickes Lob für meinen Mann, schließlich gehörte Kaori ja zu den Schwimmmüttern, die Ryunosuke anfangs nicht einmal zutrauten, Naomi allein umzuziehen.

«Ich kann aber nicht so lange bleiben. Meistens wird Rin so gegen elf wach und braucht eine neue Windel. Das schafft mein Mann bestimmt nicht», ergänzte Kaori und öffnete die Bierdose, die ich ihr hingestellt hatte. «Aber erst mal *kanpai! Otsukaresama!* Es war wirklich ein anstrengender Tag», griente Kaori und hielt uns ihre Bierdose zum Anstoßen hin.

«Kanpai!», grinsten Chieko und ich zurück.

«Ich würde es an deiner Stelle einfach mal ausprobieren. Vielleicht schafft er es ja doch? Und wenn nicht, ist eine volle Windel ja auch kein Beinbruch», sagte ich, denn ich war überzeugt, dass Kaori mit ihrem Gluckengehabe ihrem Mann den Mut und die Lust nahm, sich an der Kindererziehung zu beteiligen.

«Vielleicht hast du recht, aber die arme Rin tut mir leid. Außerdem habe ich ein schlechtes Gewissen. Schließlich ist die Kindererziehung ja mein Job», wiegelte Kaori ab.

«Vielleicht sollten wir das nächste Mal einfach die Männer dazu einladen. Dann löst sich das Problem von allein», warf ich gespannt ein.

«*Naruhodo!* Ja, genau, jetzt, wo du es sagst!», rief Chieko. «Das wäre toll. Bei euch würde es gehen, ihr habt ja genug Platz für uns alle. Dann könnten unsere Männer von Ryunosuke-san selbst hören, wie das Leben als Super-Papa so ist», ergänzte sie. Sie lachte über den «Super-Papa».

«Das wäre wahrscheinlich das erste Mal, dass mein Mann und ich gemeinsam Freunde besuchen», meinte Kaori. «Klingt gut. Wäre toll, wenn ihr das machen würdet.»

So eine Reaktion hätte ich mir von Ryunosuke gewünscht. Ganz unjapanisch war seine mangelnde Wertschätzung gemeinsamer Freundeskreise zwar nicht, aber er hätte sich ja auch etwas offener für Neues zeigen können. So wie Kaori und Chieko. Ich beschloss, mir die Culture-Clash-Diskussion mit Ryunosuke zu ersparen und ihn zu seinem Glück zu zwingen, indem ich ihn vor vollendete Tatsachen setzte.

«Wie wäre es am übernächsten Samstag bei uns – mit Männern und Kindern?», fragte ich in die Runde.

Chieko und Kaori mussten noch den Terminplan ihrer

Männer checken, aber nachdem die beiden das erledigt hatten, war das «Experiment» gebongt.

«Sagt mal, habt ihr das auch manchmal, dass ihr beim Rennen und Hüpfen mit den Kindern Urin verliert? Mir passiert das hin und wieder seit Ichiros Geburt», sagte Chieko zwei Biere später, mittlerweile mit einem leichten Lallen in der Stimme.

Wow! Drei kleine Dosen Bier, die Schnapsflasche noch fest verschlossen, und schon geht's zu Themen, die in Deutschland unter die Top Ten der peinlichen Krankheiten fallen. Ich musste an die Zahnhygiene-Stunde aus der Schwangerschaftsvorsorge denken. Die japanische Schamgrenze verläuft definitiv in anderen Bahnen als die deutsche, dachte ich und nahm noch einen Schluck Bier.

«Nee, das nicht. Aber von den elendslangen Presswehen bei Rins Geburt habe ich Hämorrhoiden bekommen. Und das, obwohl ich ohnehin unter Verstopfung leide. Jetzt nehme ich diese Zäpfchen aus der Werbung. Ihr wisst schon, die, wo der Mann mit seinem Kind Fahrrad fährt und dann am Hintern ein rotes Wölkchen entsteht, das zeigen soll, wie gut das Zäpfchen gegen die Schmerzen hilft. Stimmt wirklich. Kann ich euch nur empfehlen», schwärmte Kaori in einer Mischung aus Lachen und Lallen.

Chieko und ich prusteten laut los. Kaori freute sich über ihren gelungenen Unterhaltungsbeitrag und blieb bei den Ekelthemen.

«Sagt mal, habt ihr ein gutes Rezept gegen Schuppen? Takahiros Kopfkissen ist jeden Morgen voll davon», quasselte sie weiter.

Chieko hatte gerade ein neues Männer-Shampoo mit dazugehöriger Massagebürste entdeckt, natürlich ebenfalls in der Werbung gesehen, das gegen Schuppen helfen und gleichzeitig einen betörenden Duft verbreiten soll. «Versuch's doch mal damit, und sag mir dann Bescheid, wie's so ist. Atsushis Kopfkissen müffelt in letzter Zeit nämlich auch oft», verriet sie.

Dass Tratsch über intime Details und Peinlichkeiten der eigenen Ehemänner unter Japans Hausfrauen durchaus üblich ist, wusste ich bereits vom Zappen durch diverse Fremdschäm-Sendungen im Fernsehen in den Vormittags- beziehungsweise frühen Nachmittagsprogrammen. Dagegen waren Kaoris und Chiekos kleine Lästereien Peanuts. Zumal sie sichergehen konnten, dass sie unter uns blieben. Denn was unter Alkoholeinfluss gesagt wird, ist am nächsten Tag vergessen – das ist nicht nur die eiserne Regel aller feuchtfröhlichen Firmenfeiern in Japan.

Aber wahrscheinlich ahnen die japanischen Männer, dass sie Gegenstand des Hausfrauenklatsches sind. Vielleicht ist das der Grund, warum Partys mit Partnern so unüblich sind? Während ich still vor mich hin philosophierte, fing Kaoris Handy plötzlich an, im Vibrationsmodus auf dem Küchentisch zu tanzen. Sie klang auf einmal wieder ziemlich nüchtern, als sie uns die SMS ihres Mannes vorlas. «Rin ist wach und ruft nach Mama. Kannst du kommen?» Kaori stand auf. «Ich muss los. Feiert noch schön», sagte sie und verabschiedete sich in Windeseile.

Chieko und ich tranken weiter, bis sie sich gegen zwei Uhr morgens auf ihr Fahrrad schwang und auf der zum Glück um diese Zeit nur wenig befahrenen, aber extrem schmalen Küstenstraße ohne Fahrrad- oder Fußgängerweg nach Hause kurvte. Ich räumte noch schnell die Reste unseres Gelages zusammen, wankte in mein Futon und beschloss, meinen

Rausch in aller Ruhe auszuschlafen – so wie Ryunosuke damals am ersten Tag seines Erziehungsurlaubs.

Um sieben Uhr weckte mich das Handy. Chieko bedankte sich per E-Mail für den schönen Abend. Sie sei schon seit fünf Uhr wach, weil Ichiro spielen wollte und ihr Mann jetzt erst mal Erholung vom Babysitten brauche. Ein paar Minuten später landete Kaoris Dankesbekundung in meiner Mailbox. Sie hatte bereits ihren Mann mit einem Lunchpaket versorgt, damit er sich als Ausgleich fürs Babysitten einen schönen Tag beim Angeln machen konnte. Ich hörte, wie Ryunosuke mit Naomi im Wohnzimmer zum Sonntagsspecial von *Zusammen mit Mama* tanzte, der beliebtesten Kleinkindersendung des öffentlich-rechtlichen Fernsehens. Plötzlich bekam ich ein schlechtes Gewissen, dass ich immer noch im Bett lag. Trotz meines Brummschädels stand ich auf und machte Frühstück.

«Übrigens, in zwei Wochen sind Kaori und Chieko wieder bei uns. Diesmal mit Männern und Kindern», sagte ich und versuchte, möglichst beiläufig zu klingen.

«*So ka*, ach so», erwiderte Ryunosuke knapp, ohne den Blick von seinen Natto-Fäden abzuwenden, die von dem kleinen, stinkenden Pappbecherchen bis zu seinem Mund rankten und sich um seine Zähne schlangen. Ryunosuke machte sich nie die Mühe, sein Natto aus der Verpackung zu holen und in eine Porzellanschüssel umzufüllen. Ich wartete, bis er seine morgendliche Vitaminladung aus fermentierten Bohnen intus hatte und wieder fadenfrei sprechen konnte.

Nichts. Keine weitere Reaktion auf meine Ankündigung. Das war ein schlechtes Zeichen. Höfliches Zur-Kenntnisnehmen-und anschließend-Ignorieren war Ryunosukes japanische Waffe der Wahl zu Beginn jedes Streits. In den ersten Jahren unserer Beziehung hatte mich sein Schweigen, wenn ich den Beginn eines Streitgesprächs erwartet hatte, regelmäßig auf die Palme gebracht. Während ich meinem Ärger freien Lauf ließ, prallte jedes Argument, jeder Vorwurf an dem erhaben schweigenden Samurai neben mir ab. Als mir nach vielen Rumpelstilzchen-gegen-Samurai-Auseinandersetzungen klar wurde, wie lächerlich emotional vorgetragene Argumente gegenüber steinernem Schweigen wirken, entschied ich, meine Taktik zu ändern. Ich wollte Ryunosuke mit seinen eigenen Waffen schlagen. Natürlich funktionierte das nicht immer. Manchmal siegte doch das wütende Männlein in mir, das gelernt hatte, dass man in einer Partnerschaft jeden Missmut am besten sofort herauslässt und restlos ausdiskutiert, um zukünftigen Missmut wegen des gleichen Themas zu vermeiden.

Aber heute griff ich ebenfalls zur Samurai-Rüstung – und schwieg. Mit dem Ergebnis, dass das Thema beendet war und wir wieder zur Tagesordnung übergingen. Ein typischer Fall von *Tana-age* (ins Regal ablegen). So nennt man es jedenfalls in der Politik, wenn sich Regierung und Opposition um eine produktive Diskussion drücken und stattdessen Arbeitsgruppen gründen, die das Thema ohne konkrete Zielvorgaben weiter vertiefen sollen. Irgendwann greift zwar wieder irgendjemand ins Regal und zieht es hervor, aber falls auch dann keine Einigung in Sicht ist, findet sich schnell eine neue Schublade, in der abermals alles ganz harmonisch abgelegt werden kann. So war nun unsere Party-Planung im Warteschleifen-Nirwana gelandet. Aber im Gegensatz zu Sozial- und Wahlrechtsreformen gab es bei unserer Party-Planung eine ganz konkrete Deadline. Ich war gespannt, ob Ryunosuke den Griff ins Regal wagen würde.

«Papa! *Unchi* – A-a!», rief Naomi stolz vom anderen Ende des Flurs zu uns herüber in die Küche. Mein versteinerter Samurai legte seine Stäbchen ab und ging zu unserer Tochter, die mit heruntergelassener Windel vor der Toilette stand. *«Unchi!»*, wiederholte Naomi und zeigte mit stolzem Grinsen auf ein Häuflein, das gut getarnt auf unseren Naturholzdielen direkt neben der Toilette lag.

«Oh my god!», entfuhr es Ryunosuke. Er fluchte am liebsten auf Englisch. Von meinem Platz am Küchentisch sah ich, wie er zwei lange Klopapierstreifen faltete. Einen gab er Naomi, mit dem anderen hob er die Hälfte des Häufleins auf und warf es in die Toilettenschüssel. «Naomi, toll, dass du A-a gemacht hast. Aber es gehört ins Klo. Also, schmeiß es rein!» Sie wischte den Rest ihres Häufleins auf und feuerte ihn mit Genuss in die Toilette. Ryunosuke beseitigte die letzten Spuren, und während er danach mit Naomi Hände wusch, erfand er eine Geschichte über die lustige Reise von Naomis *unchi* durch die Kanalisation. Naomi war begeistert und versprach, das nächste *unchi* gleich auf die große Abenteuerreise zu schicken.

«Als Windel-Samurai gefällst du mir wesentlich besser», seufzte ich und begann, das Frühstücksgeschirr abzuräumen.

In den nächsten Tagen hatte ich so viel zu tun, dass ich gar nicht mehr an unsere Party dachte. Gleich am Montag fand ich den Auftrag einer Produktionsfirma in meinem Postfach, eine Dokumentation zum Welt-Toilettentag vorzubereiten. «Wie passend!», schmunzelte ich vor mich hin. «Vielleicht finde ich ja im Zuge der Recherche die ultimative Toiletten-Trainings-Methode.»

Japan gilt in Deutschland als Fundgrube für skurrile Themen, weshalb ich ständig Anfragen wie «Die ekligsten Gerichte der Welt» oder «Die abgefahrensten Erfindungen, die die Welt nicht braucht» bearbeite. Manchmal plagen mich Gewissensbisse, denn jeder Beitrag über manikürte Hunde und «sechzigjährige Teenager» in Manga-Kostümen fördert schließlich das Image meines Gastlandes als Heimat von lauter schrägen Spinnern. Was meiner Meinung nach die Wahrheit ziemlich verzerrt. Ich erlebe die bizarren Typen nämlich eher als kleine Randgruppe inmitten der großen Masse von Normalos, die zugegebenermaßen alle ein paar typisch japanische Macken haben (zum Beispiel eine unerklärliche Vorliebe fürs *Tana-age*), aber ansonsten ein ganz stinknormales Leben führen. Einen nationalen Lolita-Fetisch habe ich bislang jedenfalls nicht feststellen können, doch beim Toilettenthema war ich sicher, dass Japan die beste Länderwahl war, wenn man die Spitze der Evolution im Bereich Toilettenkultur zeigen wollte. Ich dachte an die berühmten beheizten Klobrillen, die in keinem halbwegs modernen Bad fehlen dürfen und selbst den Einzug in (einige wenige privilegierte) Flugzeugtoiletten geschafft haben. Und an die automatische Musikbeschallung für einen entspannten Toilettengang. An die vielen bunten Knöpfe auf dem Bedienfeld neben der Klobrille, mit denen man verschiedene Düsen zum Waschen und Trocknen der unterschiedlichen Körperteile ausfahren kann. Einige Prototypen analysieren gleich den Urin und können die Messwerte per E-Mail zum Hausarzt schicken. Zu den verrückteren Erfindungen gehören die kleinen eierförmigen Handy-Anhänger, die auf Knopfdruck eine Toilettenspülung imitieren, um den Damen auf weniger edlen öffentlichen Toiletten die Peinlichkeit zu ersparen, dass die Nachbarin die eigenen Geräusche mitbekommt.

Es musste einen tieferen Grund für den japanischen Toiletten-Fimmel geben. Jetzt war die Gelegenheit, das herauszufinden. Vielleicht gab es religiöse Gründe? Ich versuchte mein Glück bei Google mit den Stichworten «Toilette» und «Gott». Schnell stieß ich auf einen Tempel, der dem «Klo-Gott» geweiht ist. Ususama Myo-o heißt der drachenähnliche Gott, der ursprünglich einmal ein indischer Feuergott war. Der Überlieferung nach galt die – naturgemäß unreine – Toilette als Einfallstor für diverse böse Geister. Ususama Myo-o hat die Kraft, alles Unreine zu verbrennen und somit den Ort zu reinigen. Auf diese Weise schützt er die Menschen vor dem Bösen.

Jetzt war mir klar, warum die Japaner so auf absolute Toilettenhygiene bedacht sind. Es wunderte mich jetzt nicht mehr, dass der Myotoku-Tempel in der Präfektur Shizuoka Ziel eines alljährlichen Firmenausflugs des bekanntesten Hightech-Toilettenherstellers des Landes ist.

So weit die buddhistische Version. Japaner sind aber ja nicht nur Buddhisten, sondern auch Shintoisten. Und die haben ihre eigenen Klo-Götter. Laut japanischer Mythologie hat die Göttin Izanami auf sehr ungewöhnliche Weise zwei Göttern das Leben geschenkt: Aus ihrem Stuhl wuchs der Gott der Erde und aus ihrem Urin der Gott des Wassers. Diese beiden Götter werden als Toiletten-Götter verehrt. Früher gab es in einigen Landesteilen den Brauch, Puppen, die die beiden Göttern darstellen, in der Nähe einer neu gebauten Toilette zu vergraben. Das diente der Abwehr von bösen Geistern und sollte gleichzeitig schwangeren Frauen eine leichte Geburt bescheren.

Ebenfalls war es einst üblich, Neugeborene am siebten Lebenstag zur Toilette zu bringen und den hiesigen Göttern vorzustellen. Heute sei dieser Brauch aber so gut wie ausgestorben, schloss die Ritual-Forscherin, deren Aufsatz über Toilettenriten ich im Internet aufgestöbert hatte. Ich konnte bei meinen Recherchen niemanden ausfindig machen, der sein Kind dem hauseigenen Klo-Gott vorgestellt hätte. Nicht einmal Okaasan schien diesen Brauch noch zu kennen. Jedenfalls hatte sie mir nie davon erzählt.

Die deutschen Produzenten waren über diese Hintergründe begeistert – und so begann unsere Dokumentation im Toiletten-Tempel in der Präfektur Shizuoka, gar nicht weit von unserer Kleinstadt entfernt. Der Kameramann war derart fasziniert davon, wie die (älteren männlichen) Besucher die unzähligen steinernen und hölzernen Phallussymbole streichelten, um die eigene Männlichkeit möglichst lange zu bewahren, dass er fast unsere Hauptfigur vergessen hätte – den drachenähnlichen Feuergott. Ein weiteres Highlight des Tempels war ein Holzgitter im Boden, das eine alte japanische Toilette symbolisierte. Beim Darüberlaufen lassen die Besucher Münzen hineinfallen und beten dafür, dass sie nie in ihrem Leben auf fremde Hilfe angewiesen sein müssen, was ihren Unterleib angeht. Da solche Gedanken den meisten jungen Menschen doch eher fern liegen, ist es wohl nicht verwunderlich, dass das Durchschnittsalter der Besucher bei weit über sechzig Jahren liegt. Was der Beliebtheit des Tempels aber keinen Abbruch tut. Täglich liefern Dutzende Reisebusse Hilfesuchende aus ganz Japan an.

Als wir mit dem Dreh fertig waren, nutzte ich die Mittagspause, um den obligatorischen Souvenirshop zu begutachten, den jeder japanische Tempel betreibt. Als Erstes fielen mir die überdimensionalen Liebestöter-Unterhosen ins Auge.

«Warum verkaufen Sie denn Unterhosen?», fragte ich verwundert den jungen Mann an der Kasse.

«Die sind im Tempel geweiht und sollen vor Inkontinenz und anderen Unterleibsleiden schützen», erklärte der Mann mit einem breiten Grinsen. «Haben Sie Kinder?», fragte er, als ich mich gerade von den Unterhosen abwenden wollte.

«Ja, ein kleines Mädchen. Wieso?»

«Dann ist das vielleicht etwas für Sie?» Er hielt mir einen weißen Mädchenschlüpfer mit rosafarbenem Blümchenmuster hin. «Der soll das Toilettentraining erleichtern.»

«Oh ja, den nehme ich», sagte ich und lachte. «Mein Mann wird Freudentänze machen.»

Obwohl Ryunosuke die Götterpflege im eigenen Hausschrein als lästig empfand und Onkel Jinzaburos Erbe ohne Okaasans Eingreifen ohne mit der Wimper zu zucken komplett auf den Sperrmüll geworfen hätte, liebte er es, verschiedene Götter in ihren Schreinen zu besuchen. Vor Naomis Geburt war er oft an Wochenenden durchs Land gefahren, um bei verschiedenen Meeresgöttern für deren Schutz beim Kajakfahren zu beten. Er wusch auch gern an einem «Geldwasch-Schrein» ein paar Münzen, um für eine wundersame Geldvermehrung im Portemonnaie zu beten. Meist kaufte er anschließend gleich einen Lotto-Schein. Mit mäßigem Erfolg, wie ich zugeben muss. Keinen Millionengewinn, aber ein paar hundert Euro hat die Geldwaschzeremonie sicher schon gebracht. Mein Vater hatte Ryunosuke einmal gefragt, ob er denn wirklich an diesen «Hokuspokus» – wie er es nannte – glaubte. So ganz genau wusste Ryunosuke das damals selbst nicht. Natürlich nehme er nicht an, dass Geldwaschen im Tempel unweigerlich zu materiellem Reichtum führe. Aber so ein Tempelbesuch mache auch den Kopf frei, hatte er meinem Vater erklärt. Und wenn man fest genug an einen Geldsegen glaube, dann könne das durchaus das Schicksal beeinflussen. Mein Vater hatte nur den Kopf geschüttelt und erklärt, er könne nicht verstehen, wie man so etwas Heiliges wie einen Gott für so irdische Gelüste wie materiellen Reichtum instrumentalisieren könne. Wahrscheinlich hätte er auch meinen Unterhosenkauf für Spinnerei gehalten. Deshalb beschloss ich, ihm lieber nichts von diesem speziellen Toilettentraining zu erzählen.

Ryunosuke war – wie erwartet – sehr angetan von meinem Mitbringsel. «Ich wusste gar nicht, dass es so etwas gibt! Da siehst du mal, wie alltagstauglich der Shintoismus ist», freute er sich. «Das solltest du mal deinem Vater erzählen», fügte er mit leicht ironischem Unterton hinzu. Dann erklärte er Naomi, der Stempel auf der Unterhose bedeute, dass der Klo-Gott ihre Unterhose gesegnet hat, damit sie immer daran denke, ihr *unchi* in die Toilette zu machen. Damit Naomi sich den Klo-Gott besser vorstellen konnte, hatte ich noch ein *Fuda* gekauft, ein Papier mit einem Drachenbildnis und einem Gebet in Sanskrit, dessen Bedeutung wir nie herausgefunden haben. Den Fuda haben wir den Regeln entsprechend über der Toilettentür aufgehängt und Naomi als Klo-Gott vorgestellt. Naomi ging nun immer öfter auf die Toilette und freute sich jedes Mal, den Klo-Gott zu sehen. Zwar wirkte die geweihte Unterhose keine Wunder bezüglich des Toilettentrainings, aber immerhin haben wir seither nie wieder einen Haufen neben der Toilette gefunden. Wenn sie es rechtzeitig merkte, schenkte sie ihr *unchi* dem Klo-Gott – und war sichtlich stolz darauf.

«Hast du eigentlich deine Partyplanung im Griff?», fragte Ryunosuke beiläufig, als er Naomi in ihren Baby-Neopren-Anzug steckte. Er wollte mal wieder mit ihr Kajak fahren.

«Oh nein! Das ist ja schon morgen! Mist. Das habe ich total verpennt.» Entsetzt blickte ich von dem Quittungshaufen auf, aus dem ich gerade die Abrechnung für den Toiletten-Film erstellen wollte.

«Siehst du! Partys sind nur nervig und stören den Alltag», triumphierte Ryunosuke. «Aber jetzt kannst du nicht mehr absagen. Jetzt müssen wir da durch. Na los, sitz nicht so untätig herum. Bring lieber das Haus auf Vordermann – in einem ungeputzten Haus kann man doch keine Gäste empfangen. Das ist unhöflich!»

Ryunosuke zog Naomi den Neopren-Anzug wieder aus.

«Ich gehe mit Naomi derweil einkaufen. Morgen soll es schön werden. Lass uns am Strand grillen.»

Naomi protestierte, aber Ryunosuke ignorierte ihr Geschrei.

Ich legte die Quittungen zurück in die Schreibtischschublade und holte den Staubsauger. «Danke!», rief ich Ryunosuke zu, der versuchte, die wutschnaubende Naomi wieder in ihr Kleidchen zu stecken. Auf Ryunosuke ist Verlass. Auch wenn er sich manchmal anfangs wirklich anstellt, dachte ich erleichtert und schaltete den Staubsauger an. Ich saugte Küche und Wohnzimmer und machte das Waschbecken im Bad sauber. Als Ryunosuke und Naomi zurückkamen, saß ich bereits wieder über meinen Quittungen.

Ryunosuke stellte die Einkaufstüten schnaufend in den Eingang. Er hob Naomi, die sich nach drei Schritten mal wieder wie eine Prinzessin hatte tragen lassen, aus dem Tragegurt.

«Wieso putzt du nicht das Haus?», fragte er mich gleich darauf.

«Ich bin schon längst fertig», erwiderte ich.

«Das kann nicht sein! Der Eingang sieht ja aus wie eine Rumpelkammer. Wo sollen denn die Gäste ihre Schuhe abstellen? Wenn der Eingang dreckig ist, wirkt gleich das ganze Haus dreckig. Wir müssen Großputz machen, sonst können wir keine Gäste empfangen.»

«Aber wir haben doch beschlossen, am Strand zu feiern. Die Gäste sind doch nur ein paar Minuten bei uns.»

«Na und? Ein schöner Eingangsbereich ist einfach ein Muss. Hast du die Badewanne geputzt? Und die Toilette?»

«Natürlich nicht. Jetzt mach es nicht so kompliziert. Es sind Freunde, die kommen. Es soll einfach ein netter Nachmittag für uns alle werden. Wenn wir vor jedem Besuch eine Generalreinigung veranstalten müssen, vergeht einem ja die Lust am Feiern.»

«Aber genau das müssen wir. Alles andere ist unhöflich. Also mach schon. Schließlich ist es deine Party!»

Ryunosuke leerte das Schuhregal aus und begann, alle Schuhe, die wir seit mehr als einem Jahr nicht getragen hatten, in Mülltüten zu stopfen. Fassungslos schaute ich ihm zu.

«Es ist nur ein kleines Treffen mit Freunden», brummelte ich kopfschüttelnd und ging ins Bad.

«Komm, Naomi, erzähl mir, welche Schuhe du am liebsten magst», hörte ich meinen Mann sagen, während ich den «Schimmel-Killer» in der Nasszelle versprühte.

«Hier wird morgen niemand baden außer uns …», grummelte ich weiter vor mich hin.

Unter Ryunosukes Anweisungen entrümpelten wir bei dieser Gelegenheit auch gleich noch die Abstellkammer in der Küche. Als wir am Abend völlig erschöpft unser Werk begutachteten, standen wir vor sechs prall gefüllten Müllsäcken. Dummerweise wurde der Müll aber erst am nächsten Montag abgeholt, und da es in Japan keine Mülltonnen vor der Haustür gibt, blieb uns nichts anderes übrig, als die Säcke im Teezimmer zu verstecken und dieses Highlight unseres Hauses für die Gäste zu verschließen.

Am Samstagvormittag demonstrierte mein Samurai seine Stärke als Truppenplaner. «Wasch die Tomaten!» – «Koch den Reis!» Ein Befehl folgte auf den nächsten. Im Akkord bereitete Ryunosuke mit Hilfe meiner Handlangerdienste drei Salate, zwei Dutzend Reisbällchen, zwei verschiedene Fleischmarinaden und für jeden Gast eine Süßkartoffel in Alufolie zu. Da Naomi sich langweilte und uns immer wieder vor die Füße lief, schaltete Ryunosuke das NHK-Kinderprogramm für sie ein.

«Muss das sein?», fragte ich, geplagt von Gewissensbissen, wusste ich doch, dass es schlecht für die Entwicklung des Kindes ist, wenn es vor dem Fernseher geparkt wird. Dabei hatte ich diese Diskussion eigentlich längst aufgegeben, nachdem ich von Chieko, Kaori und den anderen Schwimmmüttern gehört hatte, wie selbstverständlich sie den Fernseher am Morgen anschalten und erst wieder ausmachen, wenn sie das Haus verlassen. Das Programm läuft wie eine Art Hintergrundmusik. Die meiste Zeit sitzt niemand andächtig vor der Glotze. Über mögliche Entwicklungsschäden durch frühkindlichen TV-Konsum zermarterte sich hier wahrscheinlich niemand den Kopf.

«Ja, es muss sein. Du siehst es doch. Naomi ist zufrieden und lernt dabei auch noch was. Und wir können uns jetzt auf die Partyvorbereitungen konzentrieren», entgegnete Ryunosuke, bevor er mit unserem neuen Outdoor-Holzkohleofen Richtung Strand verschwand.

Ich ging zu Naomi und fragte sie, ob sie mir beim Einpacken der Teller helfen will.

«Au ja!», rief sie und rannte in die Küche. Ich machte den Fernseher wieder aus – und mein Gewissen war beruhigt.

Die Party begann tatsächlich ziemlich steif. Kaoris Mann war äußerst einsilbig, wirkte fast schüchtern und gesellte sich gleich zu den Kindern, die natürlich hocherfreut über einen erwachsenen Spielkameraden waren. Unseren generalüberholten Eingang würdigte niemand, aber dafür überschlugen sich Kaori und Chieko mit Komplimenten für Ryunosukes Essen. Ich glaube, das war der Wendepunkt, an dem die beiden Ryunosuke als Hausmann akzeptiert haben. Jedenfalls integrierten sie ihn von da an regelmäßig in ihre Gespräche über Tipps und Probleme im Haushalt und tauschten nun endlich auch Handynummern mit ihm aus. Ryunosuke gestand mir Jahre später, das sei tatsächlich der Moment gewesen, in dem er seine ersten Mama-Tomos gefunden habe.

Chiekos Mann Atsushi hatte weniger Berührungsängste, was vielleicht auch an seinem Beruf lag – er war Surflehrer und freiberuflicher Online-Sportwaren-Händler. Während er Ryunosuke half, die Süßkartoffeln in die Glut zu schieben, unterhielt er uns mit diversen Storys über den Konkurrenzkampf der örtlichen Surfschulen und den neusten Klatsch aus der Szene.

«Wisst ihr, warum ‹I love Kite-Surfing› zugemacht hat?», fragte Atsushi in die Runde. «Der Besitzer ist vor einer Woche verhaftet worden! Wegen Drogenbesitz!»

«Ehhh???!!!», quietschte Kaori erschrocken und hielt sich

die Hand vor den Mund. «Deshalb hat auch der Nudelladen seiner Schwiegereltern seit Tagen geschlossen. Die armen Leute!»

«Das verstehe ich nicht. Wieso müssen die Schwiegereltern ihr Geschäft schließen, bloß weil der Mann ihrer Tochter Mist gebaut hat?», fragte ich erstaunt.

«Na, ist doch klar», erklärte Ryunosuke. «Da würde doch jetzt ohnehin keiner essen gehen. Jetzt müssen sie ein paar Wochen warten, bis sich die Wogen geglättet haben.»

Wir rätselten noch eine Weile, wie dieser größte Skandal, den unsere Kleinstadt in den letzten Jahren erlebt hatte, weitergehen und was aus der Ehefrau und ihren zwei Kleinkindern und dem Nudelshop der Schwiegereltern werden würde.

Nach einem wunderschönen Sonnenuntergang, der den heiligen Berg Fuji feuerrot glänzen ließ, grillten wir noch ein paar *Mochi* (Küchlein aus gestampftem Klebereis) am Lagerfeuer. Dann beendeten die Dorflautsprecher unsere Party. Jeden Abend um achtzehn Uhr springen nämlich die an Strommasten im ganzen Ort verteilten Lautsprecher an und spielen eine Abschiedsmelodie, damit die Kinder wissen, dass es jetzt Zeit zum Heimgehen ist. Allerdings hat die kleine Stadt nicht nur für diese Zeitansage so viel Geld in ein flächendeckendes Lautsprechersystem investiert. Die Lautsprecher sind mit der rund um die Uhr besetzten Katastrophen-Abteilung im Rathaus verbunden. Bei Erdbeben, Tsunami und anderen Unglücken erreichen die Warnungen so in Windeseile jeden Winkel der Ortschaft. Das Dorf, in dem meine Gastfamilie aus Studienzeiten lebte, hatte zusätzlich noch Funkanlagen in jedem Haus installiert. Jeden Morgen um sechs ertönte ein Weckruf aus dem Rathaus, garniert mit diversen Veranstaltungshinweisen. Glücklicherweise konnte man die Lautstärke regulieren, sodass meine Gastfamilie den «nervigen Kasten» meistens stummgeschaltet hatte.

Unsere Party war dann doch ein voller Erfolg. Die Kinder hatten einen Heidenspaß, und selbst Kaoris Mann schien sich am Ende amüsiert zu haben. Auch Ryunosuke war zufrieden. Vor allem, weil er sich jetzt von Kaori und Chieko akzeptiert fühlte. Stolz präsentierte er mir ein paar Tage später seine erste Mama-Tomo-Mail, die Kaori ihm geschickt hatte. Es war eine Rund-E-Mail an alle Schwimmmütter. «Im Hinomaru-Kindergarten ist am Freitag Tag der offenen Tür. Es gibt kostenlose Kinderbücher für alle. Sollen wir zusammen hingehen?» Ryunosuke sagte sofort zu. Er war von nun an immer öfter mit seinen Mama-Tomos unterwegs.

Besuch aus dem Jenseits – auch Tote müssen manchmal umziehen

«Bin noch mit den Schwimmmüttern Mittagessen», simste Ryunosuke, als ich gerade von einem Interviewtermin nach Hause kam. Mit einer Tasse Kaffee ließ ich mich in meinen Bürostuhl fallen und klickte mich durch die Nachrichten des Tages. Die Türklingel riss mich aus einer Geschichte über den Spendensumpf, in dem gleich mehrere Spitzenpolitiker stecken sollten.

«Ein Paket für Sie. Bitte bestätigen Sie den Empfang hier mit Ihrem Namenstempel», sagte der freundliche junge Mann, während er das Paket mit der Aufschrift «Zerbrechlich!» behutsam auf den Boden stellte.

Wir haben doch gar nichts bestellt, wunderte ich mich, nachdem der Bote weg war. Ich schaute auf den Absender, aber weder der Name noch die Adresse kamen mir bekannt vor. Dennoch öffnete ich den Karton – und zog eine alte, ziemlich schmutzige Porzellanvase hervor.

«Was um Himmels willen ist das?», fragte ich mich. «Warum schickt uns ein Unbekannter eine antike Vase?» Ich versuchte, den Deckel zu öffnen, aber es ging nicht. Außerdem war die Vase wirklich ungewöhnlich dreckig. Plötzlich erkannte ich jedoch, was ich da in Händen hielt. «Oh mein Gott! Das ist keine Vase, das ist eine Urne! Da hat jemand ein Grab geöffnet und uns den Inhalt geschickt.» Ich war geschockt. Beinahe hätte ich die Urne fallen gelassen. «Warum schickt uns jemand eine ausgegrabene Urne?»

Ich fand dieses Paket auf einmal sehr unheimlich. Vielleicht hatte sich der Bote vertan und es war gar nicht für uns bestimmt? Ich schaute noch einmal auf das Adressfeld, aber da stand Ryunosukes Name und unsere Adresse. Was sollte ich jetzt tun? Ich starrte auf die Urne in meinen Händen und überlegte, ob ich den Kurier zurückordern und die Annahme des Pakets im Nachhinein verweigern sollte.

Plötzlich klingelte es. Das muss der Kurier sein. Vielleicht war die Urne doch nicht für uns, dachte ich erleichtert und öffnete mit einer Hand die Tür, während ich die Urne in der anderen balancierte.

«Guten Tag. Wir heißen Itoh und sind die neuen Nachbarn aus dem Haus gegenüber», sagte eine schick gekleidete Frau etwa in meinem Alter und lächelte mich freundlich an. Neben ihr stand ein nicht minder schick gekleideter Mann, dazwischen ein kleines Mädchen.

Oh nein! Wenn die die Urne sehen … Ich lächelte etwas verkniffen zurück, während ich überlegte, wie ich die Urne möglichst unauffällig verschwinden lassen könnte.

«Wir leben eigentlich in Tokio, dieses Haus hier ist nur unser Wochenendhaus», ergänzte ihr Mann.

Das kleine Mädchen, das vielleicht ein halbes Jahr älter war als Naomi, hielt mir jetzt eine kunstvoll verpackte Schachtel hin. «Bitte schön!», sagte sie. Sie stupste mich mit ihrer Schachtel an, da ich nicht schnell genug zugegriffen hatte. Ich stellte die Urne auf den Boden, wischte meine Hand an meiner Jeans ab und nahm die Schachtel entgegen. Dabei sah ich, wie die Blicke meiner neuen Nachbarn auf die Urne fielen. Für einen Moment fror das Lächeln von Frau Itoh ein. Doch sie hatte sich sofort wieder gefangen und bemühte sich, die Urne zu ignorieren, während sie erzählte, dass sie das Haus gekauft hätten, um ihrer Tochter Riho zumindest am Wochenende eine unbeschwerte Kindheit in der Natur zu gönnen.

«Mama, was ist das?», unterbrach die kleine Riho unsere Konversation und zeigte auf die Urne.

Ich merkte, wie mir die Schamesröte ins Gesicht stieg.

«Das gehört uns nicht. Das darfst du nicht anfassen», wiegelte Frau Itoh ab.

Dann verabschiedeten sich die Itohs höflich und drehten sich um. Als ich die Tür zumachte, hörte ich, wie Riho nachhakte. «Mama, die Vase war aber ganz schön dreckig! Warum?»

«Riho, das war keine Vase …» Den Rest der Konversation konnte ich nicht mehr verstehen.

Ich rief Ryunosuke an. «Gerade hat uns jemand eine Urne geschickt. Offenbar ausgegraben. Hast du eine Ahnung, wer uns damit erschrecken will? Und vor allem warum?», fragte ich und starrte auf die Urne im Flur. Mir lief ein kalter Schauer über den Rücken.

«Oh! Entschuldigung», antwortete Ryunosuke mit vollem Mund und machte eine Pause, um zu schlucken. «Das hatte ich ganz vergessen, dir zu erzählen. Das ist Okaasans Großmutter.» Er musste schon wieder kauen. «Nein, Naomi! Lass das, das ist gefährlich.» Seine Stimme klang so, als hätte er das Handy zur Seite gelegt.

Okaasans Großmutter? Was soll die denn jetzt plötzlich bei uns?, fragte ich mich, während ich darauf wartete, dass Ryunosuke wieder an sein Telefon ging.

«Naomi!!! Nein!!! Mist. Jetzt ist alles voller Kaffee. Susanne?! Sorry, ich muss auflegen. Naomi ist in meinen Kaffee gefallen.» Augenblicklich hatte er aufgelegt. Aus meinem Handy tutete nur noch das Besetztzeichen.

Ich wählte Okaasans Nummer.

«*Moshi, moshi.* Okaasan?»

«Susanne-san. Wie schön, dass du anrufst. Wie geht es euch? Was macht Naomi-chan?»

«Uns geht's prima. Okaasan, weshalb ich anrufe … *ehto* … deine Großmutter ist angekommen.»

«Wie bitte? Ach ja, das hätte ich fast vergessen. Ist sie schon da? Das ging schneller, als ich dachte. Und hat der Kurier nichts gesagt?»

«Nein. Warum?»

«Gut. Der Priester weiß eben, wie man Urnen verpacken muss, damit es nicht auffällt. Ich hatte ein bisschen Sorge, dass das Paket nicht durchgeht, weil es eigentlich verboten ist, Urnen mit Kurierdiensten zu verschicken. Was hat er denn auf den Inhaltszettel geschrieben?»

Ich schaute auf den Adresszettel neben mir. «Porzellanware.»

«Das ist also der Trick! Wunderbar, dass es geklappt hat. Ich hatte schon befürchtet, dass ich mich selbst auf den Weg nach Shikoku machen und meine Großmutter persönlich nach Hause holen muss.»

Ich stellte mir vor, wie Okaasan mit der Urne, verpackt in ein schickes Tuch, im Zug sitzt. Ich erinnerte mich, dass ich in meiner Studienzeit einmal einen Artikel über vergessene Dinge in japanischen Zügen gelesen hatte. Urnen, so hatte einer meiner Korrespondenten-Vorvorvorgänger recherchiert, waren das Kurioseste, was Japaner – und gar nicht so selten und manchmal sogar mit Absicht – in Zügen liegenlassen. Mit Kurierdiensten verschickt werden sie also auch.

«*Ehhto*, Okaasan. Wie meinst du das? Nach Hause holen? Soll deine Großmutter jetzt bei uns bleiben?»

«Ja. Ihr würdet ja doch nie nach Shikoku fahren, um ihr Grab zu pflegen. Deshalb habe ich es gekündigt und den Priester gebeten, uns zu schicken, was noch übrig ist. Der Priester meinte allerdings, das sei nicht mehr viel. Hast du mal reingeschaut?»

«Um Himmels willen! Nein!» Na ja, fast hätte ich es doch getan, aber glücklicherweise war ich zu blöd gewesen, die Urne zu öffnen. «Aber Okaasan ... Soll sie denn jetzt in unserem Haus bleiben?»

«Natürlich nicht.» Okaasan lachte. «Stell die Urne bitte neben den Hausaltar, bis ich die Beisetzung auf Onkel Jinzaburos Friedhof arrangiert habe. Dann ist die Familie endlich wieder zusammen. Und ihr müsst später an O-Bon nicht durchs ganze Land fahren, wenn ich mal nicht mehr bin.»

Nachdem ich aufgelegt hatte, nahm ich die Urne und ging zum Hausaltar im Tatami-Zimmer. Okaasan ist also tatsächlich jedes Jahr im August zu O-Bon, dem japanischen Allerseelenfest, die gut achthundert Kilometer nach Shikoku gefahren, um am Grab ihrer Großmutter, an die sie sich kaum erinnern konnte, Räucherstäbchen anzuzünden. Für mich hatte O-Bon bislang nur Ferien für alle bedeutet. Und leere Züge in Tokio und ausgebuchte Hotels überall da, wo man Urlaub machen kann. Als Familie des (wenn auch adoptierten) Oberhaupts mussten wir irgendwann die Pflege der Ahnengräber übernehmen. Und zwar aller Ahnen, auch der, die wir – wie Okaasans Großmutter – nie gekannt haben. Wir konnten Okaasan also dankbar sein, dass sie uns viele Reisen ersparte, indem sie die Gräber zusammenlegte.

Als ich die Urne neben den Hausaltar stellen wollte, sah

ich, dass er ziemlich verstaubt war. Wir hatten auch schon lange keine Räucherstäbchen mehr angezündet. Irgendwie hatten wir in unserem Alltagstrubel die Ahnen völlig vergessen. Ich holte ein Staubtuch und wischte den Altar. Dann stellte ich Okaasans Großmutter neben den Altar und zündete ein Räucherstäbchen an. «Entschuldigt unsere Unaufmerksamkeit», murmelte ich und drehte mich um, um in der Küche meine Kaffeetasse zu spülen.

Als Ryunosuke und Naomi nach Hause kamen, lag noch immer der herbe und dennoch süßliche Duft des Altar-Räucherstäbchens in der Luft. Ryunosuke sog den Duft ein.

«Die Großmutter!», fiel es ihm wieder ein. «Komm, Naomi, du musst mal deiner Ururgroßmutter hallo sagen.»

Ryunosuke zündete noch ein weiteres Räucherstäbchen an und zeigte Naomi, wie sie die Hände zusammenlegen und sich verbeugen sollte. Auch sie durfte ein Räucherstäbchen anzünden.

«Noch eins!», verlangte sie.

Ryunosuke versprach ihr, dass sie dies morgen wieder tun dürfe.

Am nächsten Tag kam Okaasan, um die Urne auf den Friedhof ein paar Straßen weiter zu bringen und ohne große Zeremonien noch einmal beerdigen zu lassen. Nachdem die Urne mit der Großmutter weg war, verlangte Naomi aber dennoch täglich danach, ein Räucherstäbchen anzuzünden, sodass wir unseren Dienst an den Ahnen wieder regelmäßiger versahen. Sie war besonders fasziniert von der Sitte, Lebensmittel auf den Altar zu legen und den Ahnen darzubringen. Als ihr einmal ihr Abendessen nicht schmeckte, erklärte sie: «Für Ahnen!», und brachte ihren halbleeren Teller zum Hausaltar.

Böses Erwachen – Krippenplätze gibt es nur für Neugeborene

«Das wird schwierig», seufzte Frau Hasegawa, die nette Beamtin aus dem Rathaus, bei der ich schon meinen Mutterpass abgeholt hatte. Sie schaute Ryunosuke und mich mitleidig an. «Aber versuchen Sie es! Vielleicht haben Sie Glück, und es gibt in diesem Jahr weniger Bewerbungen», ergänzte sie und schob einen Umschlag mit den Bewerbungsunterlagen für die städtischen Horte über den Tisch.

Eigentlich waren wir nur gekommen, um kurz die Antragsformulare für die Hortanmeldung abzuholen. Wir hatten fest damit gerechnet, dass uns ein Krippenplatz sicher ist. Schließlich erfüllte Ryunosuke ja alle Bedingungen, um ganz oben auf der Prioritätenliste zu landen: Er hatte einen Vollzeitjob und konnte sich nicht noch länger frei nehmen für Naomi.

Frau Hasegawa hatte uns gleich an den Beratungstisch gelotst, der extra für solche Gespräche im Foyer des Rathauses stand. «Sie haben Ihr Büro doch zu Hause. Da finden Sie doch sicher einen Weg, nach Ihrer Tochter zu schauen.» Frau Hasegawa versuchte mich aufzumuntern. Sie lächelte mich an und hoffte wohl auf ein japanisches *«Sou desu ne»*, die höfliche und ziemlich inhaltsleere Universalantwort, die weder Zustimmung noch Ablehnung ausdrückt, aber einem möglichen Streit aus dem Weg geht. Wahrscheinlich hatte sie die

Anweisung, aussichtslose Bewerber von der Antragstellung abzuhalten, damit sie später in der Statistik nicht die Warteliste verlängern.

Ich schwieg und überlegte, wie ich ihr klarmachen sollte, dass ich unmöglich mit einem Kleinkind im Raum Telefoninterviews führen konnte – außer, ich würde sie mit Disneys gesammelten Werken vor den Fernseher fesseln.

«Nach unserer offiziellen Prioritätenliste sind zuerst die Eltern dran, die außer Haus arbeiten. Erst Festangestellte, dann Teilzeitbeschäftigte, zuletzt Freiberufler. Und Freiberufler, die von zu Hause aus arbeiten, stehen leider ganz unten», erklärte sie und starrte auf den Umschlag mit den Bewerbungsformularen.

Fassungslos schaute ich Ryunosuke an. Auf die Idee, dass ich das Problem sein könnte, waren wir nicht gekommen.

«Wir wollen es trotzdem versuchen. Schließlich habe ich mir ja Erziehungsurlaub genommen, damit meine Frau arbeiten kann», unterstützte mich Ryunosuke.

«*Sou desu ne.* Versuchen Sie es ruhig. Ich drücke Ihnen die Daumen. Leider sind die Plätze für Ein- und Zweijährige momentan besonders rar. Wenn Sie noch ein bisschen warten, wird es wieder besser. Für Dreijährige haben wir mehr Plätze», erklärte Frau Hasegawa und lächelte uns wieder mitfühlend an.

«Wieso eigentlich?», fragte ich verwundert.

«Na ja, wir haben jedes Jahr rund zweihundert Krippenplätze für Neugeborene. Die meisten Kinder bleiben aber in der Krippe, bis sie mit drei in den Kindergarten wechseln. Nur ganz wenige Kinder bleiben im Hort, bis sie in die Schule kommen. Deshalb haben wir bei den Ein- und Zweijährigen Engpässe, weil die Plätze mit den Neugeborenen der Vorjahre voll sind. Wissen Sie, die meisten Frauen, die ihre Kinder in einen Hort schicken, gehen gleich nach der Geburt wieder arbeiten», sagte Frau Hasegawa.

«Dann habe ich mit meinem Erziehungsurlaub also unsere Chancen auf einen Hortplatz enorm geschmälert?», fragte Ryunosuke und klang dabei ziemlich vorwurfsvoll.

«Ehhto … sou desu ne …» Frau Hasegawa starrte auf den braunen Umschlag mit den Bewerbungsunterlagen. «Wie gesagt, noch ein Jahr, dann sind die meisten Kinder weg. Dann bekommen Sie sicher auch einen Platz.»

«Leider gibt der Staat aber nicht so lange Erziehungsurlaub», erwiderte Ryunosuke.

«Es tut mir sehr leid, dass Sie jetzt in dieser misslichen Lage sind. Aber ich kann unsere Prioritätenliste nicht einfach für Sie umschreiben», antwortete Frau Hasegawa. Sie klang plötzlich sehr bürokratisch und wirkte gar nicht mehr wie eine fürsorgliche Übermutter, die Neu-Mamas unter ihre Fittiche nimmt.

Schließlich verabschiedeten wir uns und gingen deprimiert nach Hause.

«Vielleicht war es doch ein Fehler, als einer der ersten Väter Erziehungsurlaub zu nehmen. Das System ist überhaupt nicht durchdacht. Und wir müssen das jetzt ausbaden», schimpfte Ryunosuke auf dem Heimweg.

«Das ist unfair. Das ist ja ein richtiges Klassendenken», echauffierte ich mich. Die Prioritätenliste war eine Kränkung für alle Freiberufler.

Die Bewerbung schickten wir trotzdem ab. Aber nun musste ein Plan B her.

«Sag mal, bereust du dein Sabbatical-Projekt für Salarymen wirklich?», fragte ich Ryunosuke am Abend, als wir auf der Terrasse saßen und uns an unserem Outdoor-Bollerofen wärmten. Die Nachbarn hatten sich übrigens nie über unsere abendlichen Garten-Feuerchen beschwert, auch wenn so manches Mal, wenn wir versehentlich feuchtes Holz erwischt hatten, dicke Rauchschwaden zu ihnen herüberzogen. Offene Feuer sind auf dem Land fast überall erlaubt und werden nicht als Geruchsbelästigung empfunden.

«Nein, natürlich nicht. Ich bin einfach nur echt sauer, dass das System so unausgegoren ist.» Ryunosuke machte die Ofentür auf und legte noch einmal Holz nach. Ein kalter Windstoß wehte uns ins Gesicht.

Ich rutschte mit meinem Campingstuhl noch ein Stück näher an den Ofen.

«Aber so ein richtiges Sabbatical, wie du es dir vorgestellt hattest, war es ja nicht. Von deinem Meteorologie-Studium hast du auch schon lange nichts mehr erzählt …»

«Stimmt. Ich hatte die Hausfrauen- und Müttertätigkeiten wohl etwas unterschätzt. Und die Meteorologie vielleicht auch. Um es kurz zu machen – ich habe das Studium an den Nagel gehängt. Ich kann auch ohne Wetterdiplom weiter Kajak fahren. Mit Naomi kann man ja sowieso noch keine langen Touren machen.»

«Das klingt irgendwie ein bisschen desillusioniert. Was war denn das Beste an deinem Erziehungsurlaub?»

Ryunosuke überlegte eine Weile.

«Ich glaube, Kindererziehung geht durch den Magen. Ich habe vielleicht kein Meteorologie-Diplom, aber dafür bin ich jetzt Meister im Brei-Kochen. Und mit meinen Kochkünsten für Bezahnte bin ich mittlerweile auch ganz zufrieden.

Naomi wird sich bestimmt für den Rest ihres Lebens an Papas Küche erinnern. Es ist toll zu sehen, wie sie dank meines Essens wächst und gedeiht. Das ist tausendmal schöner, als nur das Geld für die Zutaten heranzuschaffen.»

Ryunosuke hielt einen Moment inne.

«Und ganz ehrlich – ich genieße meine Freiheit als Hausmann und Vater schon sehr.»

«Schade, dass die Zeit bald rum ist.»

«Ja, das kannst du laut sagen.»

Vom Erziehungsurlaub in die Frührente – wenn man kein Firmensamurai mehr sein will

In den letzten Monaten seines Erziehungsurlaubs begann Ryunosuke plötzlich damit, regelmäßig Auszeiten von der Kinderbetreuung einzufordern. Während ich mit den Schwimmmüttern die Nachmittage im Park verbrachte, richtete er sich in meinem Arbeitszimmer ein Büro mit High-Speed-Internetanschluss und drei Monitoren ein. Ryunosuke war ein «Mr. Watanabe» geworden, ein privater Devisenhändler. Eigentlich ist das ja ein Frauenjob in Japan. Unzählige «Mrs. Watanabes» jonglierten in Japans wirtschaftlich besten Zeiten vom heimischen Küchentisch aus mit dem gesamten Familienvermögen an allen Börsen der Welt. Die erfolgreichsten veröffentlichen noch immer regelmäßig Ratgeber, wie man zum Beispiel als Alleinerziehende mit Kleinkindern die Familie mit ein paar Stunden Devisenhandel am Tag locker über die Runden bringen kann. In Ryunosukes Trading-Ecke stapelten sich neuerdings einige dieser Titel.

«Yeah! 40 000 Yen im Plus!», jubelte er zur Begrüßung, als Naomi und ich eines Nachmittags vom Park nach Hause kamen. Er stand in der Küche und war gerade dabei, die Fische für unser Abendessen zu grillen.

«Wow! Wenn das so weitergeht, wird dein FX-Fimmel noch zu einer echten Alternative fürs Rathaus», scherzte ich, während ich Naomi aus ihrer Jacke half.

«Kannst du bitte mal eben nach dem Fisch gucken?» Ryunosuke setzte sich an den Küchentisch, ohne auf meine Bemerkung einzugehen, und fingerte an seinem Laptop herum.

«Okay! *Break out!*», triumphierte er über seinen Devisen-Handel und streckte uns seine Hand mit Victory-Zeichen entgegen.

«Blek auto!», äffte Naomi ihn mit dickem japanischem Akzent nach. Ryunosuke musste lachen und versuchte, Naomi zu verbessern.

«Blllake outhhh», machte er ihr in Zeitlupe vor – leider ebenfalls ohne «r» und mit leichtem Nachhall nach dem «t».

«Ich glaube, das würde tatsächlich funktionieren. Ich bräuchte nur eine superschnelle Internetverbindung für mein Handy und ein, zwei Stunden am Tag, um die Charts zu analysieren», sagte Ryunosuke schließlich, nachdem er die Fische wieder übernommen hatte. «Den Rest kann ich erledigen, während ich mich um Naomi und den Haushalt kümmere.»

«Meinst du das ernst? Willst du wirklich deinen sicheren Job im Rathaus aufgeben und Trader werden?»

«Ja, jedenfalls dann, wenn ich so viel verdient habe, dass wir auch mit ein paar verlorenen Deals leben können. Das wäre der ideale Job für mich. Ins Rathaus zieht mich nichts zurück. Gerade hat Herr Satoh eine E-Mail geschickt – ich soll vorbeikommen, damit wir meinen Wiedereinstieg planen können. Wenn ich erst wieder im Job bin, werde ich Naomi nur noch am Wochenende sehen.»

Ich beobachtete, wie Ryunosuke, der vor nicht ganz zwei Jahren nicht einmal wusste, wie man Reis ohne Reiskocher kocht, Gemüse in selbst zubereitete Marinade eintauchte und briet.

«Und, wann gehst du Herrn Satoh besuchen?»

«Am Montag. Um neun soll ich da sein.»

«Willst du dir nicht noch vorher die Haare schneiden lassen?

«Nein! Auf keinen Fall!» Ryunosuke löste den Haargummi, schüttelte seine leicht ergraute schulterlange Surfermähne und band sie neu zusammen.

Als ich Kaori beim nächsten Spielplatztreffen von Ryunosukes FX-Spielereien erzählte, war sie wenig überrascht. «Das machen viele hier. Die meisten Surfer in dieser Gegend leben von Nebenjobs und Online-Trading», erklärte sie.

Und wir demnächst vielleicht auch? Was würde wohl Okaasan sagen, wenn Ryunosuke ihr eröffnen würde, dass er jetzt Trader ist und nebenbei womöglich Sonntagsschichten im Convenience Store schiebt, um seine Verluste wettzumachen? Mit ziemlicher Sicherheit würde sie sich schämen für sein extravagantes und illoyales Verhalten gegenüber seinem Chef. Ich hätte sogar verstehen können, wenn sie vor Wut platzen würde – schließlich hatte sie fast fünfzehn Jahre lang ein Vermögen in diverse Vorbereitungsschulen investiert, damit ihr Sohn die Aufnahmeprüfung für eine teure Tokioter Elite-Uni besteht, um danach in einem unkündbaren und lukrativen Job zu landen. Aber wahrscheinlich würde ich ihre Wut gar nicht bemerken, denn ich konnte mir gut ausmalen, sie würde Ryunosuke wie immer nur freundlich darauf hinweisen, wie sehr er von der Norm abweicht, und das Thema letztlich totschweigen – egal, wie sehr sie sich innerlich ärgert.

Mir gefiel die Trading-Idee auch nicht besonders. Ich fand das Risiko einfach zu hoch – vor allem wegen Naomi, die ja vielleicht auch irgendwann einmal auf eine Vorbereitungsschule will, um die Aufnahmeprüfung für eine gute Uni zu schaffen. Möglicherweise würde Ryunosuke ihr irgendwann eröffnen müssen, dass er ihr Ausbildungsgeld leider verzockt hat. Statt für akademische Grade zu büffeln, könnte Naomi dann aber jeden Tag mit ihrem Vater Kajak fahren, surfen oder sonst irgendein Abenteuer erleben. Wahrscheinlich darf man als Trader nicht den Anspruch haben, ein Leben in konventionellen Bahnen zu führen. Aber genau das hatten wir bisher getan. Es fiel mir schwer, mich gedanklich davon zu verabschieden.

Noch war es aber nicht so weit. Jetzt würde Ryunosuke erst einmal Herrn Satoh treffen und ausloten, wie sich sein Chef vorstellt, dass ein Mann nach fast zwei Jahren Erziehungsurlaub Arbeit und Familie unter einen Hut bringen soll. Jedenfalls wollte er erst diesen Weg gehen, bevor er sich ganz dem Trading widmete.

Ich ging ins Wohnzimmer und checkte meine E-Mails. Endlich hatte man mir den lang erbettelten Interviewtermin mit einem der angesagtesten und erfolgreichsten Unternehmer des Landes gewährt. Die Freude über die Audienz währte jedoch nur kurz. Ausgerechnet am Montagvormittag! Wohin mit Naomi?

«Ryunosuke! Ich kann Naomi am Montag nicht übernehmen. Ich habe endlich das Interview bekommen, auf das meine Redaktion seit Wochen wartet. Das kann ich unmöglich absagen», rief ich ihm zu und kehrte zurück in die Küche.

«Mist. Da bleibt nur Okaasan.» Ryunosuke drehte den Gasherd ab und ging ans Telefon. Leider hatte Okaasan keine Zeit. Sie hatte sich mit ihren Freundinnen zu einem Ausflug in eine heiße Quelle verabredet. Das Hotelzimmer war bereits gebucht.

«Und jetzt?», fragte ich resigniert.

«Ich nehme Naomi mit. Schließlich bin ich für ihre Betreuung verantwortlich.»

Bepackt mit Windeln und Spielzeug im Rucksack und Naomi an der Hand betrat Ryunosuke am Montag pünktlich um neun seinen alten Arbeitsplatz. Ich führte mein Interview, und am Abend sahen wir uns alle wieder.

«Es war gut, dass ich Naomi dabeihatte. Satoh hatte nämlich überhaupt keine Ahnung, mit welchen Problemen arbeitende Eltern zu kämpfen haben», begann mein Mann seinen Bericht. «Aber bevor ich mit ihm sprach, sahen wir Frau Honda. Die ist Mitte dreißig, kinderlos und vertrat mich in meiner Abwesenheit. Als sie Naomi erblickte, quietschte sie in höchsten Tönen. ‹*Kawaiiiiii!!!* Wie süß›!» Ryunosuke imitierte seine Kollegin. «Dann tätschelte sie kurz Naomis braune Locken, quietschte ‹*konnichiwa*› und winkte ihr zu. Ihre Stimme rutsche zwei Oktaven tiefer, als sie sich mir zuwandte. Sie bewundere meinen Mut, sagte sie, so lange Erziehungsurlaub zu nehmen. Bevor sie im Konferenzzimmer verschwand, hat sie mir noch zugeflüstert, dass sie sich das nie getraut hätte», erzählte Ryunosuke stolz. Er hatte es offensichtlich genossen, wieder einmal als Held gefeiert zu werden. In seiner Mütter-Clique hatten sich ja längst alle an seine Hausmannfähigkeiten gewöhnt.

Es habe sich schnell eine kleine Menschentraube um Naomi gebildet, berichtete er weiter. Auch Herr Satoh hatte die beiden entdeckt.

«Schön, dass Sie da sind», begrüßte ihn Herr Satoh. Ryunoske hatte das Gefühl, dass sein Chef sich tatsächlich freute, ihn wiederzusehen. Er erzählte, wie Satoh ihm mit väterlicher

Güte auf die Schulter klopfte und ihm wieder den Platz auf dem alten Kunstledersofa anbot, auf dem er schon gesessen hatte, als er vor fast drei Jahren Erziehungsurlaub beantragt und seine Karriere als moderner Held begonnen hatte. Genau wie Frau Honda flötete auch Herr Satoh Naomi in Beinahe-Sopranstimmlage ein *«Konnichiwa»* zu. «Wie ein netter Opa», kommentierte Ryunosuke. Ihm war aufgefallen, dass Satohs Haare wieder ein bisschen dünner geworden waren und die kahlen Stellen auf seinem Kopf noch mehr auffielen. Trotzdem versuchte er weiterhin, seine Glatze zu verstecken.

Naomi setzte sich artig neben Ryunosuke aufs Sofa. Satoh seufzte. Dann gestand er, wie anstrengend die letzten zwei Jahre gewesen waren. «In zehn Wochen geht es also wieder los. Wir haben Sie schmerzlich vermisst», schloss Satoh. Naomi packte derweil Ryunosukes Rucksack aus und baute auf dem Sofa einen Windelturm.

«Ich bin gleich mit der Tür ins Haus gefallen. Ich habe Satoh sofort zu verstehen gegeben, dass wir keinen Hortplatz für Naomi bekommen haben», sagte Ryunosuke. «Aber das hat ihn überhaupt nicht interessiert. Er hat nicht mal versucht, über eine Lösung nachzudenken.» Ryunosuke war richtig wütend. *«Ahh sou desuka* war alles, was ihm dazu einfiel. Er hat mich allen Ernstes gefragt, wo denn das Problem sei.»

Ich hörte ihm kopfschüttelnd zu. Wahrscheinlich gehörte Herr Satoh auch zu den Bürokraten, die glaubten, Freiberufler seien verkappte Hausfrauen beziehungsweise Hausmänner.

Ryunosuke erklärte ihm, dass er mehr Zeit brauche, um sich um seine Tochter zu kümmern, ein Babysitter sei ja auch nicht immer zu bekommen. *«Ahh sou desuka.»* Mein Mann sog Luft durch die Zähne. «Sie haben doch wirklich Ihre Vaterpflichten für den Rest Ihres Lebens abgearbeitet. Jetzt muss doch mal Ihre Frau dran sein», zitierte Ryunosuke seinen Chef.

«Das Kind ist noch nicht mal zwei Jahre alt. Und schon gibt es keine Vaterpflichten mehr? Kein Wunder, dass immer weniger Japanerinnen sich fürs Kinderkriegen entscheiden. Ich ...» Ich platzte fast vor Wut.

«Warte mal. Es wird noch besser», unterbrach mich Ryunosuke. «Er wollte wissen, ob du etwa keine Lust hättest, dich um das Kind zu kümmern. Bei Ausländerinnen wisse man ja nicht so recht, was die sich so denken.» Ryunosuke stieß einen empörten Seufzer aus.

«Wie bitte? Jetzt bin ich die böse importierte Emanze, die einen fleißigen Japaner vom Arbeiten abhält?» Am liebsten wäre ich auf der Stelle in Ryunosukes Büro gefahren und hätte mir Herrn Satoh vorgeknöpft.

«Reg dich nicht auf. Du wirst Satoh nicht mehr ändern», versuchte Ryunosuke mich zu beruhigen. «Viel schlimmer ist, dass ich erfahren habe, dass es für Männer nach dem Ende des Erziehungsurlaubs keine Möglichkeit gibt, den Job etwas familienfreundlicher zu gestalten. Keine Teilzeitregelung. Nichts.»

«Aber für Mütter gibt es das doch, oder?», fragte ich nach.

«Ja, das habe ich Satoh auch gesagt. Aber er meinte, er sei ganz sicher, dass die Regelung nur für Mitarbeiterinnen gilt. Ich habe in der Personalabteilung nachgefragt. Die Kollegin muss das noch mal nachschauen, aber sie meinte, wahrscheinlich hätte Satoh recht.»

«Und wie bist du mit deinem Chef verblieben?»

«Er hat mich nur mitleidig angeschaut und wiederholte,

ich solle dir klarmachen, dass das Kind jetzt dein Job sei. Ich hätte mehr als genug getan. Er freue sich darauf, mich bald wieder im Büro zu sehen. Ich sei ja so ein fähiger Mitarbeiter. Letzteres klang allerdings mehr wie eine Drohung als wie ein Lob.»

Ich schwieg. Da war nichts zu machen. Ryunosuke konnte sich ja nicht über die Regeln hinwegsetzen. Ganz so weit war die Väterrevolution eben doch noch nicht gediehen.

«Aber es gibt wenigstens ein lustiges Ende der Geschichte», sagte Ryunosuke. Er hatte seine Enttäuschung schon etwas verdaut. Wahrscheinlich hatte er von Anfang an weniger Hilfestellung von seinem Amt erwartet als ich. «Als ich gehen wollte, war Naomi plötzlich weg. Ich wollte sie gerade suchen, da sah ich sie unter Satohs Schreibtisch sitzen. Sie hatte seine Aktentasche ausgeleert und hielt eine Nagelschere mit abgerundeten Spitzen in der Hand, mit der Satoh offenbar seine Nasenhaare stutzte. In der anderen Hand hatte sie eine eingeschnittene Visitenkarte. Rat mal, was da drauf stand? ‹*Fujimoto Hiromi*, Haartransplantationen.› In kursiver Schönschrift. Ich hätte fast laut losgelacht. Und Satoh wäre beinahe im Boden versunken.» Ryunosuke grinste zufrieden.

«Das geschieht ihm recht», kommentierte ich mit Schadenfreude.

«Mir war das Ganze natürlich auch peinlich. Aber Satoh habe ich noch nie so voller Schamesröte gesehen. Naomi hat dann einen Trotzanfall bekommen. Ich wollte ihr die Visitenkarte abnehmen, aber sie schrie immer nur, dass sie die Karte brauche. Am Ende griff Satoh zu einer von seinen eigenen Visitenkarten und drückte sie Naomi in die Hand, um sie zu beruhigen. Zum Glück rückte sie dann die Karte des Perückenmeisters heraus.»

Naomi hatte gehört, dass wir über Visitenkarten gesprochen hatten.

«Mama!», rief sie. «Karte. Von *Oji-san* (Onkel) heute.» Naomi präsentierte Satohs Visitenkarte wie eine Trophäe.

«Einen Funken Hoffnung gibt es aber doch noch», sagte Ryunosuke, während unsere Tochter mit der Visitenkarte durchs Wohnzimmer tanzte.

«Wieso?»

«Vor dem Aufzug habe ich meinen alten Kumpel Taro Konno getroffen. Wir haben zusammen im Rathaus angefangen. Wir kennen uns sogar noch von der Uni. Er dachte, ich wäre auf einen Außenposten versetzt worden, weil er mich so lange nicht gesehen hatte. Ich habe ihm von meinem Erziehungsurlaub und den Problemen beim Wiedereinstieg erzählt. Konno hat mir versprochen, dass er die Sache mit der Teilzeitregelung für Väter in der Personalabteilung zur Diskussion stellen wird. Er ist nämlich zufälligerweise gerade dahin versetzt geworden.»

«Dann bleibt ja zu hoffen, dass dein Kumpel die Väterrevolution in deinem Namen weiterführt. Hoffentlich sitzen in der Personalabteilung nicht so viele Vollblut-Machos wie Satoh.»

Selbst wenn Herr Konno die Väter-Teilzeit durchboxen konnte, käme das gewiss zu spät für Ryunosukes Wiedereinstieg. Wir verbrachten den Rest des Abends damit, nach einem geeigneten Babysitter zu suchen. Leider waren die wenigen Babysitter, die wir in unserer Nähe finden konnten, ziemlich teuer. Als regelmäßiger Krippenersatz kam die Lösung nicht in Frage.

Plan B – Ryunosuke schlägt seinen eigenen Rekord

«Herzlichen Glückwunsch! Wir haben einen Plan B – zumindest vorerst.» Ich stellte mich zu Ryunosuke, der gerade im Garten unsere Shoji-Schiebetüren mit neuem Papier beklebte, nachdem Naomi mit ihren Fingerchen überall kleine Löcher gebohrt hatte.

«Wie bitte?», fragte Ryunosuke und schaute auf. «Mist, jetzt ist das Papier wieder verrutscht. Halt doch mal fest!» Ryunosuke war genervt. Shoji-Kleben ist eine Heidenarbeit und wird eigentlich nur während des Großputzes vor Neujahr gemacht. Doch Naomi hatte unsere Türen in diesem Jahr schon zum dritten Mal durchlöchert.

«Du kannst nochmals Erziehungsurlaub beantragen», sagte ich und schaute meinen Mann erwartungsvoll an.

Ryunosuke legte das Papier zur Seite. «Wie meinst du das? Wurde das Gesetz geändert?», fragte er. Er stand offenbar auf dem Schlauch.

«Nein. Wir bekommen noch ein Baby!» Ich strahlte ihn an. «Du musst nur vier Monate arbeiten, dann kannst du dich gleich wieder in den Erziehungsurlaub verabschieden.»

«Hoffentlich geht das überhaupt. Ich weiß gar nicht, ob Männer zweimal Erziehungsurlaub nehmen können.» Ryunosuke hatte ganz vergessen, sich zu freuen. Erst nachdem er alle Schiebetüren neu bespannt und wahrscheinlich sämtliche Strategien für die Verhandlungen mit Satoh im Kopf durchgespielt hatte, konnte er Plan B für einen Moment lang ausblenden und sich einfach nur über die Baby-News freuen.

Am nächsten Tag rief Ryunosuke seine Personalabteilung an. Doch die Kollegin, die für solche Sonderurlaubsanträge zuständig war, wusste auch keine Antwort. «Das ist absolutes Neuland», erklärte sie ihm, versprach aber, sich über die Regeln zu informieren. Ein paar Tage später rief sie zurück. «Sie wären der Erste», sagte sie. «Aber es wäre möglich. Zufälligerweise wurde erst vor ein paar Wochen beschlossen, dass auch Männer beim zweiten Kind noch einmal Erziehungsurlaub beantragen dürfen. Maximal zwei Jahre, wenn das Kind direkt nach dem Stichtag geboren wurde. Sonst entsprechend weniger. Wie gesagt, es gibt keinen Präzedenzfall, aber wenn Sie unbedingt wollen …»

«Ja, ich mache das. Ich nehme so viel Erziehungsurlaub, wie ich bekommen kann», antwortete Ryunosuke ohne zu zögern.

Als er aufgelegt hatte, wählte er sogleich Satohs Nummer und berichtete ihm von seinem Plan.

«Ahh sou desu ka.» Satoh war sprachlos. «Ja, wenn das jetzt unsere Regeln sind, dann machen Sie das eben …» Satoh war sauer. Er legte einfach auf. Anders als die immer beherrschte Okaasan ließ Satoh seinem Ärger – zumindest gegenüber Untergebenen am Arbeitsplatz – freien Lauf. Er war Choleriker. Als ich noch im Rathaus arbeitete, hatte ihn einmal ein Untergebener so auf die Palme gebracht, dass er zu einer Ohrfeige ausholte. Im letzten Moment hatte ein Kollege seinen Arm festgehalten und ihm auf diese Weise eine Fensterplatzdegradierung wegen «Power Harassment» – wie

Wutanfälle und Mobbing gegen Untergebene seit neuestem genannt werden – erspart. Nach unerfreulichen Gesprächen mit Mitarbeitern habe ich ihn oft mit hochrotem Kopf in das luftdicht abgeriegelte Glashäuschen ganz hinten auf dem Gang verschwinden sehen, in dem Raucher während der Arbeitszeit ihrer Sucht frönen dürfen. Wahrscheinlich stand er jetzt dort, zog so lange an seiner Zigarette, bis sie ganz weich und wabbelig wurde, und atmete den Rauch mit einem Stöhnen aus, als würde er gleich unter der Last seiner Arbeit zusammenbrechen.

Satohs Wutausbruch war jedenfalls kein gutes Omen für Ryunosukes Wiedereinstieg. Ich hoffte, dass er während Ryunosukes zweitem Erziehungsurlaub einen Posten in einer anderen Abteilung zugewiesen bekommen würde. Ganz unwahrscheinlich war das nicht, schließlich werden japanische Salarymen im Durchschnitt etwa alle drei Jahre versetzt, egal ob sie wollen oder nicht. Aber selbst wenn der nächste Abteilungsleiter ein weniger aufbrausender Typ wäre, war es nicht sehr wahrscheinlich, dass mein Mann auf wesentlich mehr Verständnis für seine Entscheidung stoßen würde. Schließlich stammen die jetzigen Chefs – aufgrund der Vergabe solcher Posten nach dem Senioritätsprinzip – fast alle aus Satohs Generation. Und die überwiegende Mehrheit von ihnen waren Männer. Doch Ryunosuke machte sich darüber keine Gedanken. Er war froh, das Problem erst einmal vertagt zu haben, und freute sich über die geglückte Verlängerung seines Sabbaticals. Er beherrschte die japanische Kunst des Problemvertagens ziemlich gut.

Während seines kurzen Zwischenspiels im Rathaus hatte Ryunosuke es vermieden, über seinen endgültigen Wiedereinstieg zu sprechen. Satoh hatte ihm gleich am ersten Tag klargemacht, dass es sich für die paar Monate, die er geruhte, bei ihnen zu weilen, nicht lohne, ihn in die Neuerungen einzuweisen, die während seiner Abwesenheit eingeführt wurden. Kurzerhand degradierte Satoh ihn deshalb zum Handlanger für Kopierdienste. Kopieren und Tee einschenken sind Aufgaben, die japanische Chefs traditionell am liebsten jungen Jobeinsteigerinnen vermitteln. Satoh ließ Ryunosuke stapelweise Akten kopieren, einheften und ablegen. Eine Aushilfskraft schickte er dafür in den Zwangsurlaub.

Ryunosuke regte sich nicht darüber auf. «Es ist ja nur für kurze Zeit. Und Überstunden muss ich beim Kopieren auch nicht machen.» Er versuchte, sich seine Lage schönzureden.

Ich machte mir dagegen ernsthaft Sorgen um Ryunosukes berufliche Zukunft. War das schon der Vorgeschmack auf den Fensterplatz, den er nach seiner unwiderruflichen Rückkehr ins Amt bekommen würde? War er vielleicht mit seinem Erziehungsurlaub einen Schritt zu weit gegangen? Wenn das der Preis war, den man in Japan für einen Präzedenzfall zahlen musste, war ein Erziehungsurlaub diesen Preis dann wert?

Nach Ryunosukes erster Arbeitswoche erzählte ich ihm von meinen Bedenken. «Vielleicht solltest du doch klein beigeben und den Antrag für deinen zweiten Erziehungsurlaub zurückziehen. Wir wissen ja jetzt, dass die Chancen auf einen Krippenplatz für Neugeborene ganz gut stehen. Und Naomi kommt schon fast in den Kindergarten, wenn das neue Baby da ist», sagte ich, als wir am Abend Kisten voller Babysachen auspackten, die uns die Schwimmmütter vermacht hatten, nachdem sie von meiner erneuten Schwangerschaft erfahren hatten.

«Ich bleibe lieber den Rest meines Arbeitslebens auf dem Abstellgleis, als dass ich jetzt aufgebe und Satoh den Triumph gönne, mich auf Linie getrimmt zu haben», antwortete Ryunosuke entschieden.

«Wenn du meinst … Ich hoffe nur, dass du damit klarkommst, wenn du am Ende tatsächlich aufs Abstellgleis geschoben wirst.»

«Notfalls kann ich immer noch Trader werden. Ich muss nur so lange im Amt aushalten, bis ich ein ordentliches Startkapital zusammengespart habe.» Ryunosuke war ein unverbesserlicher Optimist.

Während Ryunosuke im Rathaus kopierte, kümmerte ich mich zu Hause um Naomi. Unser Umfeld hatte sich schon so an unsere Rollenverteilung gewöhnt, dass ich jetzt überall mit Erstaunen begrüßt wurde. Manchmal hatte ich sogar das Gefühl, dass die Leute enttäuscht waren, wenn ich statt Ryunosuke auftauchte. Vor allem die Schwimmkurs-Leiterin machte ein langes Gesicht, als ich ihr erzählte, mein Mann könne vorerst nicht mehr kommen. Umso mehr freute sie sich, dass Ryunosuke bald wieder Erziehungsurlaub haben würde und fest vorhatte, auch «Nummer zwei» in ihrem Kurs aufs Kajakfahren vorzubereiten.

Kaori bedauerte, dass Ryunosuke nun doch erst einmal kein freischaffender Devisenhändler und hauptberuflicher Vater geworden war. «Das hätte besser zu Ryunosuke-san gepasst als so ein langweiliger Bürojob», erklärte sie, als wir die Kinder nach der Schwimmstunde in der Sauna aufwärmten. Ich überlegte, ob ich Kaori von Ryunosukes Degradierung zum Botengänger erzählen sollte. Ich beschloss, es sein zu lassen. Sonst hätte sie ihn vielleicht angerufen und ihm Mut gemacht, sich als privater FX-Spekulant zu versuchen.

«Es sind ja nur ein paar Monate. Danach hat er wieder fast zwei Jahre lang frei. Dann kann er immer noch überlegen, was er mit seinem Job machen will», erwiderte ich und trocknete Naomi ab

«Mama. Heiß!», schrie Rin.

«Ja, wir gehen ja schon, Rin-chan.» Kaori wickelte die Schwimmsachen in ihr Handtuch und ging zur Tür. «Wir alle freuen uns jedenfalls über Ryunosuke-sans Urlaubsverlängerung!», rief sie mir beim Hinausgehen zu.

Irgendwie überstand Ryunosuke die Zeit als Mädchen für alles. Der Abschied im Büro war kurz und schmerzlos. Keine Abschiedsparty, kein Gespräch mit Satoh. Satoh hatte sich an Ryunosukes letztem Arbeitstag überraschend freigenommen. Ein eindeutiges Zeichen, dass er noch immer wütend auf ihn war. Zwei Kolleginnen, von denen eine einen sechsjährigen Sohn hatte, gesellten sich kurz vor Büroschluss zu Ryunosuke an den Kopierer und schenkten ihm im Namen der ganzen Abteilung ein Handtuch-Set für Neugeborene. Nur Satoh hatte sich nicht an dem Geschenk beteiligt.

«Wir bewundern Sie für Ihren Mut!», sagte die Mutter zu Ryunosuke. «Genießen Sie die Zeit mit Ihrem Baby! Satoh wird sich schon noch daran gewöhnen, dass sich die Welt heute nicht mehr nur um die Arbeit dreht.» Sie überlege, ob sie Erziehungsteilzeit beantragen solle, weil ihr Sohn für die Aufnahmeprüfung an einer berühmten privaten Grundschule büffeln müsse und sie ihn dabei unterstützen wolle, erklärte sie.

«Du kannst dir nicht vorstellen, wie sehr ich mich gefreut habe, als sie meinte, ich hätte sie mit meinem Erziehungsurlaub auf diese Idee gebracht», erzählte Ryunosuke mit stolz geschwellter Brust.

Ich freute mich für ihn. Und ich war erleichtert, dass er

jetzt nicht mehr der Einzige in seinem Amt war, der für seine Familie seine beruflichen Verpflichtungen zurückschraubte. Hoffentlich würde Herr Satoh im Laufe der Zeit merken, dass weniger Zeit im Büro nicht unbedingt auch gleich schlechtere Arbeit bedeutet.

In der Babypflege war Ryunosuke mittlerweile sehr routiniert. Ich fand manchmal, dass er dadurch etwas übermütig wurde. Zum Beispiel, als er einen Monat nach der Geburt unseres Sohnes Kai verkündete, er werde ihn jetzt mit in die große Wanne nehmen, wenn er mit Naomi badete. In Japan duscht man, bevor man in die Wanne steigt. So bleibt das Badewasser sauber, und die ganze Familie kann dasselbe Wasser nutzen, das übrigens in den meisten japanischen Badewannen automatisch auf der zuvor eingestellten Badetemperatur gehalten wird. Ryunosuke setzte sich also mit Kai auf den Duschhocker und hielt die Dusche einfach über Kais Kopf. Die ersten zwei, drei Male schrie er dabei wie am Spieß und beruhigte sich erst, als er in Ryunosukes Arm in der Wanne lag.

«Das kannst du nicht machen. Kai ist noch viel zu klein für so was», schimpfte ich.

«Quatsch. Jungs müssen das abkönnen. Ich bringe ihm bei, dass Wasser nichts ist, vor dem man sich fürchten muss», rechtfertigte Ryunosuke seine Methode.

Tatsächlich weinte Kai nach ein paar Tagen nicht mehr beim Baden. Ob es Ryunosukes Badetechnik zu verdanken ist, weiß ich nicht, aber Kai ist mittlerweile tatsächlich die größte Wasserratte unserer Familie geworden.

Aufnahmeprüfung für Eltern – Naomi kommt in den Kindergarten

Im Herbst nach Kais Geburt machten wir uns auf die Suche nach einem Kindergartenplatz für Naomi. Eigentlich hätten wir noch ein Jahr Zeit gehabt, aber wenn wir gewartet hätten, bis Naomi regulär in den Kindergarten hätte gehen können, wäre sie schon fast vier Jahre alt gewesen. Denn normalerweise gehen japanische Kinder nur drei Jahre lang in den Kindergarten. Das Eintrittsdatum richtet sich nach dem Stichtag für den Schulbeginn. Alle Kinder, die wie Naomi nach dem 2. April geboren sind, beginnen ihre dreijährige «Kindergartenausbildung» erst mit fast vier Jahren. Zum Glück gab es einige Kindergärten, die Gruppen für die Nach-Stichtagskinder anboten.

Während die Kinderkrippen als reine Betreuungseinrichtungen dem Wohlfahrtsministerium unterstehen, hat man die Kindergärten als Bildungsstätten unter dem Schirm des Erziehungsministeriums zusammengefasst. Mit dem Kindergarten sollte also Naomis Ausbildung beginnen. Da war es natürlich nicht egal, in welchen Kindergarten wir sie schickten. Ryunosuke hatte ja schon vor mehr als einem Jahr angefangen, gemeinsam mit den Schwimmmüttern die Feste und Infoveranstaltungen der Kindergärten unserer Stadt zu besuchen. Er hatte so einen ganz guten Überblick erhalten, und wir hatten uns fast auf einen Kindergarten geeinigt, als die Itohs, unsere Tokioter Wochenendnachbarn, mit denen wir mittlerweile sehr gut befreundet waren, mich zutiefst verunsicherten.

«Übernächste Woche haben wir die Aufnahmeprüfung für Rihos Kindergarten. Das macht mich ganz nervös», erzählte Mayumi Itoh, als wir wie fast jeden Sonntagnachmittag im Herbst um ein kleines Lagerfeuer am Strand saßen und Süßkartoffeln rösteten.

«Was für Aufnahmeprüfungen? Müssen wir das auch machen?», fragte ich und schaute verwundert zu Ryunosuke. Er war gerade dabei, mit bloßen Händen eine glühend heiße Süßkartoffel aus der Alufolie zu pellen. Er schüttelte den Kopf und widmete sich dann wieder der Kartoffel. Naomi und Riho standen ungeduldig neben seinem Campingstuhl und warteten gierig auf ihren Anteil.

«Wir wollen Riho in einen Kindergarten schicken, der zu einer guten Privatuni gehört. Dann bleibt ihr später die Prüfungshölle erspart», erklärte Mayumi. «Aber dafür müssen wir alle drei die Aufnahmeprüfung bestehen. Ich bin echt total nervös. Wenn wir jetzt versagen, muss sie bis zur Grundschule warten. Wer weiß, ob wir die Prüfung dann bestehen. Die Anforderungen werden ja auch nicht weniger.»

Es gibt derzeit in Japan wenig bessere Türöffner als ein Abschluss an einer renommierten Privatuni. Egal welcher Fachbereich, egal welche Noten. Wer es bis hierher geschafft hat, kann einigermaßen sicher sein, dass er einen Job in einem prestigeträchtigen Unternehmen findet oder Karriere in einem Ministerium macht.

Ganze Armeen von Nachhilfeschulen haben sich darauf spezialisiert, eifrige Oberschüler für die Aufnahmeprüfungen von Keio, Waseda und Co. zu drillen. Bis zu fünfmal pro Woche müssen Elite-Aspiranten dort pauken – nach dem normalen Schulunterricht. Freizeit ist ein Fremdwort für diese Schüler. Die meisten haben eine Sechzig-Stunden-Woche. Mindestens.

Wer es früher in das Lern-Imperium der berühmten Unis schafft, entkommt der Prüfungshölle. Das absolute Glückslos haben die Kinder gezogen, die es in den universitätseigenen Kindergarten schaffen. Denn die Kinder aus dem Uni-eigenen Kindergarten kommen quasi automatisch auf die dazugehörige Grundschule. Wer sich dort einigermaßen Mühe gibt, wird ohne große Aufnahmeprozedur an die Uni-eigene Mittelschule weitergereicht. Dort gibt es dann das Ticket für die Uni-eigene Oberschule und schließlich für die berühmte Uni.

«Aber das ist doch Rihos Prüfung, nicht deine», erwiderte ich. Zugleich fiel mir dabei auf, dass ich mir bislang noch keine Gedanken darüber gemacht hatte, wie man drei- bis vierjährige Kinder auf ihre Eignung für einen bestimmten Kindergarten testet.

«Nicht in diesem Fall. Die ganze Familie wird getestet. Wir gehen schon seit einem halben Jahr in eine Nachhilfeschule, aber wir hinken ziemlich hinterher. Riho lümmelt noch immer breitbeinig am Tisch. Das geht gar nicht. Dass die Kinder kerzengerade und mit den Händen auf ihren Knien sitzen, ist absolute Grundvoraussetzung.» Mayumi seufzte. «Die anderen üben jetzt wahrscheinlich zu Hause, aber ich will Riho ja auch noch ein bisschen herumtoben lassen.» Riho und Naomi hatten ihre Süßkartoffel in Sekundenschnelle weggeputzt und jagten gerade Krähen, die einen von Anglern verschmähten Fisch fressen wollten.

«Und worum geht es bei dem Test?»

«Es gibt ein paar Hirnjogging-Aufgaben, aber die sind nur als Vorwand da, um einen Grund zu haben, ein Kind abzulehnen, ohne den Eltern sagen zu müssen, dass sie nicht in die Uni-Familie passen. Das Familiengespräch ist das Wichtigste. Wir müssen genau ins Schema der Idealfamilie passen. Der Vater ist erfolgreicher Geschäftsmann, die Mutter die treusorgende Seele der Familie und das Kind ein geborenes Genie mit perfekten Manieren.»

«Ich drück euch die Daumen. Aber was macht ihr, falls ihr nicht besteht?»

«Vorsichtshalber haben wir uns noch bei zwei anderen Kindergärten angemeldet, in denen die Kinder lernen, was bei den Aufnahmeprüfungen für die Grundschule der Keio-Uni und andere berühmte Grundschulen verlangt wird. Die Prüfungen sind alle in derselben Woche.» Mayumi seufzte wieder und starrte aufs Meer.

Die Keio-Universität steht ganz oben im Privatuni-Ranking. Leider hat sie keinen eigenen Kindergarten, das offizielle Keio-Imperium beginnt erst mit der Grundschule. Aber so nervös und besorgt hatte ich Mayumi noch nie erlebt. Sie ist eigentlich ein lockerer Typ und überhaupt nicht karrieregeil. Im Gegenteil. Sie hatte ihre eigene Bankkarriere an den Nagel gehängt, als sie entdeckte, dass sie viel lieber für ein kleines Kunstmuseum vielversprechende junge Künstler sucht. Allerdings verdiente ihr Mann genug, sodass sie sich um das Finanzielle keine Sorgen machen musste.

«Ich will, dass Riho es nicht schwerer haben muss als unbedingt nötig. Wenn ich ihr die Lernhölle der Aufnahmeprüfungen ersparen kann, dann will ich das auch tun», sagte Mayumi jetzt, immer noch den Blick aufs Meer geheftet. «Außerdem ist sie das einzige Kind in unserer Familie. Irgendwann wird sie ganz allein sein. Dann soll sie wenigstens wirtschaftlich auf sicheren Beinen stehen.»

Ich starrte nun auch aufs Wasser. Im Grunde war es ein perfekter Tag. Es ging kein Wind, die Meeresoberfläche war glatt wie die eines Sees. Am Horizont ragte der Fuji im ersten Abendrot empor. Der Gipfel war bereits in eine dicke Schneeschicht gehüllt. Er sah aus wie mit Zuckerguss übergossen. Wunderschön. Ich wollte diesen Anblick genießen. Doch plötzlich quälten mich Gewissensbisse. Sollten wir Naomi nicht auch die Chance auf eine sorgenfreie Ausbildung geben? Solche Uni-Kindergärten waren zwar teurer als der, den wir anvisiert hatten, und natürlich war eine Privatschulausbildung auch kostspieliger als die gebührenfreie Ausbildung an öffentlichen Schulen, aber es war ja nicht so, dass wir das Geld nicht gehabt hätten. Vielleicht hätte eine Mitgliedschaft in einer Privatuni-Familie den Verzicht auf ein paar Annehmlichkeiten erfordert, aber machbar wäre es schon gewesen. Andererseits dachte ich: Möglicherweise ist Naomi jedoch gar kein Typ fürs Lernen und eine Karriere in Japans Business-Elite. Vielleicht würde sie viel lieber handwerklich tätig werden? Das war natürlich schwer zu sagen bei einer Dreijährigen. Aber offenbar war gerade jetzt ein wichtiger Scheidepunkt gekommen, der über ihre berufliche Zukunft bestimmen könnte.

Die Lautsprecher am Strommast neben dem Strandaufgang knackten und rissen mich aus meinen Gedanken. Siebzehn Uhr. Die Abendmelodie, die im Winter wegen der früher einsetzenden Dunkelheit eine Stunde früher erschallt, dröhnte blechern zu uns herüber.

«Kinder! Wir gehen! Die Abendmelodie!», rief Ryunosuke und löschte das Feuer mit Sand.

«Kann man eigentlich deine Wunschkindergärten mal besichtigen?», fragte ich Mayumi, während wir die Campingstühle zusammenfalteten.

«Ja, aber nur den Magokoro-Kindergarten. Das ist der mit der guten Keio-Quote. Die anderen Kindergärten haben nur im Sommer Besichtigungstermine.»

«Ich rufe morgen im Magokoro-Kindergarten an», sagte ich zu Ryunosuke, als wir am Abend wieder einmal Naomis Löcher in den Papiertüren flickten. «Ich würde einfach gern wissen, was die Kinder da so lernen. Vielleicht sollten wir noch mal überlegen, ob wir Naomi nicht auch in so einen Drill-Kindergarten schicken.»

«Mach das, wenn du es willst. Aber ich bin dagegen», erwiderte Ryunosuke. «Naomi lernt in unserem No-Name-Kindergarten genug. Wenn sie später wirklich auf eine der berühmten Unis will, soll sie sich anstrengen und für die Prüfung pauken. Ich habe das auch geschafft. Außerdem bin ich sicher, dass du wahnsinnig werden würdest, müsstest du dich an all die Regeln in diesem Edelkindergarten halten.»

Ich wollte wenigstens sehen, was Naomi verpasst, wenn sie mit unserem Kleinstadtkindergarten Strandausflüge unternimmt, statt mit zusammengepressten Knien für die Schule paukt. Gleich am Montagmorgen machte ich im Magokoro-Kindergarten einen Besichtigungstermin für den nächsten Tag aus. Nach fast zwei Stunden Anfahrtszeit hatte Naomi bereits mehr als genug vom Stillsitzen. Wenn wir sie tatsächlich auf den frühkindlichen Karrierezug setzen wollen, würden wir wohl wieder zurück nach Tokio ziehen müssen, dachte ich, als wir endlich die Haltestelle erreicht hatten.

Die Kindergärtnerin rümpfte die Nase, als sie uns sah. Wir hatten den unsäglichen Fauxpas begangen, in normalen Freizeitklamotten aufzutauchen. Aber das erfuhr ich erst am nächsten Wochenende, als ich Mayumi von unserem Ausflug erzählte. «Du hättest im dunkelblauen Kostüm erscheinen müssen. Und Naomi hätte auch ein dunkelblaues Kleid gebraucht», wusste Mayumi. «Entschuldige, dass ich nicht daran gedacht habe, dich an diese Basics zu erinnern.» Das blaue Kostüm war auch die offizielle Kleiderordnung für Mütter, wenn sie ihre Sprösslinge morgens in den Kindergarten brachten und mittags wieder abholten. «Bei den Aufnahmegesprächen für die Grundschule gilt die gleiche Kleiderordnung. Wer nie ein Kostüm trägt, fühlt sich darin unwohl. Wenn das auffällt, gibt es einen Punktabzug. Deshalb hat der Magokoro-Kindergarten die Kostümpflicht eingeführt. So gewöhnen sich Mütter und Kinder frühzeitig an die Prüfungskleidung», erklärte Mayumi.

Wahrscheinlich hatte Frau Shimizu, die Kindergärtnerin, uns wegen unserer unangemessenen Kleidung bereits vor der Begrüßung abgeschrieben. Ich hatte jedenfalls das Gefühl, dass sie ziemlich lustlos war, als sie uns durch die Räume führte.

Es war merkwürdig still für einen Kindergarten. Im ersten Klassenraum, den wir von außen durch eine Glastür besichtigten, wurden gerade Schriftzeichen geübt. Die meisten Kinder saßen so kerzengerade, wie Mayumi es beschrieben hatte, und setzten meiner Ansicht nach ziemlich perfekte Hiragana-Schriftzeichen auf ihre Übungsbögen. Die Kindergärtnerinnen gingen durch die Reihen und lobten beziehungsweise ermutigten die Kleinen, noch ordentlicher zu schreiben. Und sie ermahnten jedes Kind, das auch nur ansatzweise die Beine breit machte oder sich mit den Ellenbogen aufstützte. Die Tür war nicht schalldicht, sodass ich jedes Wort verstehen konnte, das drinnen gesprochen wurde.

Die Kinder trugen Uniform. Dunkelblaue Kleider und weiße Blusen für die Mädchen beziehungsweise dunkelblaue Hosen und weiße Hemden für die Jungen. In dieser Uniform hätten sie ohne weiteres zu einem Vorstellungsgespräch erscheinen können.

«Wir gestalten unseren Unterricht so, dass den Kindern später die Prüfungssituation wie Alltag erscheint. Wie sie sehen, lernen die Kinder bei uns auch die richtige Haltung und die richtigen Umgangsformen», kommentierte Frau Shimizu, die sich so formvollendet bewegte, als wäre sie einem Lehrbuch für japanische Etikette entsprungen.

Naomi langweilte sich. Sie fing an, ihre Beine kreiseln zu lassen und sich schließlich um die eigene Achse zu drehen. Plötzlich verlor sie das Gleichgewicht und fiel hin. Frau Shimizu schaute sie mit strengem Blick – und mir schien auch leicht verächtlich – an. Sie sagte aber nichts. Ich reichte Naomi die Hand, damit sie schnell wieder aufstehen konnte.

«Auf welche Nachhilfeschule gehen Sie?», fragte Frau Shimizu, während sie uns zum Nebenraum lotste.

«Noch auf gar keine», gab ich zu und fühlte mich wie ein ertappter Verbrecher.

«Ahh sou desu ka», kommentierte Frau Shimizu auf den ersten Blick neutral und doch sehr kritisch. «Fast alle unsere Kinder haben sich in der Seiwa-Nachhilfeschule auf unser Aufnahmeverfahren vorbereitet», ergänzte sie.

Ich nickte und beobachtete die Drei- und Vierjährigen bei ihrer Bastelstunde. Auch dieser Unterricht lief erstaunlich gesittet ab. Die Erzieherin hielt ein fertiges Modell hoch und erteilte Anweisungen für den ersten Arbeitsschritt. Alle Kinder, die fertig waren, legten ihre Stifte und Kleber ordentlich an die Seite und warteten, bis die Erzieherin das Startzeichen für den nächsten Auftrag gab. Währenddessen nahmen sie die «Prüfungshaltung» ein. Rücken gerade, die Knie zusammengepresst und Hände auf die Knie.

Ich wusste nicht, ob ich diese Kinder bewundern oder bedauern sollte. Sie beherrschten nicht nur sämtliche Benimmregeln, ich fand sie auch erstaunlich eloquent für ihr Alter. Sie verwendeten alle Formen der Höflichkeitssprache – und waren darin sogar besser als so manch Erwachsener. Weder in unserem Schwimmkurs noch auf den Spielplätzen, die wir besuchten, habe ich je ein Kind gehört, das die höchsten Ebenen des höflichen Kommunizierens benutzte. Die Magokoro-Kinder würden sich später sprachlich nicht sehr umstellen müssen, wenn sie ins Geschäftsleben eintreten. Damit werden sie einmal einen großen Vorteil gegenüber der Mehrheit ihrer Altersgenossen haben. Denn schon heute müssen immer mehr junge Erwachsene beim Jobeintritt die Höflichkeitssprache pauken wie eine Fremdsprache und machen entsprechend viele Fehler. Zugleich wirkten die Magokoro-Kinder aber auf mich wie Erwachsene im Miniaturformat. Von kindlicher Unbeschwertheit war nichts zu spüren.

Als Nächstes zeigte Frau Shimizu uns den Hof mit den Spielgeräten. Ich hätte mich nicht mehr gewundert, wenn es gar keine Schaukeln und Rutschen gegeben hätte. Doch offenbar durften die Kinder auch im Magokoro-Kindergarten mal für einen Moment einfach nur Kind sein. Vor der großen Rutsche standen ungefähr zehn Mädchen und Jungen Schlange. Natürlich in perfekter Ordnung, wie es sich für Magokoro-Kinder gehört. Bevor sie die Stufen hinaufkletterten, bückten sie sich. Ich fragte mich, was sie da machten, aber ich konnte es nicht erkennen. Frau Shimizu erlaubte Naomi, sich ebenfalls zum Rutschen anzustellen. Als sie gerade die erste Stufe nehmen wollte, wurde sie von einer Erzieherin gestoppt.

«Zieh dir bitte die Schuhe aus», forderte sie Naomi auf.

«Ich rutsche aber immer mit Schuhen», konterte meine Tochter.

«Aber hier darfst du nicht mit Schuhen rutschen. Es tut mir leid. Die anderen Kinder wollen sich nämlich nicht dreckig machen, haben sie doch ihre gute Uniform an», erklärte die Erzieherin freundlich, aber bestimmt.

Naomi schaute sie fassungslos an, bückte sich dann aber und zog ihre Schuhe aus. Während sie rutschte, trug die Erzieherin ihre Schuhe zum Ende der Rutsche. Naomi schlüpfte in diese und stellte sich wieder hinten an. War ein Magokoro-Kind unten an der Rutsche angekommen, zog es erst seine Socken hoch, dann schlüpfte es in seine Schuhe, rückte seine Uniform zurecht und stellte sich wieder an. Ich überlegte, ob ich als Kind unter diesen Umständen überhaupt hätte rutschen wollen.

Nach einer Viertelstunde mussten die Magokoro-Kinder zum Mittagessen, und Frau Shimizu begleitete uns zum Ausgang. «Ich habe zwar das Gefühl, dass unser Kindergarten nicht ganz zu Ihrem Erziehungsideal passt, aber wenn Sie sich dennoch bewerben möchten, schicken Sie uns bitte diese Formalitäten bis Freitag ausgefüllt zurück. Bitte beachten Sie, dass wir die Bewerbung nur akzeptieren können, wenn Sie auch rechtzeitig die Bewerbungsgebühr überwiesen haben», sagte Frau Shimizu.

Ich war erstaunt über ihre offene Ablehnung. Hatte

Mayumi nicht gesagt, die Kindergärten würden extra Wissenstests mit den Kindern machen, um unerwünschte Familien ablehnen zu können? So musste man den Eltern nicht offen sagen, dass sie und ihre Kinder nicht ins Schema passen. Waren wir ein so hoffnungsloser Fall, dass Frau Shimizu uns aus Mitleid den Wink mit dem Zaunpfahl gab, uns besser gar nicht erst zu bewerben?

«Mama! Ich will nicht in diesen Kindergarten. Der ist so langweilig», sagte Naomi, nachdem wir uns von Frau Shimizu verabschiedet hatten. Womöglich war die Erzieherin noch nicht außer Hörweite. Aber das war jetzt auch egal. Wir hatten an diesem Tag ohnehin schon so viele Minuspunkte gesammelt, dass wir die Aufnahmeprüfung niemals bestanden hätten. Und ich hatte auch gar nicht mehr vor, die Bewerbung abzuschicken. Spätestens nach der Szene an der Rutsche war ich kuriert von der Idee, Naomi mit drei Jahren auf die Karriereleiter zu stellen. Als wir nach Hause kamen, hatte Ryunosuke die Bewerbungsunterlagen für unseren ursprünglichen Wunschkindergarten fertig ausgefüllt. Ich brachte sie noch am selben Tag zur Post.

«Wir sind durchgefallen», erzählte Mayumi geknickt, als wir zwei Wochenenden später unsere Kinder in die Obhut ihrer Väter gegeben hatten und mit unseren Stand-Up-Surfbrettern zu einer kleinen Felseninsel in der Nähe unseres Strands paddelten.

«Das tut mir sehr leid. Und was macht ihr jetzt?», fragte ich.

«Bei einem Kindergarten stehen wir auf der Warteliste. Und wir haben uns noch schnell bei einigen weniger umkämpften Kindergärten beworben, die aber schlechtere Erfolgsaussichten bei den Aufnahmeprüfungen für berühmte Grundschulen haben», erzählte sie.

Um sie etwas aufzuheitern, berichtete ich von unserem missglückten Besichtigungstermin im Magokoro-Kindergarten: «Diese Edelkindergärten sind schon ziemlich abgedreht. Vielleicht können wir froh sein, dass wir diesen Zirkus nicht mitmachen müssen.»

Wir hatten die Insel fast erreicht. Unter unseren Surfbrettern zog ein Schwarm kleiner Fische in Richtung Eiland. Wir schauten dem Fischschwarm eine Weile hinterher, bevor wir weiterpaddelten.

«Genau. Wenn unsere Kinder in normale Kindergärten gehen, müssen wir auch keine Angst haben, dass so profane Hobbys wie Surfen ein Verstoß gegen die Kindergartenregeln sind.» Mayumi lachte und stieß ihr Paddel ins Meer. Das Lästern schien ihr gutzutun.

«Was für verrückte Regeln haben diese Kindergärten denn so?»

«Der Magokoro-Kindergarten schreibt zum Beispiel vor, dass die Kinder nur in Autos mit dezenter Lackierung abgeholt werden dürfen. Außerdem sind allzu protzige Topmodelle der Luxusmarken verboten.»

Wir lachten noch, als wir unsere Surfbretter auf die Mini-Insel zogen. Während wir in der ziemlich warmen Novembersonne heißen Tee aus Thermoskannen tranken, erzählte Mayumi lauter Anekdoten aus ihrer Nachhilfeschule für Kleinkinder und Geschichten von Freunden, die die Aufnahmeprüfung in eine elitäre Uni-Familie geschafft hatten. Damit ich mir so ein Bewerbungsgespräch richtig vorstellen konnte, versprach Mayumi, mir eine ihrer Übungs-DVDs zu leihen.

Als wir vom Surfen zurückkamen, wartete ich kurz vor Mayumis Haustür, damit sie mir schnell die DVD geben konnte. Zu Hause legte ich die gleich nach dem Duschen in das Abspielgerät ein. «Die Aufnahmeprüfung beginnt bereits, sobald Sie das Gelände des Kindergartens betreten – und endet auch erst, wenn Sie das Tor wieder passiert haben. Zeigen Sie nicht zu viel Erleichterung, wenn Sie den Prüfungsraum verlassen. Es könnte Sie zufällig jemand sehen, wenn Sie seufzen oder jubeln. Das macht einen sehr schlechten Eindruck», warnte die Erzählstimme, während man sah, wie eine Erzieherin gerade über den Flur läuft und erschrocken stehen bleibt, weil ein Vater leicht seufzt und etwas an Körperspannung verliert, während er die Tür zum Prüfungsraum schließt.

Ganz wichtig sei es auch, dass der Vater zuerst den Raum betritt, dann das Kind und zuletzt die Mutter, riet die Off-Stimme. In der gleichen Reihenfolge haben sie den Raum wieder zu verlassen. Während ein Elternteil redet, sollte das andere Elternteil zustimmend nicken. Das Kind sollte still sitzen – mit den Händen auf den Knien. «Und nun haben Sie Gelegenheit, eine echte Prüfungssituation nachzuspielen», lud mich die Off-Stimme zum virtuellen Vorstellungsgespräch ein. Auf dem Bildschirm sah man drei Prüfer, die nun abwechselnd den Vater, die Mutter und das Kind ansprachen.

Naomi trat genau in diesem Moment ins Zimmer. «Komm, wir machen mal einen Test», forderte ich sie auf. Ich bat sie, sich im «Magokoro-Sitz» hinzusetzen und auf die Fragen der TV-Prüfer zu antworten. In der Anleitung auf dem DVD-Cover hatte gestanden, dass man am besten in dunkelblauem Prüfungsoutfit übt. Aber da Naomi gar kein dunkelblaues

Kleid besaß, verzichtete ich auf diesen Punkt. Die erste Frage ging an Ryunosuke: «Warum möchten Sie Ihr Kind in unseren Kindergarten schicken?» Jetzt sollte ich die Pausentaste drücken und den Vater antworten lassen. Da Ryunosuke nicht da war, ließ ich die DVD weiterlaufen. Die Off-Stimme erklärte, es sei wichtig, dass der Vater hier an einem konkreten Beispiel erkläre, warum sein persönliches Erziehungsideal mit dem des Kindergartens übereinstimmt.

Dann wurde Naomi gefragt: «Wie heißt du?»

«Naomi», sagte Naomi.

Sie hatte es keine zwei Sekunden im Magokoro-Sitz ausgehalten. Mittlerweile hatte sie ein Bein unter ihren Po geschoben, das andere ließ sie baumeln. Die Off-Stimme kommentierte, dass es wichtig sei, zu zeigen, wie höflich das Kind ist. Also dicker Punktabzug für Naomi. Abgesehen von ihrer Haltung hatte sie ja nicht einmal einen Satz gebildet, geschweige denn bewiesen, dass sie die Höflichkeitssprache auch nur in Ansätzen beherrscht – was sie allerdings nicht tat.

Die nächste Frage ging an mich: «Arbeiten Sie?»

Ich erzählte von meiner Tätigkeit mit den unregelmäßigen Arbeitszeiten und von Ryunosukes Erziehungsurlaub. Diesen Fall hatte die Off-Stimme natürlich nicht in ihrem Repertoire. Es sei wichtig, so gab sie kund, dass die Mutter betone, sie würde wegen ihrer Arbeit keinesfalls die Familie vernachlässigen. An anderer Stelle wurde der Vater gefragt, wie viel Zeit er mit seinem Kind verbringt. Da lautete die richtige Antwort, dass er die wenige Freizeit, die er hat, mit seinem Kind verleben würde. Ich ging davon aus, dass wir wenigstens diesen Fragenkomplex bestanden hätten, da ja einer von uns hauptsächlich fürs Kind da war.

«Das ist langweilig», erklärte Naomi, bevor die nächste

Frage an sie ging. Sie stand auf und ging. Ich ließ die DVD zu Ende laufen und war froh, dass ich diese Prüfung nicht in Wirklichkeit zu machen hatte.

Ein paar Tage später mussten wir aber doch zum Vorstellungsgespräch in den Kindergarten, den Ryunosuke ausgewählt hatte und in den auch die meisten anderen Kinder aus der Schwimmgruppe gehen würden. Aber da stand bereits fest, dass man Naomi aufgenommen hatte. Wir waren zum Glück schnell genug bei der Anmeldung gewesen – hier ging es nämlich nur nach dem Motto: «Wer zuerst kommt, mahlt zuerst.» Das Vorstellungsgespräch diente eigentlich nur noch dem gegenseitigen Kennenlernen.

Auf der Einladung stand bereits, dass wir nur zehn Minuten haben würden. Als wir eintrafen, saßen auf dem Gang schon einige Familien und warteten auf ihr Gespräch. Niemand trug Dunkelblau – bis auf ein paar Väter, die anschließend ins Büro mussten. Während wir uns in ihrer Nähe niederließen, wurden wir der Reihe nach zur Uniform-Anprobe gerufen. Naomi musste ein blau-grün kariertes Faltenröckchen im Fünfziger-Jahre-Look, eine weiße Bluse, eine Krawatte mit Kindergarten-Logo, einen dunkelblauen Hut, einen weißen Malkittel und eine ultrakurze dunkelblaue Sporthose anprobieren. Eine Kindergärtnerin notierte die Größen und händigte uns den Bestellzettel aus.

Danach wurden wir zum Vorstellungsgespräch gerufen. Es gab in dem Raum nur Stühle für Kleinkinder. Auch die Kindergartenleiterin hatte sich – sogar ziemlich elegant, wie ich fand – auf einen dieser Mini-Stühle gequetscht. Sie erkundigte sich interessiert nach Ryunosukes Erziehungsurlaub und stellte ein paar Fragen zu Naomis Stärken und Schwächen. Naomi musste ihren Namen sagen – wie in dem Prüfungsbeispiel auf der DVD. Es schien die Leiterin aber nicht zu interessieren, ob sie die Höflichkeitssprache beherrschte und wo sie ihre Hände hatte, während sie redete.

Immer wieder schaute die Kindergartenleiterin dezent auf die Wanduhr, während wir redeten. Nach genau zehn Minuten komplimentierte sie uns hinaus und drückte mir noch schnell ein dickes Heft in die Hand. «Das ist unser Regelbuch. Bitte lesen Sie es aufmerksam durch», sagte sie zum Abschied und winkte die nächste Familie herein.

Ich überflog die Regeln, die hauptsächlich aus genauesten Anweisungen bestanden, wie die Uniform zu tragen ist. Keine Kleiderordnung für Eltern und keine Anleitung zum Magokoro-Sitz. Ich war erleichtert, auch wenn Naomis Keio-Karriere damit vorerst in weite Ferne gerückt war.

Bloß nicht auffallen – Naomi hält meine Eltern für Außerirdische

Am Wochenende riefen meine Eltern an. Sie wollten wieder zum Baby-Gucken kommen. «Aber bitte nicht zur ‹Taufe›. Für dieses Gewedel braucht ihr uns nicht», meinte mein Vater.

«Dann reist doch zu Neujahr an», schlug ich vor, «das ist das größte Familienfest in Japan. Es wäre toll, wenn wir es mit der ganzen Familie feiern könnten.»

Meinen Eltern gefiel die Idee, also schlugen sie Ende Dezember bei uns auf. Naomi hatte ihre Großeltern über ein Jahr nicht gesehen und konnte sich natürlich an das letzte Treffen nicht erinnern – dafür war sie einfach noch zu klein. Aber wir hatten viel mit ihnen telefoniert, und sie hatte immer mit Begeisterung zugehört, wenn Oma und Opa ihr per Skype-Videokonferenz Märchen auf Deutsch vorgelesen hatten. Wir versuchten, Naomi zweisprachig zu erziehen.

«Oma und Opa kommen heute!», jubelte Naomi gleich nach dem Aufstehen, meine Eltern hatten sich gerade in den Flughafenexpress gesetzt. Stundenlang tanzte sie voller Vorfreude durch die Küche. Als ich am Mittag mit meinen Eltern vom Bahnhof kam, sauste Naomi mit «Oma! Opa!»-Geschrei zur Tür. Wir konnten sie hinter der Milchglasscheibe hüpfen sehen, während ich nach dem Schlüssel kramte. Ryunosuke kam mir zuvor und öffnete die Tür von innen.

«Hallo, Naomi!», riefen meine Eltern und streckten ihr die Arme entgegen. Plötzlich fror Naomis Lachen ein. Sie flüchtete hinter Ryunosukes Beine und versteckte ihr Gesicht in seiner Jeans. «Dann sagen wir später hallo. Du musst dich ja erst mal an uns gewöhnen», sagte meine Mutter verständnisvoll.

Wir gingen in die Küche, Naomi klammerte noch immer an Ryunosukes Bein, sodass er sie hinter sich her ziehen musste. «Sie fremdelt. Sie kennt uns ja nur aus dem Computer. Sie braucht jetzt ein bisschen Zeit, um sich an uns zu gewöhnen», erklärte meine Mutter weiter. Sie kannte sich aus mit Kleinkindern und ihren für Erwachsene oft unergründlichen Macken, schließlich hatte sie vierzig Jahre lang als Erzieherin gearbeitet. Deshalb konnte sie Naomis kalte Begrüßung wohl ganz gut wegstecken. Aber enttäuscht war sie natürlich trotzdem. Immerhin war sie jetzt fast vierundzwanzig Stunden unterwegs, um uns und allen voran ihre Enkelkinder zu sehen. Und dann zeigte Naomi noch nicht einmal ihr Gesicht. Zum Glück hatte sie sie durch die Glasscheibe tanzen sehen. So wusste sie wenigstens, dass Naomi sich wirklich auf sie gefreut hatte. Wahrscheinlich war unsere Tochter nur von der Situation so überwältigt, dass sie nicht mehr reagieren konnte, dachte ich und hoffte auf ein baldiges Ende der Fremdelattacke.

«Wie süß!», rief meine Mutter, als sie Kai in seiner Wiege entdeckte. Kai war gerade vier Monate alt, also noch zu jung zum Fremdeln, und lächelte sie an. Meine Mutter strahlte und nahm ihn auf den Arm. Für den Moment war alles gut. Naomi verkroch sich in den Spalt zwischen Waschmaschine und Spüle. (Ja, unsere Waschmaschine steht in der Küche.

Das ist immer noch besser als auf dem Balkon, wie es in vielen Mini-Apartments die einzige Chance ist.) Von ihrem Versteck aus beobachtete sie das Geschehen. Als sie niemand mehr wahrnahm, kam sie Zentimeter für Zentimeter heraus und wagte hin und wieder sogar ein Lächeln, wenn jemand zufällig in ihre Richtung schaute.

Beim Kaffee taute sie auf. *«Wan wan!»*, hörten wir plötzlich eine Kinderstimme. Naomi war mittlerweile unter den Tisch gekrochen und spazierte auf allen vieren zwischen unseren Beinen hin und her. *«Wan wan!»* Sie blieb vor den Beinen meines Vaters stehen.

«Wau-wau!», bellte mein Vater auf Deutsch zurück. Dann hielt er ihr ein Stück Kuchen hin. Naomi fraß ihm aus der Hand wie ein kleiner Hund. Nach dem dritten Stück saß sie auf seinem Schoß. Das Eis war gebrochen. Ich hörte irgendwann auf zu zählen, aber ein paar Kuchenstücke später tauschten meine Eltern die Kinder, und Naomi konnte nun auch wieder mit menschlichen Lauten kommunizieren. Sie brachte sogar ein paar deutsche Worte über die Lippen – mehr als ich je von ihr vernommen hatte. Normalerweise redete ich zwar mit ihr Deutsch, doch sie antwortete mir konsequent auf Japanisch. Irgendwie musste Naomi gespürt haben, dass meine Eltern sie nicht verstanden, wenn sie Japanisch sprach. Es war schon erstaunlich, welch feine Antennen Dreijährige haben.

«Das war ja eine kurze Fremdelphase», freute sich meine Mutter.

Den Rest des Tages spielte Naomi ausschließlich mit meinen Eltern und war selig. Ich war erleichtert, dass das Kennenlernen dann letztlich doch so reibungslos funktionierte.

Am nächsten Morgen kam Okaasan, um uns bei den Neujahrsvorbereitungen zu helfen. Im Flur stand bereits eine große Kiste mit Utensilien, die sie per Kurier geschickt hatte. Trotzdem hatte sie noch zwei dicke Taschen mit Neujahrsschmuck dabei. Die Neujahrskiefern, festlich geschmückte Kiefernzweige, befestigte sie schon an beiden Seiten des Gartentors, bevor sie klingelte.

«Wie schön, dass Sie gekommen sind!», begrüßte sie meine Eltern mit aller Ehrerbietung, die die japanische Sprache zu bieten hat. Ich übersetzte und reduzierte die Höflichkeitsstufe auf deutsches Verwandtschaftsmaß.

«Wir freuen uns auch sehr, dich wiederzusehen, Yoko», antwortete meine Mutter und herzte meine Schwiegermutter. Naomi sprang Okaasan zur Begrüßung in die Arme.

«Wir müssen gleich loslegen, sonst schaffen wir es nicht rechtzeitig. Wir sind sowieso viel zu spät dran. Eigentlich hätte der Schmuck längst hängen müssen. Wenn wir das in letzter Minute machen, ist das eine Beleidigung für die Götter», trieb uns Okaasan an, nachdem sie ihren Mantel abgelegt hatte. Sie band sich ihre Schürze um, die sie in einer ihrer Taschen verstaut hatte, und holte die edle Sake-Kanne aus Lack und die passenden Becherchen mit den zwölf Tierkreiszeichen aus dem per Kurier gebrachten Karton. «Dieses Geschirr wird nur zu Neujahr benutzt», erklärte sie meinen Eltern, die sie neugierig beobachteten.

Okaasan stellte das Geschirr in unseren Schrank. «Ihr könnt es behalten. Ab jetzt seid ihr für die Neujahrsfeierlichkeiten unserer Familie verantwortlich», sagte sie und schaute Ryunosuke mit ernster Miene an. Stück für Stück übertrug sie uns die traditionellen Aufgaben eines Familienoberhaupts. Wie in fast allen Industrieländern können auch in Japan die jüngeren Generationen mit vielen alten Traditionen nichts mehr anfangen und empfinden sie als lästig. Okaasan fürchtete nicht ganz zu Unrecht, dass Ryunosukes Enthusiasmus für die Traditionspflege etwas zu wünschen übrigließ. Deshalb wohl der strenge Blick.

«Kommt mit!», forderte sie uns jetzt auf. Alle fünf folgten ihr im Gänsemarsch ins Tatami-Zimmer, in dem der Hausaltar stand. Das Zimmer war nicht geheizt, und durch die Ritzen zwischen Fenster und Rahmen drang eiskalte Luft nach innen.

«Ist das kalt hier!», rief meine Mutter. Sie rieb sich die Arme, um sich aufzuwärmen.

«Ja, das habe ich heute Nacht auch gedacht, als ich auf die Toilette musste», meinte mein Vater. «Diese Kälte erinnert mich an die Nachkriegszeit, als wir nur eine Gemeinschaftstoilette im ungeheizten Treppenhaus hatten. Damals habe ich lieber alles unterdrückt, als in der Eiseskälte zu pinkeln.» Die Kälte in den Innenräumen gehörte wohl zu den Dingen, an die sich meine Eltern in meiner Wahlheimat nie gewöhnen würden, dachte ich.

«Der japanische Winter ist wirklich sehr kalt. Es tut mir leid», erwiderte Okaasan mit einem entschuldigenden Lächeln. Sie hatte verstanden, dass meine Eltern froren. Dann verteilte sie die Aufgaben. Ryunosuke musste den Hausaltar putzen. Und ich sollte ihr helfen, ein Rollbild mit Neujahrsmotiven in der Götterecke – einer kleinen Nische im Zimmer – aufzuhängen.

Als das Bild hing, holte sie zwei riesige plattgedrückte Bälle aus gestampftem Reis aus ihrer Tasche. Der größere der beiden weißen Reisbälle wog mindestens drei Kilo. Sie stapelte die Bälle in der Götterecke unter dem Rollbild, legte eine Mandarine obendrauf und schmückte das Ganze mit rot-weißen Papierstreifen und ein paar Zweigen. «Das ist ein Kagami-Mochi. Hier wohnt der Gott Toshi-Gami-sama zu Neujahr und bringt Glück und Gesundheit für das neue Jahr», erklärte Okaasan meinen staunenden Eltern.

«Ahh … ja.» Mein Vater runzelte die Stirn. Mit dieser Erwartungshaltung, dass Götter immer gleich etwas für einen tun müssen, wenn man sich an sie wandte, wurde mein Vater nicht warm. Aber er wollte Okaasan nicht verletzen und verkniff sich daher weitere Kommentare. Okaasan verteilte in weiße Plastikhüllen verpackte Miniaturausgaben der Neujahrs-Götterwohnung an jeden von uns, mit der Bitte, eine in jedes Zimmer zu stellen. Naomi rannte mit ihrer sofort zur Toilette. «Die ist für den Klo-Gott. Jetzt hat er auch ein Haus und muss nicht mehr frieren», erklärte sie meiner Mutter. Meine Mutter hatte keine Ahnung, von wem Naomi da sprach, aber nach allem, was sie vom japanischen Religionsverständnis bislang mitbekommen hatte, konnte sie sich durchaus vorstellen, dass die Japaner auch Klo-Götter verehren und sich entsprechende Dienstleistungen von ihnen erhofften. Zur Sicherheit fragte sie aber doch noch einmal nach, ob der – immerhin essbare – Neujahrsschmuck denn wirklich auf die Toilette gehöre.

«Natürlich!», erwiderte Okaasan, ohne mit der Wimper zu zucken.

Ich hatte das Gefühl, meine Mutter machte ein leicht angewidertes Gesicht, als sie sich umdrehte und aus dem Raum ging, um Naomi zu helfen, dem Klo-Gott eine Wohnung zu schenken.

«Habt ihr den Jahresend-Großputz schon gemacht?», wandte sich Okaasan nun an mich.

«Ja. Auch die Schränke sind ausgemistet. Alles ist picobello», meldete ich gehorsam. Der Großputz war wohl ursprünglich auch eine rituelle Handlung, um gereinigt und ohne alten Dreck ins neue Jahr zu gehen. Für ganz traditionsbewusste Japaner bedeutet das im übertragenen Sinne auch, dass man zum Beispiel geliehenes Geld – wenn irgend möglich – noch im alten Jahr zurückgibt.

«Gut, dann können wir jetzt erst mal eine Pause machen. Das Neujahrsessen habe ich schon zu Hause gekocht, und den Rest habe ich bestellt. Die Suppe mache ich heute Abend.» Statt es sich auf dem Sofa bequem zu machen, ging sie in die Küche, bereitete Tee zu und servierte Reiscracker, die sie von ihrem letzten Ausflug zu einer heißen Quelle mitgebracht hatte.

Am Nachmittag kam Ryunosukes Bruder Akira mit seiner Frau Noriko und Sohn Tomo, der mittlerweile die zweite Klasse besuchte. Tomo wollte unbedingt das Meer sehen. Ich schlug vor, einen kleinen Spaziergang zu machen. Es waren für die Jahreszeit erstaunlich viele Leute unterwegs. Kaum waren wir am Strand angekommen, war Naomi wie ausgewechselt. Sie war so bockig, wie ich sie noch nie erlebt hatte. Wir hatten eine Frisbee-Scheibe dabei, aber sie wollte nicht mitspielen. Sie stand einfach nur stocksteif da. Als meine Mutter sie an die Hand nehmen wollte, rannte sie plötzlich weg. Überhaupt: Sobald meine Eltern sich ihr näherten, lief sie fort. Aber auch ich durfte ihr nicht zu nahe kommen. Schließlich klammerte sie sich an Ryunosukes Hand und wollte nach Hause. Wir ignorierten ihr Gejammer und entschieden, noch ein kleines Stück entlang der Küstenstraße zu laufen.

Immer wenn meine Eltern sich neben Ryunosuke gesellten, um sich mit ihm zu unterhalten, floh Naomi zu Okaasan. Näherten sie sich Okaasan, rannte sie zurück zu Ryunosuke. Als mein Vater und ich es wieder einmal wagten, neben Ryunosuke und ihr zu gehen, bedeutete sie ihm mit dem Zeigefinger, wir sollten auf die andere Straßenseite wechseln.

«Was hat sie denn?», fragte mein Vater entsetzt.

«Keine Ahnung», sagte ich, «so habe ich sie noch nie erlebt.» Ich war ratlos.

«Vielleicht will sie wirklich einfach nur nach Hause. Lasst uns umdrehen», versuchte meine Mutter zu beschwichtigen. «Man darf das Verhalten von Kleinkindern auch nicht überinterpretieren.» Man sah ihr dennoch an, dass sie schockiert und verletzt war.

Ich versuchte, Naomi an die Hand zu nehmen und mit ihr zu reden, aber sie stieß mich weg. «Ich will mit Papa gehen!», raunzte sie mich an – jetzt wieder auf Japanisch. Sie hatte einen richtig bösen Blick. Ich grübelte, was sie nur haben könnte. Bis eben waren Oma und Opa ihre besten Freunde gewesen, und jetzt diese Ablehnung. Warum? Mir war in letzter Zeit ein paar Mal aufgefallen, dass Naomi in der Öffentlichkeit ziemlich schroff zu mir war. Wenn wir uns mit Kaori und Chieko und deren Kindern auf dem Spielplatz verabredet hatten, ignorierte sie mich oft oder war muffig. Aber wenn Kaori oder Chieko sie ansprachen, war sie das goldigste Kind der Welt. Dann konnte sie strahlen, erzählen, machte jedes Spiel mit. Beim Schwimmen war es ähnlich. Während die meisten anderen Kinder heulten oder es zumindest nicht besonders gernhatten, wenn die Kursleiterin eine Übung an ihnen demonstrierte, wollte Naomi manchmal gar nicht mehr zu mir zurück. Ich hatte es darauf geschoben, dass sie die meiste Zeit mit Ryunosuke zum Schwimmen gegangen war und mir auf diese Weise klarmachen wollte, dass sie lieber mit ihrem Papa diesen Kurs besucht. Außerdem hatte ich irgendwo gelesen, dass Kleinkinder eine Phase haben, in der sie ein Elternteil bevorzugen. Ich hatte damals beschlossen, ihr Verhalten nicht so ernst zu nehmen. Aber an diesem Silvesternachmittag wirkte sie fast boshaft. Das konnten wir nicht einfach durchgehen lassen. Da ich nicht an sie herankam, bat ich Ryunosuke, sie in einer ruhigen Minute zur Rede zu stellen.

Zu Hause wurde Naomis Laune wieder besser. Sie spielte mit Tomo und alberte mit Ryunosukes Bruder herum, achtete aber stets darauf, dass sie möglichst weit weg von meinen Eltern war. Ryunosukes Familie tat so, als würde ihnen Naomis seltsames Verhalten nicht auffallen. Wahrscheinlich wollten sie verhindern, dass meine Eltern sich schämen. Nach dem Abendessen machte Ryunosuke den Fernseher an, und wir schauten das traditionelle Silvester-Wettsingen der erfolgreichsten Stars des Jahres an. Von Volksmusik bis Hip-Hop war jeder Musikstil vertreten, sodass für jeden etwas dabei war. Nach den ersten Songs brachte Ryunosuke Naomi ins Bett. Tomo durfte noch aufbleiben.

Als mein Mann zurückkam, zog ich ihn in die Küche.

«Und, hast du mit ihr geredet?»

«Ja, aber ich hab's nicht verstanden.»

«Was hat sie denn gesagt?»

«Ach, wir sollten ihr Verhalten nicht so ernst nehmen. Sie ist erst drei, wahrscheinlich ist das noch die Trotzphase. Das wird schon wieder. Heute Morgen hat sie sich doch blendend mit deinen Eltern verstanden.»

«Mir ist aufgefallen, dass sie mich in letzter Zeit auch öfter in der Öffentlichkeit schneidet. Vielleicht sind wir ihr peinlich?»

«So ein Blödsinn. Warum solltet ihr ihr peinlich sein?»

«Vielleicht, weil wir anders aussehen. Und anders sprechen.»

«… und weil ihr anders riecht. Sie hat gesagt, Oma und Opa stinken. Nach Seife. Ich dachte, sie will mich veräppeln.»

«Sie hat recht. Das fällt mir auch jedes Mal auf, wenn ich in Deutschland bin. Duschgel, Seife, Waschmittel – alles riecht da viel intensiver als hier.»

«Und was schließen wir daraus? Hat sie einen Kulturschock?»

«Ich glaube, das könnte es sein. Wahrscheinlich hat sie gemerkt, dass sie irgendwie anders ist als ihre Spielplatz-Freunde. Wenn plötzlich völlig Unbekannte auf sie zustürmen und vor Entzücken schreien, wie niedlich sie mit ihren großen Europäer-Augen sei, dann ist ihr diese Aufmerksamkeit vielleicht peinlich. Auch wenn die Leute es immer nett meinen. Letztens ist sie mir im Schwimmbad entwischt und in die Herrenumkleidekabine gerannt. Überall habe ich sie gesucht, und als sie endlich wieder auftauchte, stand hinter ihr ein alter Mann und meinte zu Kaori, er habe Naomi in der Umkleide gesehen, aber natürlich nicht ansprechen können, weil er kein Englisch könne. Wahrscheinlich merkt Naomi, dass manche Leute zu ihr und natürlich auch zu mir anders sind als zu allen anderen. Vielleicht will sie einfach so sein wie alle anderen. Bloß nicht auffallen. Da denkt sie ja eigentlich sehr japanisch …»

«Aber das erklärt immer noch nicht, warum sie zu deinen Eltern so ruppig ist.»

«Doch. Vielleicht glaubt sie, sie könne ihr Anderssein loswerden, wenn sie die offensichtlich Andersartigen um sich herum loswird. Wahrscheinlich erregt sie weniger Aufsehen, wenn du mit ihr unterwegs bist. Das erklärt auch, warum sie hauptsächlich draußen so merkwürdig ist.»

«Vielleicht hast du recht. Das kann ich jedoch nur schwer nachvollziehen. Ich lebe in meinem eigenen Land. Und ich habe nur eine kulturelle Identität. Das kannst du wahrscheinlich besser nachempfinden.» Ryunosuke blickte mich ernst an.

«Na ja, ich lebe zwar im Ausland und kann nachvollziehen, wie es ist, als Ausländer behandelt zu werden. Aber ich weiß nicht, was das für ein Gefühl ist, wenn einem das in der eigenen Heimat passiert.»

«Das können wir aber nun mal nicht ändern. Damit leben Millionen Kinder überall auf der Welt. Die kommen doch auch damit klar. Außerdem haben Half-Kinder riesige Vorteile. Sie lernen mühelos zwei Sprachen, und das perfekt, fühlen sich in zwei Kulturen zu Hause. Das ist beneidenswert!»

Half-Kinder. So nennen Japaner binationale Kinder – nicht abwertend, sondern meist mit einem Hauch von Neid. Diverse Vereine, in denen sich bikulturelle Japaner organisiert haben, empfinden den Ausdruck dagegen als diskriminierend, weil er suggeriere, dass sie nur halbe Japaner seien. Ich fand den Ausdruck in diesem Moment ziemlich treffend. Natürlich war Naomi rechtlich eine vollwertige Japanerin (und Deutsche), aber ganz offensichtlich rang sie ja gerade um ihre kulturelle Identität. Sie fühlte sich offenbar weder ganz japanisch noch ganz deutsch.

«Wahrscheinlich hat jedes Half-Kind mal eine Identitätskrise», bemerkte ich. «Ich bin nur erstaunt, dass die bei unserer Tochter schon so früh angefangen hat.»

«Und was machen wir jetzt? Wie können wir Naomi und deine Eltern wieder versöhnen?»

«Keine Ahnung.»

In diesem Moment trat Okaasan in die Küche.

«Ich mache schnell die Nudelsuppe, damit wir rechtzeitig zum Tempel kommen», sagte sie.

Wir halfen ihr beim Kochen, während meine Eltern und Akiras Familie weiter ins Wettsingen vertieft waren. Zurück vor dem Fernseher aßen wir die Jahreswechsel-Nudeln. Das waren lange, spaghettiähnliche Soba-Nudeln, von denen die Japaner sich wünschen, dass sie ebenso glatt ins neue Jahr rutschen, wie die Nudeln durch die Kehle flutschen. Tomo wollte nun auch ins Bett, weshalb Noriko sich anbot, bei den Kindern zu bleiben, während wir uns zum Glockenläuten in den Tempel aufmachten.

Gegen dreiundzwanzig Uhr zogen wir los. Vor dem Tempeltor war bereits eine lange Schlange. Wir stellten uns hinten an und hatten Glück, dass sie genau vor dem wärmenden Feuer endete, in dem die Glücksbringer des zu Ende gehenden Jahres verbrannt wurden. Um Viertel vor zwölf marschierten wir in Zweierreihen zum Glockenturm. Jedes Paar durfte einmal läuten. Eigentlich sollte nach hundertacht Schlägen um kurz nach Mitternacht Schluss sein. Denn laut buddhistischer Überlieferung hat der Mensch «nur» hundertacht Begierden, von denen er sich am Silvesterabend durch die Glockenschläge reinigen kann. Unser Tempel lässt aber – wie die meisten anderen Tempel auch – jeden läuten, der kommt. Wir mussten also nicht befürchten, dass wir ungereinigt wieder nach Hause gehen mussten. Die Frau des Priesters und ein paar freiwillige Helferinnen aus der Nachbarschaft verteilten in der Zwischenzeit *Ama-zake*, ein süßes, warmes Getränk aus fermentiertem Reis, Mandarinen und Reiswein. Im Tempel herrschte Volksfeststimmung.

Nach zwei Bechern Sake betraten wir die Tempelhalle, in der jeder mittels rhythmischer Trommelschläge seine Wünsche für das neue Jahr in den Himmel schicken konnte. Mindestens zwanzig *Mokugyos*, Holzblocktrommeln, standen in der Tempelhalle. Die meisten waren bereits von Neujahrsgästen belegt. Mein Vater schien sehr angetan von diesem buddhistischen Brauch. Jedenfalls setzte er sich an eine der letzten freien Mini-Trommeln und verbrachte fast eine halbe Stunde damit, dumpfe Trommelschläge gen Himmel zu senden.

Weil wir schon unterwegs waren, beschlossen wir, noch im Schrein vorbeizuschauen und auch gleich den *Hatsumode* zu absolvieren, den ersten Schreinbesuch des Jahres. Der Schrein lag ohnehin auf unserem Rückweg. Lange mussten wir an der hiesigen Glocke nicht warten, mit der wir die Götter wachrütteln sollten, damit sie unsere Wünsche erhörten. Die meisten Leute würden erst am nächsten Morgen kommen, nachdem sie das Neujahrsfrühstück gegessen und sich ihre Kimonos angezogen hatten. Dann konnte man an den berühmten Schreinen durchaus den halben Tag mit Schlangestehen verbringen, ehe man zur Götterglocke vordrang.

Auch der Priester unseres Schreins hatte jede Menge Sake und Softdrinks für die Besucher aufgestellt. Die Nachbarschaftsvereinigung, zu der der Schrein gehörte, hatte Hausfrauen dazu verdonnert, Gemüsesuppe für mindestens hundert Leute zu kochen. Kaum hatten wir die Götter im neuen Jahr begrüßt, drückte uns die Fischersfrau, an deren kleinem Stand wir manchmal unseren Fisch einkauften, jedem einen großen Teller Suppe in die Hand. Ein Fischer brachte Sake, und ehe wir uns versahen, waren wir ziemlich angeheitert.

«Das japanische Neujahr gefällt mir richtig gut», sagte

mein Vater zu einem der Fischer, die sich zu uns gesellt hatten. «Es ist so friedlich.»

Der Fischer ließ sich daraufhin mit großem Interesse alle deutschen Silvesterbräuche erklären, und während er immer wieder aus der Zwei-Liter-Sakeflasche nachschenkte, hielt er meinem Vater einen Vortrag über den Schutzgott der Fischer, der in diesem Schrein verehrt wird, und über das große Schreinfest im Sommer, bei dem die Fischer den Gott auf einem tragbaren Schrein ins Meer geleiten. Ich hatte das Gefühl, dass mein Vater sich an diesem Abend auch ein bisschen mit den shintoistischen Göttern und ihren allzu praktischen Funktionen anfreunden konnte. Jedenfalls erzählte er dem Fischer, dass er sehr gern im nächsten Sommer wiederkommen würde, um beim Tragen des Schreins zu helfen.

Am nächsten Morgen stand Okaasan um sechs Uhr auf, obwohl wir erst gegen drei Uhr morgens nach Hause zurückgekehrt waren. Sie hatte allerdings keinen Alkohol getrunken, da sie ihn nicht verträgt. Sie musste also wenigstens nicht mit einem Kater kämpfen. Okaasan schnibbelte Gemüse für die Neujahrssuppe und richtete die Neujahrsspeisen, die sie von zu Hause mitgebracht beziehungsweise bei einem Lieferdienst bestellt hatte, kunstvoll in mehrstöckigen Lackboxen an. Danach deckte sie den Tisch mit den Neujahrslackbechern, eigenen Neujahrsstäbchen und den schönsten Lackschälchen und Tellern, die wir besaßen. Als gegen zehn endlich der Letzte ausgeschlafen hatte und im Wohnzimmer erschienen war, schenkte sie jedem von uns in dem Becher mit dem Tierkreiszeichen seines Geburtsjahres einen Schluck *O-toso* ein, einen süßen und mit Kräutern gewürzten Reiswein. Die Kinder und sie selbst erhielten Wasser.

«Wir trinken der Reihe nach», sagte sie. Das jüngste Familienmitglied fängt an. Naomi, du bist dran.»

«Warum fängt ausgerechnet der Jüngste aus der Familie an?», wollte mein Vater wissen.

Mein Vater hatte Okaasan auf dem falschen Fuß erwischt. Dabei hatte sie sich für diesen Tag extra einen Spickzettel gemacht, damit sie uns erklären konnte, welche Neujahrsspeisen welchen Nutzen bringen sollen. Auf ihrem Zettel konnte ich lesen, dass man zum Beispiel Heringsrogen isst, weil sich die Menschen früher viele Nachkommen gewünscht haben und der Hering sehr viele Eier produziert. Aber auf solche «Selbstverständlichkeiten» wie die Frage meines Vaters nach dem Grund der Reihenfolge beim O-toso-Trinken war sie nicht vorbereitet.

«Warum ist das eigentlich so? Vielleicht ist das nur eine Tradition unserer Familie? Ryunosuke, schau doch mal eben im Internet nach», antwortete Okaasan.

Es dauerte nur ein paar Sekunden, bis Ryunosuke eine mögliche Antwort gefunden hatte: In alten Zeiten waren die Jüngsten die Vorkoster, die testen mussten, ob etwas vergiftet war.

«Also dann, Naomi, *kanpai*!», sagte Akira und lachte.

Als mein Vater als Letzter an die Reihe kam, hatte Ryunosuke noch eine andere Erklärung im Internet gefunden: Der Trunk soll ein langes Leben bescheren und den Älteren ein Stück von der Jugend der Jüngsten mitgeben. So ganz genau weiß offenbar niemand mehr, warum der Jüngste anfängt.

«Passen Sie auf mit den Mochi. Bitte gut kauen», warnte Okaasan, als sie die getoasteten Vierecke aus gestampftem Reis jetzt in unsere Suppenschalen legte.

«Was ist das denn?», fragte meine Mutter.

«Gestampfter Reis. Das gleiche Zeug, aus dem auch die Götterwohnungen sind, die wir im Haus verteilt haben», erklärte ich.

«Ihr müsst sie wirklich sehr gut kauen. Mochi sind zäh. Jedes Jahr ersticken ein Dutzend Leute, weil ihnen die Mochi im Hals stecken bleiben. Die Zahl der Mochi-Toten ist immer die erste Nachricht des neuen Jahres», warnte Ryunosuke.

«Japanisches Essen ist eine echte Mutprobe», bemerkte mein Vater mit einem Lachen. «Stimmt es eigentlich wirklich, dass so viele Menschen sterben, weil sie wider besseres Wissen giftigen Kugelfisch essen?»

Mit dem Thema kannte ich mich aus, denn ich hatte gerade einen deutschen Reporter betreut, der sich todesmutig in ein Fugu-Restaurant wagte, um die skurrile Delikatesse zu testen. «Die meisten Kugelfische, die in Restaurants serviert werden, stammen aus Zuchtbecken und sind völlig ungiftig», sagte ich. «Nur Wildfänge haben eine giftige Haut und noch giftigere Innereien. Aber die dürfen nur von Köchen mit spezieller Lizenz zubereitet werden. Die meisten Leute vergiften sich, weil sie ausdrücklich nach einem Stück Leber verlangen, dem Organ mit der höchsten Giftkonzentration. Aber diese Leute wissen dann auch, welches Risiko sie eingehen. Sie wollen mit ihrem Leben spielen. Köche, die Leber servieren, riskieren aber ihre Lizenz, das ist nämlich verboten.»

«Dann bin ich ja beruhigt. Lass uns mal Fugu essen gehen», schlug mein Vater vor, nachdem er sein Mochi überlebt hatte.

«Wenn du zahlst, gerne. Die sind nämlich schweineteuer.»

Plötzlich fing Naomi an zu röcheln.

«Oh mein Gott, sie hat ihr Mochi verschluckt!», schrie ich und sprang panisch auf.

Okaasan klopfte Naomi auf den Rücken, aber das Husten und Röcheln wurde immer schlimmer.

«Ich rufe einen Krankenwagen!» Okaasan rannte zum Telefon.

«Moment! Lasst mich mal!» Meine Mutter erhob sich, packte Naomi und stellte sie auf den Kopf. Als Kindergärtnerin kannte sie alle Erste-Hilfe-Tricks für Kleinkinder. Sie klopfte ihr fest auf den Rücken – und Naomi spuckte ein fingerdickes Stück Mochi aus. Gerettet! Naomi starrte auf das Mochi und brach in Tränen aus. Meine Mutter nahm sie fest in den Arm und tröstete sie. Ich befürchtete, dass Naomi sich losreißen und wegrennen würde, aber sie blieb auf dem Schoß meiner Mutter sitzen und ließ sich beruhigen. «Na, Naomi, meinst du, wir können jetzt Freunde sein?», fragte meine Mutter, nachdem sie aufgehört hatte zu schluchzen. Naomi nickte schüchtern. Im Laufe des Tages näherte sie sich immer mehr an meine Eltern an. Bis zum Abend war sie so weit, dass sie – zumindest im Haus – wieder ganz normal mit meinen Eltern spielen konnte. So wie vor ihrem Kulturschock-Anfall.

Wir hatten vor, meinen Eltern ein typisch japanisches Neujahrfest zu zeigen. Jetzt war der moderne Teil der Feierlichkeiten dran. Während der Neujahrstag der einzige Tag im Jahr ist, an dem die meisten Geschäfte geschlossen haben und die ewig blinkenden Neonreklamen der Einkaufsmeilen für ein paar Stunden erloschen sind, bricht am zweiten Januar ein wahrer Kaufrausch aus. Dann bilden die Schnäppchenjäger bereits am frühen Morgen lange Schlangen vor Kaufhäusern und Boutiquen. Wir hatten vor, meine Eltern mit zum Glückstüten-Shopping zu nehmen. Vor allem die großen Kaufhäuser überbieten sich jedes Jahr gegenseitig mit gigantischen Glückstüten für Superreiche. Wer ein paar Millionen Yen Spielgeld hat, kann mit ein bisschen Glück schon mal seinen eigenen Roboter-Klon gewinnen – wenn er denn schnell genug am Verkaufsstand ist. Für uns Normalverbraucher gibt es zum Beispiel eine Glückstüte für weibliche Singles auf Partnersuche: drei Kleidungsstücke, ausgewählt von attraktiven männlichen Singles. Oder auch ganz banal eine Tüte voller Marken-Kinderklamotten, die etwas weniger kostet als der Inhalt wert ist. Dafür sieht man aber beim Kauf nicht, was drin ist.

Gleich nach dem Frühstück setzten wir uns in den Zug, der beinahe genauso voll war wie zur morgendlichen Rushhour – obwohl alle Büros geschlossen waren. Auf halber Strecke konnte mein Vater einen Sitzplatz ergattern, neben zwei jungen Mädchen in Kimonos, die wahrscheinlich auf dem Weg zu ihrem Neujahrsbesuch im Schrein waren. Ein paar Fahrgäste hatten schon Glückstüten in der Hand. Wir waren spät dran. Vor einer halben Stunde hatten die Kaufhäuser ihre Pforten geöffnet. Wer wirklich sichergehen will, dass er die Glückstüte bekommt, die er sich wünscht, muss sich im Morgengrauen anstellen, um als einer der Ersten das Kaufhaus stürmen zu können, dann, wenn die uniformierten Angestellten die Türen mit einer tiefen Verbeugung öffnen.

Nachdem wir ausgestiegen waren, ließen wir uns von der Menge durch den Bahnhof schieben, bis wir in einem der direkt an den Bahnhof angrenzenden Kaufhäuser endlich bei den Glückstüten in der Kinderabteilung ankamen. Zu spät. Alle Glückstüten waren bereits ausverkauft. Enttäuscht zogen wir weiter in Richtung Lebensmittelabteilung. In der Süßigkeitenecke gab es noch eine große Auswahl. Mein Vater spendierte Naomi eine Hello-Kitty-Glückstüte in Kirschblüten-Pink. Meine Mutter hatte sich vom Shopping-Fieber anstecken lassen, und in der Schreibwarenabteilung griff sie blitzschnell nach den letzten Glückstüten, die noch im Regal standen. Eine schnappte ihr eine mollige ältere Dame unter Einsatz ihrer Ellenbogen vor der Nase weg. «Von wegen immer höflich. Die war richtig brutal», grummelte meine Mutter vor sich hin, als sie ihre Schätze zur Kasse trug. Letztlich war sie aber doch zufrieden mit ihrer Ausbeute: «Vier Tüten. Jetzt habe ich meine Souvenirs zusammen. Hoffentlich sind viele Stifte dabei. Japanische Stifte schreiben so schön», schwärmte sie.

Erschöpft von der ersten und wahrscheinlich härtesten Shopping-Tour des Jahres machten wir uns auf die Suche nach einem Restaurant fürs Mittagessen.

«Das hier sieht gut aus», rief Ryunosuke schon nach ein paar Metern auf der Straße.

«Aber hier ist doch eine riesige Schlange. Lasst uns ein gemütliches Restaurant suchen, wo man in Ruhe sitzen kann», bat mein Vater.

«Aber wenn so viele Leute warten, ist das auf jeden Fall ein Zeichen, dass es gut schmeckt. Und das ist doch die Hauptsache, oder?», konterte Ryunosuke. Für ihn waren Warteschlangen ein Gütesiegel. Wenn er sich nicht auskannte und gerade keinen Restaurantführer dabeihatte, wählte er Restaurants nach der Länge der Warteschlange aus. Warten macht Japanern nichts aus, das gehört selbst bei Lunch-Dates dazu. Das ist eben der Preis, den man für gutes Essen zahlen muss. Viel Zeit zum Genießen des Ambientes hat man in Japan ohnehin nicht. Sobald man aufgegessen hat, erwartet der Kellner, dass man geht. Egal ob draußen hundert Leute warten oder nicht.

Mein Vater ließ sich nicht bewegen, für ein Mittagessen Schlange zu stehen. «Ich will ein bisschen Gemütlichkeit», sagte er gereizt.

Ryunosuke lenkte ein und ging weiter. Es war Mittagszeit, und vor den meisten Restaurants waren Warteschlangen.

Am Ende der Einkaufsstraße verteilte ein junger Mann Flyer für ein Restaurant. Mein Vater griff nach dem Zettel, wohl eigentlich in der Erwartung eines Päckchens Taschentücher, die oft zusammen mit solchen Werbezetteln verteilt werden. «At Home Café», las mein Vater laut vor. «Das klingt gut», befand er und wandte sich dem jungen Mann zu.

«No waiting?», fragte er.

Der Mann, wahrscheinlich ein Student, jedenfalls nicht viel älter als ein solcher, hatte verstanden. *«No! Let's go»*, forderte er meinen Vater auf und führte ihn zum Eingang eines Hochhauses.

«Kommt, hier können wir in Ruhe essen», rief mein Vater und winkte uns heran.

Der junge Mann drückte auf den Aufzugknopf. «Das kann ja heiter werden. Wahrscheinlich ist das Essen unter aller Kritik», murmelte Ryunosuke in seinen Dreitagebart. Okaasan sah ihn strafend an.

Der Aufzug erschien, und wir stiegen schweigend ein. Der junge Mann drückte auf den Knopf für den siebten Stock und deutete eine Verbeugung an, während sich die Türen vor ihm schlossen.

Im siebten Stock begrüßte uns eine ganz in Pink gekleidete Kellnerin.

«Willkommen zu Hause, mein Herr und Meister», strahlte

die Kellnerin in ihrem äußerst knappen Schürzenkleidchen meinen Vater an. Niemand wollte übersetzen. «Ich bin Hitomi. Kommen Sie mit», forderte sie uns alle auf. Mein Vater war zwar erstaunt über ihre Arbeitskleidung, aber er freute sich über die anscheinend so freundliche Begrüßung. Er schaute sich triumphierend zu Ryunosuke um und folgte Hitomi durch den Raum. Das gesamte Mobiliar war pinkfarben. Ganz hinten war eine kleine Bühne, auf der ein paar sexy Kellnerinnen Luftballons wie für einen Kindergeburtstag aufhängten. Hitomi rief eine Kollegin mit riesengroßer pinkfarbener Schleife im Haar zu Hilfe, und die beiden stellten zwei Tische zusammen, damit wir alle Platz hatten.

«Das ist aber ein lustiges Restaurant», meinte mein Vater, nachdem Hitomi uns kurz verlassen hatte, um unsere Jacken aufzuhängen. «Ist wohl für kleine Mädchen?», fragte er.

«Nein, eher für große Jungs», sagte ich lachend. «Schau dich mal um. Wir sind in einem Maid-Café gelandet.»

Mein Vater sah sich um. An den meisten Tischen aßen Männer zwischen dreißig und fünfzig, allein oder zu zweit. Drei Tische neben uns saß eine Gruppe junger, kichernder Mädels. Und ganz vorne, bei der Bühne, befanden sich zwei Amerikaner, die uns schon zugewinkt hatten, als wir den Raum betraten.

«Was ist denn ein Maid-Café? So eine Art Bordell aber doch wohl eher nicht, sonst säßen hier doch keine Frauen – oder arbeiten die auch hier?» Mein Vater fühlte sich offensichtlich nicht mehr ganz so wohl in seiner Haut. «Sollen wir besser gehen?», fragte er kleinlaut.

«Nein, jetzt lernst du etwas über japanische Popkultur», meinte Ryunosuke, dessen Laune plötzlich wieder besser wurde. Wahrscheinlich freute er sich schon auf die Reaktion meiner Eltern und seiner Mutter beim Servieren des Essens. Hitomi kam zurück und strahlte meinen Vater noch mehr an als bei unserem Eintreffen. Sie lächelte, als hätte sie ihren besten Freund nach zehn Jahren zum ersten Mal wiedergetroffen.

«Mein Herr, was möchten Sie trinken?», flötete sie. Sie zeigte meinem Vater die Getränkekarte. Jedes Getränk war mit einem Foto abgebildet. Mein Vater wies mit seinem Finger auf einen ziemlich pinkfarbenen Cocktail.

Hitomi klatschte vor Freude in die Hände. «Eine tolle Wahl! Dann können wir gleich zusammen den Zauberspruch sprechen!»

Mein Vater verstand nicht, was sie sagte, nickte aber eifrig und lächelte sie an. Die Maid mit der Schleife in Pink kehrte auch zurück und nahm unsere weitere Bestellung auf. Sie stellte sich als Minami vor. Minami nannte Ryunosuke «ihren» Herrn und Meister, und wir Frauen waren «Prinzessinnen».

«Kawaiiiii!», quietschte sie, als sie Naomi sah.

Naomi war völlig perplex. Sie sah aus, als wüsste sie nicht, ob sie sich über so viel Pink freuen oder ob sie Angst haben sollte vor den großen Mädchen, die sich so komisch benahmen.

Meine Mutter und Okaasan fühlten sich ebenfalls nicht wohl in ihrer Haut. Sie lächelten höflich und bestellten. «Den Kaffee trinken wir aber bitte woanders», flüsterte meine Mutter mir ins Ohr. Okaasan saß kerzengerade und stocksteif auf ihrem Platz. Sie hatte meinen Vater nicht verärgern wollen und hatte deshalb nicht protestiert, als er in das Maid-Café spaziert war. Wahrscheinlich hatte sie in dem Moment auch nicht gleich geschaltet, was das für ein Etablissement war. Jetzt wollte sie nur noch mit größtmöglichem Anstand das Mittagessen hinter sich bringen.

Minami erschien mit unseren Getränken. Sie servierte uns Ginger Ale und versuchte, Small Talk zu machen.

«Welche Animes mögen Sie denn? Und welche Figuren? Schauen Sie mal, da vorne steht unsere Sammlung. Sollen wir mal ein bisschen spielen?», fragte sie in die Runde.

«Vielleicht später», wiegelte Ryunosuke ab.

In diesem Augenblick kam Hitomi aus der Küche mit einem Cocktail in einem grellen Pink, in dem ein paar Wunderkerzen brannten. «Mein Herr, hier ist der Furi-Furi-Shaka-Shaka-Cocktail!», raunte sie meinem Vater in Babysprache zu. «So, und jetzt sprechen wir den Zauberspruch. Kann mal einer bitte übersetzen?» Ich erbarmte mich.

«Was soll ich tun? Einen Zauberspruch aufsagen? Das soll Naomi machen. Ich bin doch kein Baby.» Mein Vater war eher erstaunt als empört.

«Nein, du musst das erledigen. Das gehört zum Spiel. Komm, das ist auch eine Japan-Erfahrung. Dann kannst du später zu Hause jedem erzählen, wie tief du in die japanische Subkultur eingetaucht bist.»

Das überzeugte meinen Vater. Er wollte ja schließlich Japan verstehen. Die Maid-Kultur war zwar nicht repräsentativ für ganz Japan, aber für einen doch nicht geringen Teil der jüngeren Generationen ein beliebter Zeitvertreib.

«Machen Sie es mir nach: *Furi Furi Shaka Shaka. Moe Moe. Oishiku naaare!*» Während sie ihren Zauberspruch aufsagte, schüttelte Hitomi erst einen imaginären Cocktail, danach formte sie ihre Hände zu einem Herz, das sie erst an ihre Brust und dann an den Cocktail meines Vaters hielt.

«Was heißt das denn? *Furi Furi …?*» Mein Vater sah mich hilfesuchend an.

«Das ist Babysprache. So in etwa: Schüttel! Schüttel. Anhimmel. Anhimmel. Werde lecker!»

«Wo bin ich hier nur gelandet?» Mein Vater, der Akademiker, der immer auf korrekte Ausdrucksformen achtete, raufte sich zusammen und legte los. *«Furi Furi Tschaka Tschaka. Moin Moin. Oshi nara!»* Hitomi war noch nicht zufrieden mit seinen Handbewegungen. Also noch mal. Beim dritten Mal quietschte sie vor Vergnügen.

«Super!!! Jetzt schmeckt der Cocktail ganz toll. So etwas Gutes haben Sie noch nie getrunken!» Sie blieb stehen, bis mein Vater den ersten Schluck genommen hatte.

«Suuuper!», grinste mein Vater und formte noch ein Herz.

«Arigato!» Vor Freude hüpfte Hitomi in die Luft. Sie schickte meinem Vater noch ein paar Luftherzchen, dann verschwand sie in der Küche, um unser Essen zu holen.

«Es tut mir so leid», sagte Okaasan, die plötzlich aus ihrer Schockstarre erwacht war. «Das ist ein peinliches Kapitel in der japanischen Kultur.»

«Stimmt, es ist irgendwie befremdlich», bekräftigte mein Vater ihre Feststellung. «Ich verstehe nicht, was die Leute an diesem Gehabe finden. Um Erotik scheint es ja nur ganz am Rande zu gehen, wenn ich das richtig verstehe. Warum wollen die Leute sich veräppeln und wie ein Baby behandeln lassen?»

«Die meisten Gäste sind wohl Singles, die ein bisschen Geborgenheit suchen. Und jemanden, der ihre Anime-Leidenschaft teilt. Anime-Figurensammler lösen bei den meisten Frauen ja nicht gerade Begeisterungsstürme aus.» Ich versuchte, mir eine Erklärung zusammenzureimen.

Ryunosuke nickte. «Wo wird man sonst noch wie ein König behandelt? Wahrscheinlich fühlen sich die Gäste einfach wohl, wenn sie nach einem stressigen Arbeitstag, an dem der Chef sie mal wieder vor versammelter Mannschaft zur Schnecke gemacht hat, hierherkommen», ergänzte er.

Ich fragte mich, ob er in seiner Zeit als Kopierheini im Rathaus wohl insgeheim auch von einem Abend im Maid-Café geträumt hatte, statt nach Hause zu fahren und Naomi Kinderbücher vorzulesen.

Hitomi und Minami brachten das Essen. Wir hatten der Einfachheit halber für meinen Vater und Ryunosuke die Hausherren-Platte und für uns Frauen den Prinzessinnen-Teller bestellt. Naomi bekam einen Kinderteller. Der war nett dekoriert in einem Porzellanauto, und Naomi freute sich. Doch die Prinzessinnen-Teller stellten Naomis Kinderteller in den Schatten. Eine Krokette in Katzenform. Mit einem Hello-Kitty-Gesicht aus Ketchup. Die Frikadelle in Herzform. Darüber ein Spiegelei-Herz. Ryunosuke und mein Vater bekamen ein kahles Reisomelett. Sie wirkten fast ein bisschen enttäuscht, als sie auf ihre undekorierten Teller blickten. Doch Hitomi und Minami standen schon mit ihren Ketchup-Flaschen bereit.

«Was ist Ihr Lieblingstier?», fragte Hitomi.

«Elefant», antwortete mein Vater.

«Kawaiii!», quietschte Hitomi wieder einmal und fing an, auf das Omelett einen Ketchup-Elefanten zu malen. Sie war richtig gut. Der Elefant sah tatsächlich sehr niedlich aus. Zum Schluss schrieb sie noch «Anhimmel! Anhimmel!» neben den Dickhäuter und malte ein dickes Herz. Ryunosuke wollte Minami wohl in Verlegenheit bringen und ließ sie ein

Krokodil malen. Blitzschnell kreierte sie aber ein niedliches Monster auf Ryunosukes Teller, verziert mit Herzchen und Anhimmel-Sprechblasen.

«Papa! Ich will tauschen», rief Naomi neidisch.

Ryunosuke nahm den Kinderteller, und mein Vater machte ein Erinnerungsfoto von Naomi mit dem Anhimmel-Monster.

«Wir spielen jetzt ein Spiel!» Hitomi war inzwischen auf die Bühne geklettert und hatte ein Mikrophon in der Hand. Neben ihr stand eine Maid mit kaukasischem Gesicht. *«Let's play!!!»*, übersetzte diese und klang dabei sehr Amerikanisch. Später las ich auf der Homepage des Cafés, dass Cindy eine amerikanische Studentin und großer Anime-Fan sei und sich als Maid ihre Studiengebühren verdiene. Ihr Job war es, die ausländischen Touristen zu betreuen, die von diversen Reiseführern für ein skurriles Japan-Erlebnis an diesen Ort geführt wurden. Heute war sie für die beiden Amerikaner zuständig. «Wir spielen Janken (Schere, Brunnen, Papier, auch Schnick, Schnack, Schnuck genannt). Aber unsere Anhimmel-Version», erklärte Hitomi.

«Yeahh!», grölten die Gäste und klatschten.

Hitomi brachte uns den entsprechenden Anhimmel-Spruch auf Japanisch bei, und dann ging es los. Schnick, Schnack, Schnuck kennt in Japan jedes Kind. Sogar Naomi beherrschte das Spiel bereits ziemlich perfekt. Auf Kommando formt jeder eine Hand zu einer Schere, einem Brunnen oder einem Stück Papier. Schere schneidet Papier, Papier bedeckt den Brunnen, aber Schere fällt in den Brunnen usw.

Ziel des Spiels war es, den Sieger unter uns Gästen zu bestimmen. Ryunosuke gewann. Er durfte für ein Erinnerungsfoto mit Hitomi und Cindy auf die Bühne. Hitomi rief meinen Vater auch noch dazu, obwohl das eigentlich gegen die Regeln verstieß. «Große Ausnahme. Weil er doch vom anderen Ende der Welt gekommen ist», erklärte Hitomi. Das Publikum klatschte. Hitomi schenkte meinem Vater und Ryunosuke je ein Polaroid-Foto. Hitomi und Cindy hatten dabei ihre Hände zu Herzen geformt. Ryunosuke machte das Victory-Zeichen, und mein Vater grinste einfach nur in die Kamera.

«Können wir jetzt gehen?» Meine Mutter war genervt. «Das ist ja schlimmer als im Kindergarten.»

«Sumimasen», entschuldigte sich Okaasan mit einer angedeuteten Verbeugung. Sie verstand auch ohne Übersetzung, dass meine Mutter so schnell wie möglich das Restaurant verlassen wollte.

«Nein, so war das nicht gemeint. Das ging überhaupt nicht gegen dich, Yoko», entschuldigte sich nun auch meine Mutter.

Auf der Rückfahrt wollte Naomi unbedingt zwischen Oma und Opa sitzen. Ganz offensichtlich schämte sie sich nicht mehr für die «Alien-Gesichter» ihrer europäischen Großeltern. Auch in der Öffentlichkeit nicht.

«Es ist schon komisch, wie schnell so ein Kulturschock kommt und wie plötzlich er auch wieder vergeht», sagte Ryunosuke und stupste mich an, damit ich sah, wie sich Naomi zwischen meine Eltern quetschte.

«Stimmt. Weißt du was? Vielleicht hat sie von dem Maid-Erlebnis einen umgekehrten Kulturschock. Genau wie meine Eltern. Vielleicht fühlt sie sich deshalb bei ihnen jetzt besonders geborgen.» Ich lachte, aber was ich gesagt hatte, meinte ich trotzdem ernst.

Ein Vater im Verhör – oder: Wer hat das niedlichste Mittagessen im ganzen Land?

Im April, als meine Eltern längst wieder weg waren, begann Naomis Kindergarten. Der erste Tag war ein ziemlich großer Schock für Ryunosuke. So deutlich hatte man ihm noch nie die Grenzen japanischer Väter aufgezeigt. Laut seiner Erzählung musste sich die Szene an der Haltestelle des Kindergartenbusses etwa so abgespielt haben: Voller Stolz auf seine «große» Tochter hatte Ryunosuke zusammen mit den anderen Müttern an der Haltestelle des Kindergartenbusses gewartet, um Naomi abzuholen. Kai schlief im Tragetuch vor seinem Bauch. Nach ein paar Minuten kam der Bus, und Naomi winkte ihrem Vater fröhlich von ihrem Sitzplatz aus zu. Die Kindergärtnerin, die die Jungen und Mädchen begleitet hatte, machte dagegen ein bitterernstes Gesicht, als sie als Erstes ausstieg und auf Ryunosuke zutrat.

«Wo ist Naomis Mutter?», wollte sie wissen.

«Arbeiten. Ich hole Naomi ab», erwiderte Ryunosuke. Eigentlich hatte er damit gerechnet, dass die Kindergärtnerin von so viel väterlichem Einsatz begeistert sein würde.

«Das geht nicht», entgegnete Kiyomi-Sensei («Lehrerin Kiyomi»), Naomis Gruppenleiterin, stattdessen mit versteinerter Miene.

«Papa!», rief Naomi und wollte aufstehen.

Kiyomi-Sensei bat Naomi, sich wieder hinzusetzen und

noch ein paar Minuten zu warten. Die anderen Mütter standen betreten schweigend hinter Ryunosuke und warteten darauf, dass die Erzieherin ihre Kinder aussteigen ließ. «Wenn Sie Naomi abholen wollen, müssen Sie erst einen Antrag stellen. Sie müssen das Abholformular ausfüllen und ein Foto von sich beilegen. Erst wenn Naomi die Bestätigung mitbringt, dass der Antrag eingegangen ist, können Sie das Kind abholen», erklärte Frau Kimura, wie Kiyomi-Sensei unter Erwachsenen genannt wurde.

Dass fast die gesamte Kommunikation zwischen Kindergarten und Eltern schriftlich läuft, ist in Japan üblich. In Naomis Kindergarten erhielten die Kinder ein «Dialogheft», über das Eltern und Erzieher sich austauschen. Jede gelesene Nachricht muss mit dem Namenstempel abgezeichnet werden. Für Antragsformulare gibt es spezielle Umschläge, die wiederum an einer bestimmten Stelle in der Kindergartentasche unterzubringen sind.

Ryunosuke und ich hatten trotz des Regelbuchs, das man uns beim Vorstellungsgespräch überreicht hatte, offensichtlich die wichtigsten Vorschriften nicht verstanden. Immerhin hatten wir nicht den üblichen Anfängerfehler begangen und das Taschentuch zum Händeabtrocknen und Schweißabtupfen (im Sommer, wenn die Kinder bei 35 Grad im Schatten auf dem Hof spielen) in die falsche Tasche der Kindergartenuniform gelegt.

«Aber im Regelbuch steht doch, dass der Hauptverantwortliche für die Erziehung keine Sondergenehmigung braucht», versuchte Ryunosuke sich zu rechtfertigen.

«Genau. Aber das ist die Mutter!», sagte Frau Kimura bestimmt.

Einen Moment lang war Ryunosuke sprachlos. Wir hatten im Vorstellungsgespräch doch ausdrücklich erzählt, dass Ryunosuke Erziehungsurlaub hat und ich arbeiten gehe. Die Kindergartenleiterin hatte interessiert nachgefragt und sich alles erklären lassen. Auch im Fragebogen über unsere familiäre Situation hatten wir unter «Sonstiges» lang und breit notiert, dass Ryunosuke der Ansprechpartner für den Kindergarten ist. Und jetzt saß unser Kind in diesem Bus, rief nach seinem Papa, und eine knapp zwanzigjährige Erzieherin erklärte ihm vor allen Müttern, in deren Kreis er aufgenommen werden wollte, er dürfe sein eigenes Kind nicht mit nach Hause nehmen, weil er keinen Sonderantrag gestellt hatte.

Kiyomi-Sensei ließ die anderen Kinder aussteigen und bat die Mütter, schon nach Hause zu gehen. Dann tippte sie eine SMS in ihr Handy und benachrichtigte per Rundmail alle Mütter an den nachfolgenden Haltestellen, dass sich der Bus heute um ein paar Minuten verspäten würde. Anschließend wandte sie sich wieder Ryunosuke zu.

«Können Sie nicht Ihre Frau anrufen und ihr sagen, dass sie kommen soll, um Naomi abzuholen?», bat sie.

«Nein, die ist in Tokio. Sie braucht zwei Stunden, bis sie hier ist», erklärte Ryunosuke nun leicht genervt.

Kiyomi-Sensei wusste nicht mehr weiter. Gemäß ihrem Verständnis der Vorschriften durfte sie Ryunosuke das Kind nicht übergeben. Dennoch war ihr klar, dass Ryunosuke tatsächlich der Vater ist und nicht irgendein Kinderschänder, vor dem diese Vorschriften die Kinder eigentlich schützen sollen. In ihrer Verzweiflung rief sie die Leiterin des Kindergartens an. Ryunosuke musste sich einem telefonischen Verhör stellen. Name, Alter, Geburtsdaten von Mutter, Vater und Kind, Adresse etc. Erst als sie alle persönlichen Daten, die der Kindergarten über uns hatte, abgefragt hatte, gab sie schließlich nach. «Gut. Wir machen eine Ausnahme. Sie dürfen Naomi heute mitnehmen», sagte die Leiterin. «Aber bevor Sie das nächste Mal Naomi abholen, stellen Sie bitte den Sonderantrag! Schriftlich.» Ryunosuke legte auf und gab Kiyomi-Sensei ihr Handy zurück.

«Entschuldigen Sie die Umstände, aber das sind unsere Regeln», sagte Kiyomi-Sensei nun mit einem versöhnlichen Lächeln.

«Der Kindergarten war super», berichtete Naomi auf dem Heimweg. «Und Kiyomi-Sensei ist meine Lieblingslehrerin!» Wenn sie nicht gerade Regelverstöße ahnden musste, war Kiyomi-Sensei – soweit sich das aus Naomis Erzählungen schließen ließ – eine hingebungsvolle Erzieherin. Ryunosuke schluckte seinen Ärger hinunter und füllte zu Hause gleich das Antragsformular aus. Von nun an hing sein Antrag – mit Passfoto – am Nachrichtenbord auf dem Beifahrersitz des Kindergartenbusses, damit alle Kindergärtnerinnen wussten, dass er Naomi rechtmäßig abholte.

«Es ist Zeit zum Mittagessen», rief Kiyomi-Sensei ihre Schützlinge, die gerade dabei waren, sich die Hände zu waschen. Wir Eltern waren an diesem Tag eingeladen, um uns zu überzeugen, wie wohl sich unsere Kinder bereits nach wenigen Wochen im Kindergarten fühlten. Wir saßen auf Kinderstühlchen in einer Reihe an der Wand und hatten unsere Kleinen beim Singen und Malen beobachtet. Die ersten Mütter holten bereits ihre Lunchboxen hervor – kunstvoll eingewickelt in Tücher. Ich sah, wie sie versuchten, möglichst unauffällig einen Blick auf die Lunchboxen der anderen zu erheischen. Ryunosuke und ich hatten uns nur ein paar Sandwiches gemacht und sie zwischen Tür und Angel noch schnell in Alufolie eingepackt. Kiyomi-Sensei setzte sich ans Klavier und spielte ein Kinderlied, in dem es ums Mittagessen ging.

In Japan ist es übrigens eine Grundvoraussetzung, um Kindergärtnerin zu werden, dass man Klavierspielen und singen kann. Es wird eigentlich ständig gesungen, und immer muss eine Erzieherin die Kleinen dabei auf dem Klavier begleiten. Vielleicht ist das der Grund, warum so wenig Japaner schief singen, dachte ich, während ich den Kindern lauschte, die nach und nach zu ihren Tischen kamen und eifrig mitsangen.

«Und jetzt holen wir unsere Bentos hervor», sagte Kiyomi-Sensei und zog ihre Lunchbox mit Bewegungen, die völlig überbetont waren, aus der Tasche neben ihrem Tischchen. «Aber noch nicht aufmachen. Wir warten noch auf die Kinder, die Essen aus der Kantine bekommen!»

Eine Erzieherin brachte schließlich ein Tablett mit dem Essen aus der Kantine. «Das ist für Naomi», sagte sie ziemlich laut und stellte das Tablett vor Naomi auf den Tisch. Alle Kinder starrten auf Naomis Tablett. Und die Mütter drehten sich betont zufällig zu Ryunosuke und mir um. Ich hatte das Gefühl, einige verächtliche Blicke zu spüren. Ein paar Stühle neben uns tuschelten zwei Mütter. Ich konnte nur ein paar Wortfetzen verstehen: «Der Vater kocht … die Mutter arbeitet.» Ryunosuke und ich schauten uns an.

«Wieso isst denn keiner das Kindergartenessen?», flüsterte ich meinem Mann ins Ohr.

«Keine Ahnung», flüsterte Ryunosuke zurück.

Wir fühlten uns plötzlich wie Rabeneltern, weil wir den Service des Kindergartens in Anspruch genommen hatten.

«*Itadakimasu!* Guten Appetit», rief Kiyomi-Sensei, und alle öffneten daraufhin ihre Lunchboxen.

«Juchuu», jauchzte ein kleiner Junge an Naomis Tisch, als er seine Box öffnete und auf ein Gesicht aus gestanzten Algen blickte. «Anpanman! Schaut mal, ich habe Anpanman», rief er aufgeregt. Ich reckte mich, um einen Blick auf die beliebte Anime-Figur mit dem kugelrunden Gesicht zu werfen, die auf seinem Reis lag. Die charakteristischen roten Pausbäckchen hatte die Mutter aus hauchdünnen Möhrenscheiben geschnitten. Neben Anpanman lag ein Oktopus, dessen Arme die Mutter in mühevoller Kleinarbeit in ein Mini-Wienerwürstchen geschnitten hatte.

«Kawaiii», riefen die beiden Mädchen, die noch mit am Tisch saßen. Naomi schwieg und machte ein brummiges Gesicht. «Da, für dich», sagte eines der Mädchen und legte eine Erdbeere mit Hello-Kitty-Gesicht aus Schokolade aus ihrer Lunchbox auf Naomis Teller. Naomis Gesicht hellte sich auf. Ihr schmuckloses Mittagessen rührte sie kaum an, nur die Erdbeere verschlang sie mit Heißhunger. Soweit ich es erkennen konnte, hatten fast alle Kinder irgendwelche niedlichen Tierchen oder Anime-Helden in ihren Boxen.

Nach dem Ende der Besuchszeit passten wir Kiyomi-Sensei ab und fragten vorsichtig nach, ob außer uns nie jemand das Kindergartenessen bestellen würde. «Ja, Naomi ist die Einzige in ihrer Gruppe, die regelmäßig unser Essen bekommt», bestätigte Kiyomi-Sensei. «Die anderen Mütter sprechen sich untereinander ab und bestellen alle am gleichen Tag unser Essen, damit Ihr Kind nicht so allein dasteht. Vielleicht sollten Sie dafür sorgen, dass Naomi von zu Hause ihr Essen mitbringt», riet sie uns.

«Ab jetzt werde ich Naomis Kindergartenessen selbst machen», kündigte Ryunosuke auf dem Heimweg an. Er lotste mich in den nächsten Buchladen. «Es gibt bestimmt ein Buch mit Anleitungen», meinte er, als er die Tür öffnete. «Schließlich gibt es in Japan für alles ein Manual.» Nach kurzer Suche hatte er das Regal mit den Ratgebern für *Kawaii Bentos* gefunden, für niedliche Lunchboxen. Die Regalreihe, die diesem Genre vorbehalten war, war sogar bestimmt zwei Meter lang. Ryunosuke zog ein Buch in einem Umschlag, der in einem grellen Pink gestaltet war, aus der Mitte hervor. *Niedliche Lunchboxen! Ideen, mit denen auch Anfänger-Mütter niedliche Bentos zaubern können*, lautete dann auch der Titel. Darunter war ein Foto von einer Box mit Gemüsereis zu sehen, auf dem ein hauchdünnes Omelett lag. Ein Flugzeug und zwei Sternchen hatte man aus diesem ausgestochen. Daneben befanden sich zwei Tomatenhälften, auf denen die ausgestochenen Sterne prangten. «Das ist genau das, was ich brauche», sagte er und schritt zur Kasse, ohne die anderen Werke zu begutachten.

Am nächsten Morgen stellte sich Ryunosuke den Wecker auf fünf Uhr, obwohl der Kindergartenbus erst um halb neun aufkreuzte. Er war fest entschlossen, Naomi an diesem Tag das niedlichste Bento ihrer Gruppe mitzugeben. Die Latte hing hoch, das hatten wir ja bereits gesehen. Aber Ryunosuke hatte sich offensichtlich anstecken lassen von dem Wettkampf der Mütter um das hübscheste Mittagessen. Vielleicht hatte er auch die Tuschelei der Mütter mitbekommen und war in seinem Stolz getroffen, dachte ich und drehte mich noch einmal in meinem Futon um, nachdem ich gesehen hatte, dass es noch so früh war. Eineinhalb Stunden später kam ich mit Naomi in die Küche, und Ryunosuke war immer noch mit der Lunchbox beschäftigt. Er versuchte sich gerade an Fleischbällchen mit einem Affengesicht. Ich warf einen Blick auf sein Werk. «Lass mich mal in Ruhe kochen», raunzte Ryunosuke mich an, sichtlich entnervt.

In der Spüle sah ich einen kleinen Berg misslungener Mini-Frikadellen-Äffchen liegen. Ryunosuke musste ungefähr beim zwanzigsten Versuch angelangt sein. Auf dem Omelett, das den Reis bedeckte, machte ich zwei halbe Mini-Frikadellen aus. Nicht ganz so schön rund wie auf dem Foto in seinem neuen Rezeptbuch, aber ausreichend schön, fand ich. Das Gesicht des Äffchens sollte aus zwei gleich großen, rund geschnittenen Käsescheiben gemacht werden, die man halb übereinanderlegen sollte. Ryunosuke fand keine runde Form, die klein genug gewesen wäre, damit das Gesicht auf die Fleischbällchen gepasst hätte. Deshalb versuchte er, die Kreise per Hand auszuschneiden – was leider nie ganz perfekt gelang. «Mir fehlt das Werkzeug», schimpfte er vor sich hin und warf die nächsten Äffchen auf den Haufen der misslungenen Kreationen.

Er nahm sich ein neues Fleischbällchen und formte ein weiteres Mal Käsescheiben. Auf das etwas zackige Käsegesicht drapierte er winzige Stücke Krebsfleischimitat, die eigentlich rote Pausbäckchen darstellen sollten. Mich erinnerten Ryunosukes Bäckchen jedoch eher an Pickel. Zum Schluss schnitt er die Augen und den Mund aus einer hauchdünnen Nori-Alge heraus. Beides musste winzig klein werden. Mein Mann bekam einfach keine Kreise für die Augen hin.

Kurz bevor er Naomi zum Bus bringen musste, gab er sich zufrieden mit Werk Nummer fünfundzwanzig. Das Äffchen sah etwas lädiert aus, mit zwei unterschiedlich großen Augen, so als hätte es sich bei einer Prügelei ein blaues Auge geholt. Naomi freute sich riesig, dass sie heute endlich auch ein niedliches Bento bekommen würde. Bevor Ryunosuke aber sein Werk verpacken konnte, schnappte sich Naomi ihre Lunchbox und starrte auf das geschlagene Äffchen.

«*Kawaikunai*, das ist überhaupt nicht niedlich», schrie sie und brach in Tränen aus.

«Ich muss eben noch üben. Morgen wird das Äffchen niedlicher. Ich verspreche es dir», sagte Ryunosuke, enttäuscht über Naomis harte Reaktion. Schließlich musste er das Äffchen wieder aus der Lunchbox nehmen, da Naomi sich weigerte, das geschundene Tier mit in den Kindergarten zu nehmen.

Ryunosuke brachte Naomi zum Bus, kehrte aber erst nach zweieinhalb Stunden zurück. Er hatte eingekauft, eine riesige Tüte voller Utensilien für niedliche Bentos. So hatte er niedliche Papierförmchen mit allen beliebten Anime-Figuren erstanden, ein gigantisches Set mit Ausstechförmchen, dazu Spezialscheren und Messer für schwierige Tierköpfe, Speziallocher für Augen und Münder aus Nori-Algen sowie Förmchen, mit denen man Reisbällchen in Kaninchengestalt bringen konnte. Jedes Kaufhaus hat eine kleine Kawaii-Bento-Abteilung, in der die Mütter für den täglichen Wettkampf um das schönste Kindergarten-Mittagessen aufrüsten können. Ryunosuke hatte gut zugelangt, die Chancen standen nicht schlecht, dass er bis zum Ende des ersten Kindergartenjahrs den Kampf gewinnen konnte.

«Ich muss üben», sagte er und vertiefte sich sofort wieder in sein Rezeptbuch. Drei Stunden später rief er mich zum Mittagessen. Es gab Fliegenpilz-Wiener (bestehend aus einer auf einen Mini-Wiener gesteckten Mini-Tomate, die mit runden Käseflecken geschmückt war), eine Blume aus Rührei (in eine Blütenform gegossen), Anpanman-Reisbällchen (aus der Anpanman-Reisbällchenform) mit Nori-Algen-Augen und kleine rote Teufelchen aus Krebsfleischimitat mit Käse-Hütchen und Algen-Gesicht.

«*Kawaii*», entfuhr es mir, als ich meinen Teller sah. Ryunosuke lächelte stolz und langte zu.

Von nun an gab es wochenlang kein normales Gemüse mehr bei uns, jede Tomate und jede Gurke bekam ein Gesicht. Bald wuchs auch unsere Bibliothek sehr einseitig in Richtung Kinderkochbücher. Dafür wurden Ryunosukes Lunchboxen immer niedlicher, und Naomi nahm ihr Mittagessen jeden Morgen freudig mit in den Kindergarten. Doch selbst nach wochenlanger Übung brauchte Ryunosuke für ein so entzückendes Bento noch immer mindestens eine Stunde, oft sogar mehr. Naomi wurde zudem fordernder. Sie begann von Reishäusern zu erzählen, in denen Anpanman und seine Gemüse-Freunde wohnten und aus den Fenstern schauten. Einige Mütter hatten den Wettkampf offenbar auf die nächste Stufe gehoben. Von unserer Wochenendnachbarin Mayumi wusste ich, dass es in den Kindergärten im Magokoro-Stil fast noch ein bisschen härter zuging. Es gab sogar Kindergärten, in denen die Mütter Kochkurse organisierten.

«Ich kann den ganzen Tag an nichts anderes mehr denken als daran, wie ich die Lunchbox für den nächsten Tag gestalte», beschwerte sich Ryunosuke irgendwann bei Chieko.

«Das Wichtigste ist, dass es niedlich aussieht und die Kinder das Gefühl haben, dass das Essen mit Liebe gemacht wurde», erwiderte sie. «Wenn ich keine Zeit habe zum Kochen, dann kaufe ich schnell eine fertige Lunchbox im Convenience Store und mache mit ein paar Förmchen Figuren aus den Beilagen.»

Ryunosuke war erleichtert, als er hörte, dass offenbar doch nicht alle Mütter den Ehrgeiz hatten, diesen Kawaii-

Wettstreit zu gewinnen. Und nach dem obligatorischen Besuch bei der Ernährungsberaterin anlässlich von Kais Zwölf-Monats-Check-up im Gesundheitszentrum unserer kleinen Stadt stieg Ryunosuke aus diesem Wettkampf aus. «Denken Sie nicht so kompliziert», hatte die Ernährungsberaterin ihm geraten, als er sie auf das Kindergartenessen ansprach (obwohl er sich eigentlich über Kais Ernährung hatte erkundigen sollen). «Ein paar frische Tomaten und Gurken, ein bisschen ansprechend verziert, reichen völlig aus. Wenn alles ein Gesicht bekommt und das ursprüngliche Lebensmittel kaum noch zu erkennen ist, schmeckt den Kindern irgendwann keine normale Gurke mehr», warnte die Beraterin.

Das saß. Ryunosuke packte alle Rezeptbücher und einen Großteil seiner Kawaii-Utensilien in einen Karton und stellte ihn in die Abstellkammer. Er erklärte Naomi, dass Tomaten eigentlich keine Gesichter haben und auch viel besser schmecken, wenn sie nicht vollgestopft sind mit bunten Käsestücken, Algen oder Würstchen, die eher farblich, denn geschmacklich dazu passten. Erwartungsgemäß sah Naomi das anders und war nicht sehr glücklich über ihr neues, langweiliges Bento.

Eines Tages, gegen Ende ihres ersten Kindergartenjahrs, kam sie jedoch strahlend nach Hause und erzählte voller Stolz, sie sei zur Gemüsekönigin gewählt worden. Die Erzieherinnen hatten den Kindern ein paar Grundlagen der Ernährungskunde beigebracht und ihnen erklärt, wie wichtig Gemüse für die Gesundheit sei. Dann sollten die Kinder ihren Gemüsekönig beziehungsweise ihre Gemüsekönigin wählen. Da das Gemüse in Naomis Bento am besten als solches erkennbar war, erhielt sie die Krone. Endlich konnte unsere Tochter wieder mit Freude eine Tomate ohne Anpanman-Gesicht essen!

Megabeben – die Natur übertrifft unsere Vorstellungen

Ryunosuke wickelte gerade Kai, Naomi fuhr ihre Puppe im Wohnzimmer spazieren und ich stand an der Haustür und wollte zum Bahnhof fahren, um meine Eltern abzuholen, die am Vormittag in Tokio gelandet waren. Plötzlich blinkte unser kleines Erdbebenwarngerät neben dem Fernseher und stieß schrille Warntöne aus. Wir hatten das Gerät schon vor einigen Jahren gekauft, weil ich zufälligerweise damals gerade viel über Erdbebenvorsorge recherchiert und mich intensiv mit den Prognosen für ein längst überfälliges Tokio-Beben auseinandergesetzt hatte. Die Experten, mit denen ich gesprochen hatte, lobten das Warnsystem sehr. Jetzt war sein erster Einsatz. Wir hatten noch ein paar Sekunden, um uns in Sicherheit zu bringen. Mit mehr Vorwarnzeit konnte auch das beste Erdbebenfrühwarnsystem der Welt die Erdstöße nicht vorhersagen – trotz jahrzehntelanger Forschung.

Eine ruhige Frauenstimme, die aus dem Gerät kam, warnte vor Panik. Mindestens fünf Sekunden lang verharrten wir in Schockstarre, dann sprang Ryunosuke auf, schnappte sich Kai mit halb angezogener Windel, während ich nach Naomi rief. Wir krochen unter den Küchentisch – so hatten wir es uns als Schutzmaßnahme überlegt, als wir unser Warngerät installieren ließen. Die Tischplatte sollte uns vor herabfallenden Tellern, Tassen und anderen Dingen schützen, die wir nicht mit Erdbebenketten an den Wänden befestigen konnten. Auf den letzten Metern fing die Erde bereits an zu beben. Unser Haus schwankte und knarrte. Sofort war klar, dieses Beben war heftiger als alle, die wir (auch Ryunosuke) bisher erlebt hatten. Allerdings ging nichts zu Bruch, weshalb unsere Panik schnell wieder nachließ.

Kaum hatte sich die Erde beruhigt, schaltete Ryunosuke den Fernseher an. Schon meldete der öffentlich-rechtliche Sender NHK, dieses Beben, dessen Epizentrum gut zweihundert Kilometer nördlich von uns lag, hätte die Höchststufe auf der japanischen Erdbebenskala erreicht. Noch wussten wir nicht, dass es das stärkste Beben war, das je in Japan gemessen wurde. Nach ein paar Minuten riss ich mich vom Fernseher los, um endlich zum Bahnhof aufzubrechen und meine Eltern abzuholen. Anrufen konnte ich sie nicht, sie hatten kein Handy. Und selbst wenn sie eins gehabt hätten, ich hätte sie wohl nicht erreicht. Ryunosuke hatte bereits mehrfach probiert, mit Okaasan zu sprechen. Aber die Leitungen waren überlastet. Er kam nicht durch.

Ich setzte mich ins Auto und fuhr los. Erst an der zweiten toten Ampel wurde mir klar, dass mittlerweile der Strom ausgefallen war. Am Bahnhof erfuhr ich, dass alle Züge gestoppt worden waren, und völlig offen war, wann sie wieder ihren Betrieb aufnahmen. Während ich überlegte, was ich nun tun sollte, verkündete die Stadtverwaltung durch das Lautsprechersystem, dass ein Tsunami erwartet werde. Niemand machte Anstalten, sich in Sicherheit zu bringen – obwohl der Bahnhof in unmittelbarer Nähe zum Meer und gerade einmal zwei Meter über dem Meeresspiegel liegt. Ich entschied, weiter am Bahnhof zu warten. Tsunami-Warnungen hatte es schon öfter gegeben, und nie war etwas passiert – jedenfalls nicht, solange ich hier lebte. Maximal um ein paar Zentimeter war der Meeresspiegel gestiegen. Das war wohl auch der Grund, warum wir alle – und leider ebenso viele Menschen in den am schlimmsten betroffenen Gebieten – die Warnungen nicht ernst nahmen.

Nach einiger Zeit änderte der Stadtbeamte seine Durchsage. Ein «sehr großer Tsunami» werde erwartet, teilte er nun mit. Zu diesem Zeitpunkt hatte die erste Monsterwelle bereits ganze Landstriche ausgelöscht und das Atomkraftwerk in Fukushima zerstört. Aber das wusste in diesem Moment offenbar niemand hier am Bahnhof. Es blieb weiterhin alles ruhig.

Mein Handy klingelte. «Wir haben uns einer Frau angeschlossen, die in die gleiche Richtung will wie wir und sich auskennt. Wir warten jetzt auf ein Taxi, aber die Schlange ist unendlich lang, und kein Taxi in Sicht», brüllte mein Vater in das geliehene Handy. Er klang ziemlich geschafft, aber dafür, dass ihn diese Katastrophe direkt nach einem Interkontinentalflug in einem Land, in dem er sich noch nicht einmal verständigen konnte, erwischt hatte, war er erstaunlich guten Mutes. Dabei hatte er fast eine Stunde lang vergeblich versucht, mich zu erreichen. Wir beschlossen, dass meine Eltern sich wieder melden würden, sobald sie im Taxi sitzen.

Erleichtert fuhr ich nach Hause. Dort lief der Strom wieder, und Ryunosuke klebte vor dem Fernseher. «Das ist die schlimmste Katstrophe, die wir je hatten», sagte er, als er mich kommen hörte. Über den Bildschirm liefen die ersten Bilder der Flutwelle, die alles mit sich riss – aufgenommen von Rettungstrupps in Hubschraubern, die hilflos mit ansehen mussten, wie die gigantische Wasserwand unzählige

Menschen verschluckte. Irgendwann erwähnte ein Nachrichtensprecher, es gäbe Probleme mit dem Kühlsystem im AKW Fukushima Daiichi. «Das kriegen die wieder in den Griff», tat Ryunosuke meine Sorgen ab. Wie so ziemlich alle Japaner, die ich an diesem Tag traf und nach Neuigkeiten aus Fukushima fragte, glaubte auch Ryunosuke nicht, dass eine Atomkatastrophe in Japan, dem Land mit den höchsten Sicherheitsstandards, möglich war.

Die Lautsprecher warnten noch immer vor einem Riesen-Tsunami.

«Vielleicht sollten wir doch zu unserem Evakuierungsort gehen?», fragte ich Ryunosuke besorgt. Die Bilder der ersten Flutwelle machten mir Angst. Schließlich lag unser Haus keine hundert Meter vom Strand entfernt und nur ein paar Meter über dem Meeresspiegel. Und wozu gab es einen Evakuierungsort für Notfälle wie Erdbeben, Taifune etc.?

«Das betrifft uns nicht», meinte Ryunosuke, ohne den Blick vom Fernseher und den Flutbildern abzuwenden. Naomi starrte ebenfalls auf den Bildschirm. Sie hatte seit geraumer Zeit kein Wort mehr gesagt, aber das hatten wir in unserer Aufregung gar nicht gemerkt. Nur Kai ignorierte die Tsunami-Bilder und spielte neben seinem Vater mit seinem geliebten Feuerwehrauto.

«Aber warum dann die Durchsagen?», hakte ich nach. Ich stand noch immer an der Tür. «Komm, lass uns gehen. Mit den Kindern können wir im Notfall nicht so schnell rennen.»

Ryunosuke war noch immer nicht überzeugt, dass wir den Lautsprecherdurchsagen Folge leisten sollten. Er machte keine Anstalten, sich vom Fernseher fortzubewegen.

«Der Tsunami kann uns gar nicht erreichen, schau dir doch mal die Landkarte an.»

«Aber warum fordert die Stadt uns dann seit Stunden ununterbrochen auf zu fliehen?»

«Weil die nicht die Verantwortung tragen wollen, falls doch etwas passiert.»

Nach einer Weile, die mir wie eine Ewigkeit erschien, stand Ryunosuke schließlich auf und schaltete den Fernseher aus. «Ich will auch nicht schuld sein. Komm, wir gehen.»

Vor dem Haus trafen wir die Nakamuras – ein altes Fischerehepaar, das nebenan wohnte. Unsere anderen Nachbarn, die Itohs, hielten sich in Tokio auf. Herr Nakamura war schon weit über achtzig, fuhr aber noch immer jeden Tag aufs Meer. Jetzt sortierte er seelenruhig seine Netze, die er offenbar gerade aus seinem Schiff geholt hatte. Seine Frau stand daneben und schaute zu.

«Gehen Sie mit zum Evakuierungsort?», fragte ich die beiden.

Herr Nakamura schüttelte den Kopf. «Nein, unsere Straße ist sicher», behauptete er. «Noch nie hat ein Tsunami diese Gegend erreicht.»

Die Eltern von Herrn Nakamura hatten das große Kanto-Beben von 1923 in dem Haus erlebt, in dem das Fischerehepaar jetzt lebte. Oft hatte er uns erzählt, dass es das einzige war, das das Beben unbeschadet überstanden hatte. Damals war der Tsunami auch nicht bis zu unserer Straße gekommen.

Wir verabschiedeten uns und gingen trotzdem zu unserem Evakuierungsort – einem alten Versammlungsraum neben dem örtlichen Schrein. Unterwegs trafen wir noch eine Frau, die mit ihrem Hund Gassi ging, als wäre nichts passiert.

Normalerweise feiern wir in dem Schrein immer das große Sommerfest. In dem Raum, der für Erdbeben-Evakuierungen vorgesehen war, üben die Grundschüler das Taiko-Trommeln für den Umzug mit dem portablen Schrein. Das Fest war stets das Highlight des Sommers. Als wir jetzt dort eintrafen, waren bereits rund zehn Familien in dem Übungsraum. Die Kinder freuten sich über die große Versammlung und rannten aufgeregt umher. Wieder und wieder erschütterten kleine Nachbeben die Gegend. Obwohl der Schrein unser offizieller Evakuierungsort war, hatten wir keinen Fernseher, auch kein Radio.

Irgendwann erhielt ein Nachbar eine SMS von einem Freund. In einer Nachbarpräfektur sei der Tsunami bereits da. «Alles so weit okay», simste der Freund. Wir warteten noch eine Weile, dann gingen die Ersten nach Hause. Die städtischen Lautsprecher schwiegen. Eine Entwarnung, die normalerweise sogar nach jeder Unwetterwarnung gegeben wird, erfolgte diesmal nicht. Mit einem mulmigen Gefühl im Bauch machten wir uns ebenfalls auf den Heimweg. Herr Nakamura hatte recht, es war nichts passiert.

Zu Hause angekommen, klebten wir erneut vor dem Fernseher. Nach einer Weile wurde der Bildschirm plötzlich schwarz. Stromausfall. Telefon, Internet – nichts funktionierte. Nicht einmal Radio konnten wir empfangen, weil wir keine Batterien hatten. Wir waren von jeder Informationsquelle abgeschnitten. Mittlerweile war es dunkel. Wir froren. Unsere Ölheizung brauchte nämlich auch ein bisschen Strom. Ich machte mir Sorgen um meine Eltern. Plötzlich meldeten sich die städtischen Lautsprecher wieder. Höchste Tsunami-Warnstufe. In den Grundschulen habe man Notunterkünfte eingerichtet, dort gebe es auch Strom. Aber Ryunosuke wollte nicht in die Notunterkunft. Die Nakamuras schienen ja noch zu Hause zu sein. Ich konnte Herrn Nakamura in seinem Schuppen werkeln hören.

Während wir diskutierten, was zu tun sei, klingelte mein Handy. Endlich meldeten sich meine Eltern. Sie hatten es geschafft, ein Taxi zu ergattern – nach sieben Stunden in der Kälte. Die nette Frau, die sie unter ihre Fittiche genommen hatte, war immer noch bei ihnen. Wenn sie gut durchkämen, würden sie in einer halben Stunde bei uns sein.

Es war Mitternacht, als es klopfte. Völlig geschafft und durchgefroren standen meine Eltern vor der Tür. Erleichtert fielen wir uns in die Arme. Erst dann bemerkte ich, dass die junge Frau, die meine Eltern durch das Chaos in Tokio gelotst hatte, sie bis zur Tür begleitet hatte.

«Ich bin Ihnen so dankbar für Ihre Hilfe», sagte ich.

«Das war doch selbstverständlich. Ich bin froh, dass ich etwas tun konnte», erwiderte sie und lächelte. «Haben Sie denn die Tsunami-Warnung nicht gehört? Sie sollten besser ins Evakuierungszentrum gehen. Ich muss los, das Taxi wartet, und meine Familie zu Hause auch.» Sie drehte sich um und rannte in Richtung Taxi.

«Danke!», rief ich hinterher.

Wir saßen eine Weile im Dunkeln und froren. Die Kinder schliefen bereits in ihren Futons, die wir vor dem Fernseher auslegt hatten. Da wir nicht eine einzige Batterie im Haus hatten, war ein Teelicht, das sich seit Jahren in einem weihnachtlichen Kerzenständer auf unserer Fensterbank im Wohnzimmer befand, unsere einzige Lichtquelle. Wie so viele unserer Bekannten und Freunde hatten auch wir uns immer vorgenommen, uns mit einer Notfallausrüstung auf das lang prophezeite Tokio-Beben vorzubereiten. Doch wie so oft im Leben war es bei den guten Vorsätzen geblieben. Zwar hatte ich schon auf dem Rückweg von unserer ersten Evakuierungsaktion unseren Supermarkt und den Convenience Store abgeklappert, aber überall waren die Batterien ausverkauft gewesen. Alle paar Minuten meldete sich jetzt der Lautsprecher mit seiner bedrohlichen Tsunami-Warnung.

«Wir fahren in die Schule», bestimmte ich irgendwann. Niemand widersprach.

Die Turnhalle der Grundschule hatte ein Notstromaggregat. Es gab Licht und funktionierende Ölöfen. Am Eingang standen zwei Stadtbeamte, die Neuankömmlinge einwiesen. Die gesamte Halle war mit Pappkartons ausgelegt, jede Familie bekam ihre eigene Mini-Parzelle, abgetrennt mit Pappwänden. Die Halle war fast voll. Ich konnte kaum eine leere Parzelle erkennen.

Die Beamten drückten jedem von uns eine Flasche Wasser und eine Instantsuppe in die Hand. Die Kartons, aus denen sie die Vorräte holten, trugen die Aufschrift «Notfallrationen». Ich war erstaunt, wie gut die Stadt auf Erdbebenkatastrophen vorbereitet war.

«Wie haben die nur so schnell ein so perfekt funktionierendes Evakuierungszentrum aufgebaut», flüsterte mein Vater, während wir dem Lichtstrahl der Taschenlampe eines der Beamten folgten, der uns unser Papplager zuwies. Da es mitten in der Nacht war, schliefen in den meisten Papplagern die Menschen längst.

Wir hatten Decken von zu Hause mitgebracht, aber das wäre nicht nötig gewesen – in der Turnhalle gab es mehr als genug Decken. Völlig geschafft, aber doch erleichtert, endlich etwas getan zu haben, richteten wir uns in unserem Nachtlager ein. Ständig stießen die Handys der gut dreihundert Tsunami- beziehungsweise Stromausfallflüchtlinge schrille

Warntöne aus. Das Erdbebenfrühwarnsystem des Wetteramts wird seit einiger Zeit auch auf Handys übertragen. Mit wildem Geklingel wurden so immer neue Nachbeben angekündigt. Manchmal wackelte tatsächlich die Erde, doch meist schienen uns die Warnungen nicht zu betreffen. Keiner reagierte mehr auf die Warnungen, denn einen sichereren Ort als diese Turnhalle gab es ja nicht mehr.

Ab und zu klingelte auch mein Handy. Deutsche Redakteure wollten ein Update der Situation. «Bei uns ist Stromausfall, ich habe überhaupt keine Infos. Sie wissen mehr als ich», flüsterte ich. Schließlich versuchte ich zu schlafen, aber der Karton war so hart, dass mir bald alles weh tat. Ich musste daran denken, dass viele Obdachlose unser Kartonlager wahrscheinlich als Luxus empfinden würden. Immerhin war es dank der vielen Ölöfen einigermaßen warm. Irgendwann döste ich ein.

Am nächsten Morgen weckten uns die Stadtbeamten mit einer Durchsage, dass es heißen Tee und abermals Instantnudeln aus der Notfallration gäbe. Die Tsunami-Warnung war noch immer nicht aufgehoben. Doch bislang war unsere kleine Stadt von der zerstörerischen Flutwelle verschont geblieben. Selbst die Beamten glaubten nicht mehr an eine Gefahr. Die ersten Leute gingen dann auch nach Hause.

Meine Eltern wirkten plötzlich um Jahre gealtert. «Ich hatte mich so auf die Kirschblüte gefreut», sagte meine Mutter resigniert, während sie ihre Ramen-Nudeln mit Garnelen beinahe authentisch japanisch schlürfte. Gegen Mittag brachten uns die Beamten Brot aus der besten Bäckerei am Ort – und erklärten, dass man in den Supermärkten leider kaum noch Backwerk kaufen könne. In den nächsten Tagen werde es zu Versorgungsengpässen kommen.

Als immer mehr Menschen das Lager verließen, entschieden wir uns, ebenfalls den Heimweg anzutreten und uns mit Lebensmitteln einzudecken.

Der Supermarkt war schon ziemlich leergekauft, aber wir erstanden alles, was wir brauchten – bis auf Batterien. Beim nächsten Stromausfall würden wir also wieder im Dunkeln sitzen. Aber vorerst gab es Strom.

Zu Hause fing Ryunosuke sofort an zu kochen. Mir war überhaupt nicht nach Essen zumute, aber Ryunosuke hatte immer Hunger. Er konzentrierte sich ganz auf die Zubereitung der Speisen, und es schien, als könnte er die Katastrophe für einen Moment völlig ausblenden.

Ich schaltete den Fernseher ein. Der Nachrichtensprecher berichtete von einer Explosion im AKW Fukushima Daiichi. Noch immer war es nicht gelungen, die Reaktoren an den Kühlkreislauf anzuschließen. In einem Umkreis von zehn Kilometern waren die Menschen bereits evakuiert. Ich musste an Tschernobyl denken. Komischerweise fragten meine Eltern gar nicht, was in dem Kernkraftwerk los war, obwohl Aufnahmen von ihm und der Explosion ständig über den Bildschirm flimmerten. Vielleicht waren sie zu müde. Oder vielleicht wollten sie es auch lieber nicht so genau wissen, um sich nicht noch mehr aufzuregen.

Meine Mutter saß auf dem Sofa und starrte durchs Fenster in unseren noch winterkahlen Garten.

«Ich möchte nach Hause», sagte sie nach einer Weile.

«Vielleicht ist es wirklich besser, wenn ihr wieder abreist. Wer weiß, wie lange unsere Supermärkte noch auf Lebensmittellieferungen warten müssen», rief Ryunosuke aus der Küche herüber.

Mein Vater hatte gerade den Mund aufgemacht, um zu

antworten, da ging unser Erdbebenwarngerät erneut los. Zwei Sekunden später piepsten auch Ryunosukes und mein Handy. Naomi flitzte beinahe schon routiniert unter den Küchentisch.

«Unter den Tisch», rief ich und schnappte mir Kai. Zu sechst hockten wir unter dem Küchentisch und warteten. Nichts passierte. Mein Vater hatte einen ganz roten Kopf von der angestrengten Haltung.

«Kommt jetzt noch was?», fragte meine Mutter ängstlich.

«Ich glaube, das war falscher Alarm. Wahrscheinlich hat es wieder in Fukushima gebebt», antwortete ich.

Wir krochen aus unserem Versteck hervor.

«Ich verstehe nicht, wie ihr mit dieser Bedrohung leben könnt. Mich machen diese Erdbebenwarnungen völlig fertig», sagte mein Vater, nachdem er sich auf unserem Sofa ein wenig erholt hatte.

Ich wusste nicht recht, was ich erwidern sollte. Seit die Warnungen beinahe im Stundentakt kamen, machten auch sie mir Angst. Bislang hatte ich die Gefahr eigentlich immer ganz gut verdrängen können. Mit zwei Kindern war das nicht mehr so leicht. Ich setzte mich neben ihn. «Wir haben extra dieses Warngerät gekauft, damit wir das Gefühl haben, bestmöglich vorbereitet zu sein», antwortete ich, wohl wissend, dass das seine Frage nicht beantwortete.

Nach einer Weile setzte sich Ryunosuke zu uns. Das Essen stand fertig auf dem Küchentisch, was er aber nicht kundtat. Er hatte offenbar unser Gespräch mitgehört, denn er sagte stattdessen: «Egal wie gut man vorbereitet ist, letzten Endes trifft einen die Katastrophe doch im falschen Augenblick. Das ist Schicksal, das muss man einfach hinnehmen.»

«Würde ich in Japan leben», bemerkte mein Vater, «ich

glaube, ich müsste ständig daran denken, dass im nächsten Moment alles vorbei sein kann. Das würde mir den letzten Nerv rauben.»

«Ich versuche, es anders zu sehen», gab Ryunosuke zu verstehen. «Hier passieren so viele Naturkatastrophen. Erdbeben, Tsunami, Vulkanausbrüche, Taifune. Die Natur übertrifft unsere Vorstellungen ständig. So wie jetzt. Wir haben riesige Schutzwälle gebaut. Aber der Tsunami war doch höher. Vor dieser Allmacht der Natur muss man einfach kapitulieren. Das muss man ertragen – und anschließend möglichst schnell wieder zum Alltag zurückkehren und nach vorne schauen. Vielleicht stammt diese Denkweise aus dem Shintoismus. Der wichtigste Schrein des Shintoismus in Ise wird seit 1300 Jahren mit wenigen Ausnahmen alle zwanzig Jahre neu gebaut. So ist er immer neu und doch gleich. So bleibt er für die Ewigkeit bestehen. Nicht einmal ein Erdbeben kann ihm viel anhaben.»

«Ich habe Hunger», quengelte Naomi.

Beim Abendessen versuchten meine Eltern uns zu überreden, für eine Weile mit ihnen nach Deutschland zu kommen. «Wenigstens bis die Supermärkte wieder voll sind. Denkt an die Kinder», bat meine Mutter.

Es waren Ryunosukes letzte Wochen in seinem zweiten Erziehungsurlaub, ich war freiberuflich, und wir konnten zum letzten Mal Urlaub nehmen, wann wir wollten. Wir überlegten hin und her. Schließlich entschieden wir, mitzugehen.

Doch kein Paradies für Väter – Ryunosuke in Deutschland

«Zum ersten Mal seit dem Beben habe ich das Gefühl, der Boden unter meinen Füßen hält wirklich still», flüsterte Ryunosuke, als wir todmüde von der Reise in das Sofabett in meinem alten Kinderzimmer fielen.

«Ich habe auch ständig gedacht, es bebt, obwohl gar nichts passiert war», antwortete ich ebenso leise in die Dunkelheit hinein. Die Kinder schliefen bereits in ihren Reisebettchen, die meine Eltern schon vor Jahren für Enkelbesuche gekauft hatten.

«Ich habe gelesen, dass das fast allen Menschen so geht, die viele Erdbeben hintereinander erlebt haben. Der Körper gewöhnt sich an die Wackelei. Doch es gibt auch Ausnahmen. In richtig schlimmen Fällen bekommt man Schwindelanfälle und fühlt sich richtig krank», wisperte Ryunosuke weiter.

Ich horchte in mich hinein. Wenn ich die Augen schloss, hatte ich zwar immer noch das Gefühl, in einem Flugzeug zu fliegen, aber von den Beben konnte ich in meinem Körper nichts mehr spüren.

«Stimmt, es hat schlagartig aufgehört, nachdem wir in Deutschland gelandet sind», bestätigte ich. Ryunosuke reagierte nicht mehr. Ich hörte nur noch sein gleichmäßiges Atmen im Schlaf.

Nach ein paar angstvollen Tagen, in denen wir den Blick nicht von dem Fernseher meiner Eltern und den Live-Tickern aus Fukushima abwenden konnten, verkündete Ryunosuke, er habe für sich beschlossen, die letzten Wochen seines Sabbaticals trotz der Katastrophe in der Heimat so gut wie möglich zu genießen. «Ich werde mich jetzt mal unter die deutschen Spielplatzväter mischen», erklärte er. In Japan gilt Deutschland – neben den skandinavischen Ländern – als großes Vorbild für die Teilnahme von Vätern am Familienleben, und Ryunosuke ging offenbar davon aus, hier Heerscharen von erziehungsurlaubenden Vätern zu treffen.

«Spielplatzväter an einem Donnerstag? Du bist aber sehr optimistisch», lachte meine Mutter.

Die Kinder freuten sich riesig auf diesen ersten kleinen Ausflug, nachdem das Megabeben all ihre Alltagsroutinen auf den Kopf gestellt hatte. Ich zeigte meiner japanischen Familie den Spielplatz, auf dem ich schon herumgetollt hatte, als ich so alt war wie Naomi. Damals waren meine Spielkameraden entweder deutsch oder türkisch, heute waren noch ein paar mehr Kulturen vertreten. In Japan fielen wir als bikulturelle Familie überall auf. Hier nahm niemand Notiz von uns. Väter hatte ich an diesem Nachmittag allerdings auch nicht mehr gesehen als in meinen Kleinkindtagen.

Ich beobachtete, wie Ryunosukes Blick an den Müttern vorbeischweifte, die auf den Bänken saßen und sich unterhielten. Es war tatsächlich ein Mann darunter. Er stand etwas abseits und schien die Mütter-Cliquen nicht zu kennen.

«Da, siehst du», sagte Ryunosuke triumphierend und deutete mit dem Kopf unauffällig in Richtung des Mannes. «Der hat bestimmt auch Erziehungsurlaub.»

«Frag ihn doch mal», forderte ich Ryunosuke auf. Naomi saß bereits auf der Schaukel und ließ sich von einem etwas älteren Mädchen anschubsen. Ihren Kulturschock schien sie gänzlich überwunden zu haben. Kai spielte im Sandkasten.

«Vielleicht später», wiegelte Ryunosuke ab und setzte sich zu Kai. Die beiden schaufelten eine kleine Straße für Kais geliebtes Feuerwehrauto. Ich ließ mich auf eine freie Bank nieder und beobachtete die drei. Nach einer Weile setzte sich ein kleines Mädchen zu Ryunosuke und Kai und wollte das Feuerwehrauto haben.

«Ich leih mir das mal», sagte das Mädchen und nahm das Auto an sich.

«Das Kais!», schrie Kai auf Japanisch und fing an zu heulen.

«Ich geb's dir ja gleich wieder», rief das Mädchen und lief mit dem Auto in der Hand weg. Sie hatte ihn auch ohne Übersetzung verstanden. Ryunosuke versuchte, Kai zu trösten, aber er ließ sich nicht beruhigen.

Ich hockte mich zu den beiden. «Warum hast du dem Mädchen denn nichts gesagt?» Ich fragte ihn auf Japanisch, damit die Mutter der «Autodiebin» unser Gespräch nicht zufällig mithörte.

«Wieso ich? Das muss die Mutter des Mädchens machen! Ich kann doch nicht einfach fremde Kinder anmaulen.»

«Wieso? Das Kind hat etwas getan, was nicht in Ordnung ist. Und die Mutter hat nichts gesagt.»

«Aber deshalb kann ich doch nicht ein fremdes Kind anmaulen», wiederholte Ryunosuke. «Vielleicht könnt ihr das. Manchmal habe ich wirklich das Gefühl, ihr Deutschen habt so einen Missionsdrang. Ihr scheint zu glauben, dass jeder sofort etwas gegen jede kleine Unrechtmäßigkeit unternehmen muss.»

«Wie kommst du denn da drauf?»

«Uns erklärt doch dauernd jemand, was alles verboten ist. Vorhin hat eine alte Frau Naomi angemotzt, weil sie ein Stück Papier fallen gelassen hat. Und ich weiß noch, wie mich die Radlerin bei unserem letzten Deutschland-Urlaub zurechtgestutzt hat, weil ich aus Versehen auf dem Fahrradweg lief. Das würden wir Japaner nie tun – egal wie sehr es uns stört.»

«Und jetzt? Jetzt muss der arme Kai warten, bis das Mädchen selbst auf die Idee kommt, dass es nicht nett war, ihm das Auto wegzunehmen?»

«Ja. Pech gehabt.» Ryunosuke nahm ein Förmchen und kippte ein Sandauto vor Kai aus. «Schau mal, ein Krankenwagen! *Pi-po, pi-po!*»

Kai ließ sich nicht ablenken. Er wollte sein Feuerwehrauto zurück. Ich wollte gerade losgehen und mit dem Mädchen reden, als es von sich aus zurückkehrte.

«Hier, ein Keks für dich. Und dein Feuerwehrauto», sagte das Mädchen und hielt Kai einen Butterkeks unter die Nase.

Kai schnappte sich das Auto und stopfte den ganzen Keks auf einmal in den Mund. Augenblicklich war sein Weinen verstummt.

Der Mann, den Ryunosuke für einen Erziehungsurlauber gehalten hatte, trat nun auf uns zu. «Ronja, haste dem Jungen sein Auto wiedergegeben?», fragte er seine Tochter. Er schaute zu uns herunter und nickte zum Gruß. «Tachchen. Sorry, die Ronja is manchmal 'n bisschen rabiat. Na, Kleener. Schmegget?»

«Kein Problem, alles wieder gut», sagte Ryunosuke und richtete sich auf, in der Absicht, das Gespräch weiterzuführen. Während die beiden Väter über Kinderallüren quatschten, baute das Mädchen einen Tunnel für Kais Auto. Kai war selig.

«Entschuldigen Se, dass ich dat jetz so sage, aber Sie reden so 'n bisschen wie 'n Ausländer. Von wo kommen Se denn her?», fragte Ronjas Vater, der offensichtlich sein ganzes bisheriges Leben im Ruhrpott verbracht hatte.

«Aus Japan. Ich habe gerade Erziehungsurlaub und bin zu Besuch hier.»

«Was – aus Fukushima? Tut mir echt leid, watt da passiert is. Dat is echt 'ne Sauerei, was diese Tepco da mit dem AKW gemacht hat. Alles okay bei Ihnen, so mit Strahlung und so?»

«Wir kommen nicht aus Fukushima, sondern aus Tokio. Ich verbringe hier die letzten Wochen meines Erziehungsurlaubs. Haben Sie eigentlich auch Erziehungsurlaub?»

«Wat für 'n Ding? Nee, ich hab ganz normal Urlaub. So, war nett mit Ihnen. Wir müssen los. Zu Hause wartet dat Abendessen. Machen Se's gut und passen Se auf mit den Strahlen.»

Wir packten unsere Sachen zusammen und wollten uns ebenfalls auf den Heimweg machen, als die Kinder plötzlich eine Pfütze entdeckten. Kai ließ sein geliebtes Feuerwehrauto hineinplumpsen. Naomi fasste mit den Händen ins Wasser und rührte so lange darin herum, bis das Auto hin und her schaukelte. «Tsunami!, Tsunami!», riefen beide wie aus einem Mund.

Erschrocken schaute ich Ryunosuke an. «Wir hätten damals den Fernseher ausmachen müssen. Die armen Kinder haben alles verstanden.»

«Ja, und das ist auch gut so. Sie müssen schließlich wissen, was bei Erdbeben passieren kann. Dafür üben sie ja auch schon im Kindergarten, wie man sich in Sicherheit bringt», erwiderte Ryunosuke, offenbar überhaupt nicht geschockt von dem seltsamen Spiel seiner Kinder.

Einmal im Jahr, im Gedenken an das schwere Kanto-Erdbeben, das am 1. September 1923 fast ganz Tokio in Schutt und Asche gelegt hatte, übt das gesamte Land für den Notfall. Angefangen vom Premierminister bis hin zu Kindergartenkindern. Naomi hatte in ihrem ersten Kindergartenjahr auch eine solche Erdbebenübung mitgemacht. Ganz stolz war sie damals nach Hause gekommen und hatte erzählt, sie hätten heute Erdbeben gespielt. Das sei lustig gewesen, weil alle – sogar die Erzieherinnen – sich lustige Hüte aufgesetzt hätten und unter die Tische gekrochen seien. Nach «Three Eleven», wie die Japaner ihre schlimmste Tragödie seit dem Zweiten Weltkrieg in Anlehnung an die Terroranschläge in New York nennen, wurden die Erdbebenübungen noch weiter ausgebaut. In Naomis Kindergarten wird seither nach dem Erdbebenalarm auch noch eine simulierte Tsunami-Warnung ausgegeben. Die Kinder müssen dann in Zweierreihen den kleinen Berg hinter dem Kindergarten hochrennen. Andere Kindergärten führten sogar monatliche Tsunami-Übungen ein: Die Kinder sollen fit genug sein, um im Ernstfall schnell genug auf die nächste Anhöhe zu rennen. Davon wussten wir zu diesem Zeitpunkt noch nichts, aber ich ahnte, dass wir uns wohl daran gewöhnen mussten, dass Tsunami-Spiele demnächst zum Alltag unserer Kinder gehören. Wenigstens schienen sie Spaß dabei zu haben. Jedenfalls lachten sie auch jetzt, während sie das Auto in den Dreckwellen der Pfütze versenkten.

«… wohl zu viel Fernsehen geguckt …» Ich verstand nur Wortfetzen von dem Getuschel der Mütter, die noch auf dem Spielplatz waren und kopfschüttelnd unsere Kinder beim Auto-Versenken beobachteten.

«Kommt, wir müssen gehen. Es gibt Abendessen», rief ich den Kindern zu und versuchte so tun, als wäre ihr Spiel völlig normal.

«Ja, Abendbrot! Ich hab Hunger», lachte Naomi und zog Kai aus der Pfütze.

Ein paar Tage später waren wir bei meiner Schulfreundin Kathrin eingeladen. Seit Ewigkeiten hatten wir uns nicht gesehen. Ihre Tochter Anna hatte ich noch gar nicht kennengelernt, obwohl sie fast ein Jahr alt war. Kathrins Mann Uwe machte uns die Tür auf. Ich war erstaunt, ihn so früh schon zu Hause anzutreffen.

«Hast du dir etwa extra Urlaub für uns genommen», fragte ich scherzhaft.

«Nein, ich habe seit einer Woche Elternzeit», sagte Uwe und lachte.

«Endlich ein Verbündeter. Ich wusste doch, dass deutsche Männer sich ihr Recht auf Erziehungsurlaub nicht entgehen lassen», flüsterte Ryunosuke mir auf Japanisch zu. Dann schwenkte er ins Deutsche. «Das ist ja toll! Ich habe auch Erziehungsurlaub. Du musst mir unbedingt erzählen, wie es ist, wenn man nicht der einzige Mann auf weiter Flur ist, der das Entsorgen von Kinderkacke vorübergehend zum Hauptberuf gemacht hat.»

«Na ja», erwiderte Uwe und räusperte sich. «Ich weiß nicht so recht, ob ich zum Kinderkacke-Meister qualifiziert bin.»

Uwe lotste uns ins Wohnzimmer. Kathrin hatte Pizza gebacken und kam mit einem heißen Blech aus der Küche. Klein-Anna machte auf dem Sofa einen verspäteten Mittagsschlaf. Naomi und Kai stürzten sich aufs Annas Spielsachen.

«Mit dem hauptberuflichen Vater triffst du einen ganz

wunden Punkt», bemerkte Kathrin mit einem Schmunzeln in Richtung meines Mannes. «Du solltest Uwe lieber erzählen, wie man seinen Chef dazu bringt, Elternzeit toll zu finden.»

«Ich wollte eigentlich ein Jahr Auszeit nehmen, aber mein Chef war – milde ausgedrückt – *not amused*, als er das hörte», fügte Uwe erklärend hinzu. «Jetzt haben wir uns auf zwei Monate geeinigt.»

«Aber ich dachte, du hast ein Recht auf Erziehungsurlaub?» Ryunosuke war erstaunt.

«Ja, theoretisch schon. Aber du weißt doch, wie das ist mit den Chefs. Wenn du noch ein bisschen Karriere machen willst, sind zwei Monate echt die Schmerzgrenze. Hat dein Boss denn überhaupt keinen Stress gemacht?»

«Nicht wirklich. Er hat schnell eingesehen, dass eine Behörde sich nicht gegen den Willen der Regierung stellen kann.»

«Ja, öffentlicher Dienst ist etwas anderes. Aber deine Karriere kannst du jetzt vergessen, oder?»

«Möglich», sagte Ryunosuke, sein Gesicht war plötzlich sehr ernst geworden. Er hatte sich aber schnell wieder gefangen und erzählte von seiner vorübergehenden Degradierung zum Kopier- und Dienstboten, als wäre es ein guter Witz. «Jetzt kann es eigentlich nur besser werden. Ich hoffe, dass Satoh noch versetzt wird, bevor ich ins Rathaus zurückkehre.» Ich hatte jedoch nicht das Gefühl, dass mein Mann von seinen eigenen Worten überzeugt war. Offenbar machte er sich doch mehr Gedanken über seinen Wiedereinstieg, als er mir gegenüber zugeben wollte.

«Die Probleme sind überall die gleichen», konstatierte Uwe. «Aber sag mal, was war denn für dich das Schwierigste beziehungsweise die größte Hürde, die du während deines Erziehungsurlaubs überwinden musstest? Ich muss ja wissen, was da noch auf mich zukommt.»

Ryunosuke überlegte einen Moment. «Ich glaube, das waren die japanischen Mütter, die uns Männern suggerieren, dass Frauen ein Monopol auf Kinderkacke haben. Mir haben die Mütter aus unserer Umgebung anfangs gar nichts zugetraut. Die haben echt gedacht, ich wäre sogar zu blöd, Naomi einen Badeanzug anzuziehen. Nur weil ich ein Mann bin.»

Uwe lachte. «Erzähl mehr davon», forderte er Ryunosuke auf.

Ryunosuke sprudelte los. Es war, als hätte er die letzten Jahre nur darauf gewartet, seine Geschichten bei jemandem loszuwerden, der ihn wirklich versteht. Uwe hörte gebannt zu. Immer wieder prusteten die beiden los. «… und dann nahm mich die Erzieherin ins Verhör. Name. Adresse. Bankverbindung. Wenn du es geschafft hast, in dieser Mütterwelt zu überleben, bist du gewappnet für jeden Chef.» Wieder lachten die beiden.

Kai stieß in diesem Moment einen schrillen Schrei aus. «Kais!!!»

«Nein! Das ist meins», wehrte sich Naomi und zerrte am Kopf von Annas Häschen – später erfuhren wir, es war ihr Lieblingshäschen –, während Kai seine Finger in dessen Beinchen krallte.

«Hört auf! Wenn ihr euch streitet, ist der Hase weg», warnte Ryunosuke.

Naomi schaute ihren Vater trotzig an und zog noch einmal kräftig. Schon hatte sie den Hasen in der Hand.

«Nein!!!!!!!!!!»

«Ihr wollt nicht hören? Ich fürchte, gleich ruft der Aka-oni, das rote Teufelchen, an», sagte Ryunosuke betont leise und machte ein besorgtes Gesicht.

«Das Kais!!!», brüllte Kai wieder.

Naomi tanzte mit dem Häschen durchs Wohnzimmer. «Papa, ich geb dir den Hasen nicht», triumphierte sie.

Ryunosuke zog sein Handy aus der Hosentasche und tippte. Es klingelte. Ryunosuke nahm ab. «Der Aka-oni ist dran», rief er mit gespielter Angst. Er hielt das Display in Naomis Richtung. Eine Teufelsfratze, ganz klar im Anime-Look, aber überhaupt nicht niedlich, war im Profil zu sehen. Naomi erstarrte. «Ich habe gehört, hier ist ein Kind, das seinen Eltern nicht gehorcht», dröhnte ein dunkler Bass aus dem Handy. Jetzt sah der Aka-oni mit seinen grell leuchtenden Augen Naomi direkt ins Gesicht.

«Nein, ich hab nur nicht gehört, was der Papa gesagt hat», verteidigte sich Naomi. Die Furcht stand ihr ins Gesicht geschrieben.

«Wenn du nicht sofort machst, was deine Eltern sagen, dann komme ich vorbei und hole dich», drohte der Teufel mit dem knallroten Gesicht. «Aber ich hoffe, ich muss nicht kommen.»

Ryunosuke legte auf. Immer noch ganz blass vor Schreck platzierte Naomi den Hasen vor Kai auf den Boden. «Ich habe dich wirklich nur nicht gehört. Ich will ja teilen», erklärte sie noch einmal.

Mir tat Naomi leid. War das echt nötig, dem Kind solche Angst zu machen? Man kann doch mit ihr reden, überlegte ich.

«Das ist ja geil! Das brauch ich auch. Kann ich das Programm irgendwo runterladen?», fragte Uwe fasziniert. Er konnte den Aka-oni zwar nicht verstehen, aber er konnte sich denken, was dieser gesagt hatte.

«Ich habe das erst vor ein paar Wochen im Netz gefunden. In Nordjapan gibt es ein Festival, bei dem sich die Erwachsenen als Aka-oni verkleiden und abends die Kinder erschrecken. Früher diente das wohl wirklich mal zur Kindererziehung, heute ist es mehr Spaß. Obwohl die Kleinen bei dem Fest natürlich immer noch weinen. Jetzt hat jemand diesen digitalen Teufel erfunden. Ich bin selbst erstaunt, wie gut er funktioniert», erklärte Ryunosuke.

«Typisch Mann», schmunzelte Kathrin. «Immer auf der Suche nach der vermeintlich schnellsten Lösung. Statt dass ihr euch der Konfrontation mit einem trotzigen Kind stellt, zieht ihr irgendein neues Gadget aus der Tasche, von dem euch irgendwelche Marketingexperten einreden, dass es die Erziehung zum Kinderspiel macht. Vielleicht setzt ihr euch so schneller durch, aber das Kind hat nichts dabei gelernt.»

«Da siehst du es, Ryunosuke. Hier trauen uns die Frauen auch nicht mehr zu als bei euch in Japan», sagte Uwe und klopfte Ryunosuke lachend auf die Schulter. «Wir haben Reiswein gekauft, weil wir dachten, ihr vermisst euer Nationalgetränk vielleicht. Ryunosuke, wie wär's mit einem Sake auf die Kinderkacke?»

«Gern! Und einen auf Aka-oni, Klo-Gott und Co. – die Freunde und Helfer aller Väter im Reich der Mütter.»

Uwe und Ryunosuke prosteten sich zu. Es wurde noch ein langer Abend.

Windel-Samurai a. D. – nach einer verzockten Nacht wieder im Rathaus

Knapp drei Wochen nach unserer «Flucht» nach Deutschland waren wir wieder zu Hause. Im Wohnzimmer lagen noch die Decken, die wir mit in die Turnhalle genommen hatten, als wir uns vor dem Tsunami in Sicherheit bringen wollten. Unter dem Küchentisch fand ich die Uhr meines Vaters. Er hatte sie schon verzweifelt gesucht. Wahrscheinlich hatte er sie verloren, als er sich wegen eines Erdbebenalarms unter den Tisch gezwängt hatte. Man konnte sehen, wie hastig wir damals aufgebrochen waren. Es kam mir vor, als wäre es eine Ewigkeit her. Dabei waren die Äpfel, die wir bei unserem Hamsterkauf ergattert hatten, noch genießbar.

Um uns herum kehrte allmählich wieder der Alltag ein. Es gab Strom. Die Supermärkte hatten reichlich Auswahl. Nur Benzin war knapp. Vor den Tankstellen bildeten sich lange Schlangen. Und die Schwimmmütter tauschten eifrig die aktuellen Strahlenwerte aus. «Wir kommen heute nicht ins Bad. Der Regen soll besonders gefährlich sein», schrieb Chieko in einer Rundmail, ein paar Stunden, nachdem wir gelandet waren.

Wir mussten unser Leben neu organisieren. Nicht nur, weil der Atomunfall und die ersten Skandalmeldungen über verstrahlte Milch und verstrahltes Gemüse unser Vertrauen in die Lebensmittelsicherheit erschüttert hatten. Wir mussten auch dringend eine Betreuung für Kai finden – oder ich müsste in den Zwangserziehungsurlaub gehen. Eigentlich hatten wir ein Au-pair-Mädchen aus Deutschland engagiert, aber sie hatte uns abgesagt. Sie hatte Angst vor den Fukushima-Reaktoren. Noch vor drei Wochen konnten wir uns vor Anfragen kaum retten, jetzt schien niemand mehr bereit zu sein, nach Japan zu kommen. Für den Kindergarten war Kai noch zu klein. Und unsere Chancen auf einen Platz im Hort standen schlecht, das wussten wir ja bereits von Naomi. Ich versuchte trotzdem mein Glück. Vielleicht war ja durch Zufall ein Platz frei geblieben. Ich rief die Hortleiterin an und erzählte ihr von unserer Situation.

«Sie haben Glück. Wir haben noch einen Platz», antwortete sie. Ich jubelte. «Kommen Sie doch am besten gleich morgen vorbei, dann können wir die Formalitäten erledigen», sagte die Frau weiter und schien sich mit mir zu freuen.

Ich staunte, dass plötzlich alles so reibungslos lief. Der Hort machte einen guten Eindruck, und die Leiterin hatte alle Unterlagen vorbereitet. Ich solle sie gleich in ihrem Büro ausfüllen, dann könnte Kai schon am nächsten Tag in die Gruppe aufgenommen werden, riet sie mir. Perfektes Timing – der nächste Tag, das war Ryunosukes erster Arbeitstag. Als ich auf der dritten Seite angelangt war, griff sich die Leiterin die bislang fertig ausgefüllten Formulare und setzte sich an ihren Schreibtisch.

«Es tut mir so leid. Kai kann leider doch nicht zu uns kommen», sagte sie plötzlich aus heiterem Himmel.

«Wie bitte? Warum denn nicht? Sie hatten doch gesagt …»

Die Hortleiterin unterbrach mein Gestammel. «Ich hätte Sie gleich fragen sollen, wie alt Ihr Sohn ist. Wir haben leider nur einen Platz für einen Zweijährigen.»

«Kai wird in vier Monaten zwei. Kann er vielleicht nach seinem Geburtstag kommen, wenn der Platz dann noch frei ist?» Ich schöpfte wieder Hoffnung.

«Nein, er fällt in die Gruppe der Einjährigen. Er ist nach dem Stichtag geboren. Ich darf ihn nicht als Zweijährigen aufnehmen. Und leider habe ich keinen Platz für einen Einjährigen.»

«Aber wenn er dann zwei ist, würde er doch alle Anforderungen erfüllen. Ich verstehe nicht ...»

Die Hortleiterin unterbrach mich erneut. «Es tut mir wahnsinnig leid für Sie. Aber Stichtag ist Stichtag. Ich darf ihn nicht in die Gruppe der Zweijährigen stecken. Erst im nächsten April, dann gehört Ihr Sohn offiziell zu den Zweijährigen.»

Dann ist er fast drei, rechnete ich innerlich hoch. Ich konnte verstehen, dass die Leiterin keinen Einjährigen in der Gruppe der Zweijährigen unterbringen konnte, da die Einjährigen eine intensivere Betreuung brauchen und der Hort entsprechend mehr Erzieher für diese Gruppe benötigt. Wahrscheinlich war es eine Versicherungsfrage. Aber wenn Kai nach seinem Geburtstag käme, dann wäre er doch genauso alt wie jetzt die jüngsten «offiziell» zweijährigen Kinder. Und wenn bis dahin kein zweijähriges Kind mehr angemeldet wurde, sprach doch eigentlich nichts dagegen, Kai den Platz zu geben, dachte ich. Ich hakte noch ein letztes Mal nach.

«Was machen Sie denn jetzt mit dem freien Platz?»

«Wenn sich niemand mehr meldet, bleibt der Platz für den Rest des Jahres frei. Ich bedauere es wirklich sehr. Ich hätte Sie eher nach dem Geburtsdatum fragen sollen. Bitte entschuldigen Sie die Umstände.»

Es war sinnlos, weiter zu diskutieren. Die Hortleiterin hatte ihre Entscheidung gefällt und würde nicht mehr davon abrücken. Deprimiert ging ich nach Hause. Ich wusste keine Alternative mehr. Ein Ganztags-Babysitter war auf Dauer zu teuer. Jetzt müsste ich wohl selbst Erziehungsurlaub nehmen, überlegte ich. Mindestens ein Jahr lang, dann könnte ich es wieder im Hort probieren. Eigentlich hätte ich sogar ganz gern eine Auszeit für die Kinder genommen, aber ich hätte die Entscheidung lieber selbst getroffen. So war es eine Zwangsentscheidung. Ein bitteres Ende für Ryunosukes Erziehungsurlaub. Schließlich hatte er mir damit auch helfen wollen, im Job zu bleiben.

Ryunosuke hörte sich meine Geschichte schweigend an, als ich sie ihm bei meiner Rückkehr erzählte. Er zeigte überhaupt keine Reaktion. Er saß da wie ein Samurai in Rüstung. Sein Gesichtsausdruck war versteinert. So reagierte er ja immer, wenn ihn etwas wirklich traf oder wenn er nicht mehr weiter wusste. Eine Weile saßen wir uns stumm gegenüber.

«Ich hatte sowieso schon mit dem Gedanken gespielt, Trader zu werden. Jetzt ist genau der richtige Zeitpunkt. Die Sache mit Kais Hortplatz war ein Wink des Schicksals. Morgen kündige ich im Rathaus.» Ryunosuke stand auf und ging ins Arbeitszimmer.

«Bitte überleg dir das noch mal. Wir müssen das nicht heute entscheiden», rief ich hinterher.

«Ich habe aber keine Lust, wieder als Dienstmädchen für Satoh zu arbeiten.» Ich hörte, wie seine Computer hochfuhren, und beschloss, ihn erst einmal in Ruhe zu lassen. Jetzt würde ich ohnehin nicht an ihn herankommen.

Den Rest des Tages hockte Ryunosuke vor den Computern. Nachdem ich die Kinder ins Bett gebracht hatte, setzte ich mich zu ihm. Auf seinen Bildschirmen flimmerten Dutzende bunte Linien.

«Ich wollte dir nur sagen», fing ich an, «dass ich sogar ganz gern mal eine Auszeit nehmen und einfach nur für die Kinder da sein würde. Wegen mir musst du nicht kündigen.»

«Das ist nicht der Grund. Die Sache mit dem Hortplatz ist nur ein Anlass, auf den ich gewartet habe. Im Rathaus wäre ich jetzt wieder ein Mitarbeiter, von dem erwartet wird, dass er an allererster Stelle für den Job da ist. Aber ich habe doch nicht fast dreieinhalb Jahre Erziehungsurlaub genommen, damit ich ab jetzt nur noch so eine Art Wochenendvater bin.»

Ich konnte Ryunosuke gut verstehen. Trotzdem fand ich den Entschluss, seinen Job zu kündigen, übereilt. Er hatte sich jedoch schon wieder über seine Wechselkurskurven gebeugt. «Mach dir einen schönen Abend. Ich komme später zu dir», sagte er, den Blick auf das Liniengewirr gerichtet. Ich ließ ihn allein. Als ich schlafen gehen wollte, saß Ryunosuke immer noch am PC. «Ich bin gleich fertig», rief er.

Als ich am nächsten Morgen wach wurde, war das Futon neben mir leer. Das Bettzeug sah unbenutzt aus. Ich fand Ryunosuke im Arbeitszimmer vor seinen Kurven, seinen Kopf stützte er mit den Händen ab. Er war eingenickt. Er merkte nicht, dass ich in der Tür stand.

Nach einer Weile wachte er auf, wahrscheinlich, weil sein Kopf plötzlich aus den Händen gerutscht war. Sein Gesicht sah ziemlich zerknautscht aus.

«Wie spät ist es?», fragte Ryunosuke, als er endlich merkte, dass ich ihn ansah.

«Gleich halb sieben. Hast du etwa die ganze Nacht gehandelt? Vielleicht solltest du noch mal darüber nachdenken, ob das wirklich der richtige Job für einen Vollzeit-Papa ist.»

«Du hast recht, es ist nicht der richtige Job für mich. Ich gehe schnell duschen, sonst komme ich zu spät ins Büro.»

«Was ist passiert? Gestern Abend warst du doch ganz Feuer und Flamme für ein neues Leben als Trader.» Im Grunde meines Herzens war ich aber erleichtert über Ryunosukes Sinneswandel.

«Wir haben nicht genug Geld auf dem Konto, damit ich wirklich ruhigen Gewissens handeln kann.» Ryunosuke rieb sich die Augen.

«Das wusstest du aber gestern Abend auch schon. Hast du verloren?»

«Ich musste aussteigen, weil ich sonst zu viel Geld aufs Spiel gesetzt hätte.»

«Wie viel hast du verloren?»

«Das tut nichts zur Sache. Ich muss mich beeilen.»

Sein Stolz ließ es nicht zu, dass er mir verriet, wie viel er verzockt hatte. Im Laufe der nächsten Monate habe ich noch ein paar Mal nachgehakt, aber Ryunosuke hat mir nie verraten, wie groß der Verlust war, der ihn zurück ins Amt getrieben hat.

Gleich an seinem ersten Arbeitstag machte Ryunosuke zwei Überstunden. Das ist jetzt Satohs Rache, dachte ich besorgt, als mein Mann zum Abendessen noch nicht zurück war. Zum ersten Mal seit Jahren hatte ich wieder gekocht. Es schmeckte ähnlich wie bei meinen ersten holprigen Kochversuchen in der Gemeinschaftsküche meines Studentenwohnheims. Wir waren fast fertig mit dem Essen, als Ryunosuke kam.

«Papa, warum hast du dich denn verkleidet?», fragte

Naomi. Die Kinder hatten ihren Vater noch nie im Business-Outfit gesehen. Die langen Haare hatte er mit Gel zurückgekämmt und zu einem strengen Pferdeschwanz gebunden. Einen Friseurtermin hatte er schon festgemacht.

«Ich muss diesen Anzug jetzt jeden Tag anziehen. Das ist meine Uniform. Du hast doch auch eine Uniform im Kindergarten. Ich muss jetzt nämlich wieder arbeiten und Geld verdienen gehen.» Ryunosuke ließ sich in seinen Stuhl fallen.

«Wie war's denn?», fragte ich vorsichtig.

«Ich fühle mich wie ein Anfänger. Ich habe so viele Details vergessen, und das, was ich nicht vergessen habe, hat sich geändert. Jedenfalls bin ich froh, dass ich nächste Woche das Einführungsseminar für die neuen Hochschulabsolventen mitmachen darf.» Mein Mann lehnte sich zurück, atmete laut aus und schloss die Augen. Er saß genauso da wie die abgearbeiteten Väter in japanischen Soaps, wenn sie nach einem ultrastressigen Arbeitstag nach Hause kommen. Die TV-Väter würden jetzt bei der Hausfrau eine Bestellung aufgeben. Aber Ryunosuke wollte offenbar nichts.

«Wie hat Satoh reagiert?»

Ryunosuke öffnete die Augen und gähnte. Er lockerte seine Krawatte und hielt mir seine Reisschale hin. Ich stand auf und ging zum Reiskocher.

«Satoh leitet jetzt die Abteilung für Kinder und Erziehung», berichtete er. «Ich habe ihn auf dem Weg zur Kantine getroffen. Er hat sich fast überschlagen vor Freundlichkeit. Für morgen hat er mich sogar zum Mittagessen eingeladen. Aber nicht in der Kantine, sondern bei dem Edelfranzosen, den wir immer schon mal ausprobieren wollten. Das ist wohl seine Art, sich für die miese Behandlung vor meinem zweiten Erziehungsurlaub zu entschuldigen.» Ryunosukes Miene hatte sich aufgehellt. Wir lachten über das merkwürdige Schicksal, das ausgerechnet den erzkonservativen Firmensamurai Satoh an die vorderste Frontlinie der staatlich verordneten Väterrevolution verschlagen hatte.

«Dann war dein Einstand also gar nicht so schlimm?»

«Ich bin bekannt wie ein bunter Hund. Bisweilen vielleicht auch als einer von einem anderen Stern. Ständig haben mich Kollegen, von denen ich nicht einmal den Namen weiß, auf meinen Erziehungsurlaub angesprochen. Die meisten klopften mir anerkennend auf die Schulter, aber es gab sogar eine echt schräge Begegnung, und zwar mit dem Typen, der mir jetzt gegenübersitzt. Der ist ganz jung, wohnt noch zu Hause und hat wahrscheinlich nicht mal eine feste Freundin, geschweige denn, dass er ans Kinderkriegen denkt. Erst letztes Jahr fing er im Rathaus an; er hatte die Aufgabe, die Termine der Mitarbeiter auf dem Whiteboard einzutragen. Der arme Kerl musste jeden Tag hinter meinen Namen das Wort ‹Erziehungsurlaub› schreiben. Heute waren wir zusammen Mittagessen, und da erzählte er mir, bis zuletzt hätte er gedacht, die Formulierung ‹Erziehungsurlaub› sei eine höfliche Umschreibung dafür, dass ich wegen Depressionen oder sonst einer Krankheit, die man besser nicht beim Namen nennt, pausieren müsste.»

«Was ist Erziehungsurlaub? Bist du krank, Papa?»

Wir lachten erneut.

«Nein, ich bin nicht krank. Und Erziehungsurlaub heißt, dass ich zu Hause bleiben durfte, um für Kai und dich da zu sein.»

Naomi schien zufrieden zu sein mit der Antwort.

«Und wer ist jetzt dein Chef?», fragte ich weiter.

«Frau Kinoshita. Vielleicht kennst du sie. Das ist die, die

damals, als du noch bei uns gearbeitet hast, immer versucht hat, unauffällig auf dem Flur zu telefonieren, um einen Streit zwischen ihren Kindern zu schlichten. Jetzt ist sie gerade zur Abteilungsleiterin befördert worden.»

«Ja, ich erinnere mich. Die tat mir immer so leid, weil ich das Gefühl hatte, dass die Kinder ihr zu Hause die Bude einreißen, während sie versucht, einen guten Job zu machen und sich von ihrem Familienstress nichts anmerken zu lassen. Mensch, hast du ein Glück. Es gibt wohl keinen Chef, der deine Situation besser nachvollziehen könnte.»

«Das Gefühl habe ich auch. Sie hat mir gleich zur Begrüßung gratuliert, weil ich den absoluten Erziehungsurlaubs-Rekord für männliche Büroangestellte aufgestellt habe. Und das Beste ist: Sie hat mich darauf aufmerksam gemacht, dass neuerdings sogar Väter in Teilzeit gehen können – bis die Kinder in die dritte Klasse kommen. Keine Überstunden und ein garantierter Sieben-Stunden-Tag. Ich habe natürlich sofort den Antrag ausgefüllt. Frau Kinoshita meinte, sie verstehe es als ihre Pflicht, an mir ein Exempel zu statuieren, wie Väter nach der Babypause erfolgreich eingegliedert werden können.»

«Wow! Bin ich froh, dass du dich gestern Nacht verzockt hast. Aber sag mal, warum hast du dann heute eigentlich Überstunden gemacht?»

«Nicht direkt Überstunden …» Ryunosuke druckste ein bisschen herum. «Ich war noch kurz mit ein paar Kollegen etwas trinken.»

«Gib's zu, so ein kleines bisschen hast du die neue Freiheit als Windel-Samurai a. D. schon genossen.»

«Na ja, es war sehr nett, aber ich würde den Windeldienst jederzeit wieder antreten, wenn ich könnte.»

«Apropos Windeldienst. Hat eigentlich in der Zwischenzeit noch ein Mann Erziehungsurlaub genommen?»

«Nein, bei uns jedenfalls nicht. Aber trotzdem habe ich den Eindruck, als hätte in meiner Abwesenheit ein neues Zeitalter für uns Väter begonnen. Der Hype um die coolen Superväter hat mittlerweile auch unser Amt erreicht. Jeder kennt engagierte ‹Superväter› aus dem Fernsehen. Selbst heute in der Kneipe sahen mich die Kollegen als Vorreiter eines Zukunftsmodells an. Jedenfalls hatte ich nicht mehr das Gefühl, dass ich als Spinner abgestempelt werde. Außer vielleicht von meinem neuen Büronachbarn … Aber der gehört sowieso eher zu den extremen Pflanzenfresser-Männern mit einer Vorliebe für virtuelle Partnerschaften.»

«Du bist jetzt gemein. In Satohs Augen hast du wahrscheinlich in der gleichen Liga wie die Pflanzenfresser gespielt.»

«*Maaa ne*, da hast du wohl recht.»

Ryunosuke kramte in seiner Tasche und zog einen Zettel mit einigen roten Namenstempeln heraus. «Hier, mein Antrag auf Erziehungsteilzeit. Schon genehmigt. Ich habe ihn persönlich zu Hauptabteilungsleiter Yamashita gebracht, damit es schneller geht. Yamashita ist auch noch so ein richtiger Firmensamurai der alten Schule. So wie Satoh. Aber er hat sich größte Mühe gegeben, sein Unverständnis für meine Entscheidung zu verbergen. Er meinte nur, ich solle aufpassen, dass sich die Teilzeit nicht auf die Qualität meiner Arbeit auswirkt. Den Antrag hat er sofort abgezeichnet, ohne mit der Wimper zu zucken. Kein Vergleich zu meiner Diskussion mit Satoh damals.»

«Dann bin ich gespannt, was Satoh morgen sagt, wenn du ihm erzählst, dass du die Windeln immer noch nicht ganz an den Nagel hängst.» Ich hatte Satohs Bemerkung, Ryunosuke habe nach zwei Jahren doch wohl genug Vatereinsatz für den Rest seines Lebens gezeigt, immer noch nicht ganz verdaut.

Am nächsten Tag erfuhr ich, dass selbst der Ober-Macho im Rathaus einen Gesinnungswandel durchgemacht hatte. Privat konnte Satoh wahrscheinlich weiterhin nicht nachvollziehen, was Väter an der Kindererziehung reizt. Aber er war nun sehr bedacht darauf, seine persönliche Einstellung für sich zu behalten, seit er offiziell für die coolen Väter der Stadt zuständig war. Er hätte das Thema angesichts der bislang relativ geringen Zahl erziehungsurlaubender Väter wahrscheinlich einfach unter den Tisch kehren und sich ausschließlich traditionelleren Erziehungsthemen widmen können. Dennoch: Irgendwie schienen ihn die neuen Super-Väter zu beschäftigen.

«Ich musste Satoh beim Mittagessen haarklein erzählen, wo ich mir mehr staatliche Unterstützung für Väter wünsche», berichtete Ryunosuke.

«Im Ernst? Der gute alte Herr Satoh wird doch nicht etwa auf seine alten Tage anfangen, sich für die Rechte junger Väter starkzumachen.»

«Bestimmt nicht. Aber ich glaube, er hat gemerkt, dass meine Auszeit auch für ihn als Vertreter der Arbeitgeberseite nicht einfach verlorene Jahre waren.»

«Wie ist das zu verstehen?»

«Direkt nach seiner Versetzung in die Kinderabteilung sollte er in einem Club, in dem sich ein paar coole Väter zusammengeschlossen hatten, eine Rede halten über die Möglichkeiten, die der Staat uns Vätern bietet. Da hat er von meinem Beispiel erzählt. Er war ziemlich stolz, denn die Rede war offenbar gut angekommen.»

Ein echter Held

Im Kindergarten war Papa-Tag. Ryunosuke brachte Kai noch schnell zu seiner neuen Babysitterin, die wir vor ein paar Wochen über einen Mütterverein gefunden hatten. Zum Glück hatten die Mütter in diesem Verein bezahlbare Preise. Jeden Tag blieb Kai jetzt ein paar Stunden bei der jungen Mutter, die ein paar Straßen weiter wohnte und sich freute, sich etwas hinzuverdienen zu können, während ihr Sohn in der Schule war. So konnte ich schon ein bisschen arbeiten, bevor Ryunosuke nach Hause kam. Aber für den Papa-Tag hatte ich mir keine Termine gelegt, denn es war ausdrücklich erwünscht, dass die Mütter die Väter in den Kindergarten begleiten. Um zehn Uhr sollten die Eltern da sein. Ryunosuke hatte sich den Tag frei genommen, und Frau Kinoshita hatte – wie erwartet – vollstes Verständnis.

Naomis Klassenraum war mit selbst gebastelten Girlanden geschmückt. An der Wand hingen lauter Bilder, von denen uns Strichmännchen angrinsten. «Papa» stand in krakeliger Kinderschrift jeweils unter den Männchen.

Ryunosuke stupste mich an. «Hast du das Herz gesehen? Das ist Naomis Bild», flüsterte er mir ins Ohr, nachdem wir uns auf den Kinderstühlchen niedergelassen hatten. Naomi hatte ihren Vater mit Bart und Pferdeschwanz gemalt und ihrem Männchen etwas in die Hand gegeben, das entfernt an eine Bratpfanne erinnerte. Neben der Bratpfanne prangte ein dickes, rotes Herz. Naomis Bild fiel auf – es war das einzige mit Herz. Und das einzige, auf dem der Papa etwas zu tun hatte.

«Wir freuen uns sehr, dass heute alle Väter gekommen sind. Sie haben ja so selten die Gelegenheit, zu erleben, was die Kinder bei uns im Kindergarten lernen», sagte Kiyomi-Sensei zur Begrüßung und lächelte in die Runde.

Yuzuha-chans Papa hatte keinen Urlaub erhalten, deshalb war Yuzuha-chan auch nicht da. Das hatten die Kindergärtnerinnen uns in der Einladung geraten – kein Kind sollte an diesem Tag traurig sein. Aber sonst schienen alle da zu sein.

Kiyomi-Sensei rief die Kinder nun aus dem Nebenraum. In Zweierreihen marschierten sie ins Zimmer und stellten sich vor uns auf. Kiyomi-Sensei verteilte Zettel an die Kinder und sagte: «Wir haben im Unterricht Briefe an die Papas geschrieben. Die Kinder haben sie auswendig gelernt und möchten sie jetzt vortragen.»

Ein kleiner Junge namens Kenta fing an. «Lieber Papa, danke, dass du immer so viel für uns arbeitest. Ich will später auch ganz viel arbeiten, damit du nicht mehr so viel arbeiten musst und nicht immer so müde bist. Dein Kenta.» Kenta-kun verbeugte sich und schielte erst zu seiner Mama, dann zu seinem Papa. Alle klatschten. Die Mutter hatte Tränen in den Augen, der Vater lächelte verlegen und deutete eine Verbeugung an.

«Lieber Papa, es war toll, als wir letztes Jahr zusammen Hirschkäfer gesucht haben. Hast du in diesem Sommer auch Zeit? Deine Maiha», trug danach ein schüchternes Mädchen mit dünner Stimme vor. Der Vater saß neben mir, ich konnte sehen, wie er schluckte.

«Na klar! Die Zeit nehme ich mir. Versprochen», rief er seiner Tochter zu.

Wir klatschten.

Als Nächstes war Naomi dran. Ryunosuke reckte erwartungsvoll den Hals. «Lieber Papa, danke, dass du immer mein Lieblingsessen kochst. Ich finde toll, dass du die Telefonnummer vom Weihnachtsmann hast und den Klo-Gott kennst. Du musst ihm sagen, dass Kai ihm jetzt auch seine Kacke ins Klo schicken will. Da freut er sich bestimmt. Weil er doch so viel Hunger hat. Das hat er dir ja erzählt. Aber die Telefonnummer vom Aka-oni kannst du wegschmeißen. Bitte. Deine Naomi.»

Lautes Gelächter. Sogar Kiyomi-Sensei musste lachen. Offenbar kannte sie Naomis Text nicht. Ich hatte das Gefühl, dass Naomi ihren Vortrag spontan noch etwas ausgeschmückt hatte. Ryunosuke grinste zufrieden. Er hielt sein Handy hoch und zeigte seiner Tochter das Bild vom Aka-oni. Naomi streckte kurz die Zunge raus und zog eine Grimasse, dann lachte sie.

Auf einmal wurde mir klar, wie innig das Verhältnis der beiden war. Naomi musste nicht in ihrer Erinnerung nach besonderen Anlässen oder seltenen Ausflügen kramen – sie konnte einfach einen Schwank aus ihrem Alltag auftischen, wenn sie über ihren Papa erzählen wollte. Ihr Papa und seine Sicht der Welt waren ein ganz fester Bestandteil ihrer eigenen Gedankenwelt. Und das würde sich wohl auch nicht ändern, wenn Ryunosuke jetzt nicht mehr ganz so oft zu Hause sein konnte.

Wir hörten noch zwanzig Papa-Geschichten. Viele handelten von unerfüllten Kinderwünschen, manche schwelgten in der Vergangenheit. Ein paar Kinder verpflichteten ihre Väter für ein Papa-Kind-Date am nächsten Wochenende. Es flossen viele Tränen der Ergriffenheit auf der Elternseite. Naomis Vortrag blieb der einzige, der zu Lachtränen rührte.

Nach einer Stunde verabschiedete uns Kiyomi-Sensei. Die Kinder blieben noch bis zum Nachmittag.

Auf dem Nachhauseweg machten Ryunosuke und ich den kleinen Umweg über unseren Hausstrand. Seit Jahren hatten wir keinen Tag mehr nur für uns beide gehabt.

«Heute ist alles so perfekt. Komm, wir gehen eine Stunde Kajak fahren», schlug Ryunosuke vor.

Wir holten unser Zweierkajak, das wir uns selbst zur Hochzeit geschenkt hatten, und fuhren los. Es war ein herrlicher Tag. Strahlend blauer Himmel. Das Wasser war völlig klar, und wir konnten die mit bunten Algen verzierten bizarren Felsen zehn, fünfzehn Meter unter uns sehen. Eine einsame Wolke saß genau auf dem Gipfel des Fuji und verschmolz mit den letzten Schneeresten.

Ryunosuke saß hinter mir. Er bediente die Pedale, mit denen er unser Kajak steuern konnte. Eine Weile paddelten wir schweigend im Gleichtakt und genossen die angenehme Wärme des Spätfrühlings. Plötzlich hielt er inne.

«Ich freue mich schon, wenn Naomi in die Pubertät kommt», sagte er. «Normalerweise verlieren Mädchen spätestens dann erst einmal völlig den Draht zu ihren Vätern. Nach ihrem Vortrag heute habe ich das Gefühl, dass sie sich mit sechzehn immer noch mit Freude an meine väterlichen ‹Erziehungs-Gadgets›, wie Kathrin meine Götter- und Dämonensammlung genannt hat, erinnern wird. Ich glaube, sie wird auch dann meinen Rat suchen, wenn es mit den Jungs mal nicht so klappt, wie sie es sich wünscht. Denn wer ist schon in solchen Fällen als Berater besser qualifiziert als ein ehemaliger Windel-Samurai?»

Ich war auf einmal sehr stolz auf meinen Ex-Windel-Samurai. Er war eben wirklich ein Held. Und das gar nicht so sehr, weil er sich an die Spitze einer Revolution gestellt und Rekorde gebrochen hat, sondern ganz einfach, weil er es geschafft hat, für Kai und Naomi ein Supermann zu werden. Obwohl es ihm niemand zugetraut hat. Viel zu oft nicht einmal ich selbst.

Nachwort

Mein journalistisches Gewissen zwingt mich, noch eine kleine Beichte abzulegen. Die Geschichte von Ryunosuke und mir entspricht zwar im Großen und Ganzen unseren Erlebnissen während seines Erziehungsurlaubs, aber ich habe sie an einigen Stellen fiktionalisiert, vor allem, um Ryunosukes Privatsphäre zu schützen. Manche Dinge haben auch nicht wir selbst erlebt, sondern unsere Freunde und Bekannten. An einigen Stellen passieren Dinge im Buch etwas früher oder etwas später als in Wirklichkeit.

Dank

Ich möchte mich bei allen bedanken, die zur Entstehung dieses Buchs beigetragen haben. Bei meiner Agentin Eva Semitzidou, die mich mit Engelszungen überredet hat, es zu schreiben. Bei meiner Lektorin Regina Carstensen für ihre Tipps und Ideen. Und bei allen Freunden, Bekannten, Vorgesetzten, Kinderärzten etc., die die vergangenen zwölfeinhalb Jahre meines Lebens in Japan zu einer so unvergesslichen und wunderschönen Zeit gemacht haben – und die mich mit all den Geschichten eingedeckt haben, aus denen dieses Buch besteht.